W0332237

Russisch in 20 Lektionen

humboldt
Sprachen

*Die Sprachentitel in unserer Reihe:*

| | |
|---|---|
| Englisch in 30 Tagen* | ht 11 |
| Englisch für Fortgeschrittene | ht 61 |
| Englisch – Bild für Bild | ht 296 |
| Englischer Basis-Wortschatz | ht 574 |
| Englisch – jetzt in Comics | ht 578 |
| Französisch in 30 Tagen* | ht 40 |
| Französisch für Fortgeschrittene | ht 109 |
| Französisch – Bild für Bild | ht 297 |
| Französisch – jetzt in Comics | ht 579 |
| Spanisch in 30 Tagen* | ht 57 |
| Spanisch lernen – Bild für Bild | ht 345 |
| Spanisch – jetzt in Comics | ht 581 |
| Italienisch in 30 Tagen* | ht 55 |
| Italienisch für Fortgeschrittene | ht 108 |
| Italienisch – Bild für Bild | ht 344 |
| Italienisch – jetzt in Comics | ht 580 |
| Russisch in 20 Lektionen | ht 81 |
| Dänisch in 30 Tagen | ht 124 |
| Griechisch für den Urlaub | ht 373 |

Die mit * versehenen Sprachentitel gibt es auch als Buch **mit Übungscassette:** Englisch (800), Französisch (801), Italienisch (802), Spanisch (803).

# Russisch in 20 Lektionen

Von Prof. Klaus Günther
und Valerija Netschajewa

humboldt

humboldt-taschenbuch 81
29 Illustrationen
Umschlaggestaltung: Christa Manner, München
Umschlagmotiv: Arthur Wehner, grafik-dienst


Druck: Presse-Druck, Augsburg
Printed in Germany
ISBN 3-581-66081-4
88 * 8

# Inhalt

## Zur Einführung

Das vorliegende Lehrbuch hat einen eindeutig praktischen Zuschnitt. Gemäß seinem Charakter als Taschenbuch verfolgt es (zwangsläufig) begrenzte Ziele. Es entwickelt vorrangig Fähigkeiten im Sprechen, soll also den Benutzer in die Lage versetzen, sich in einfacher Form mit einem russischsprachigen Partner mündlich zu verständigen. Dafür werden vor allem Sachbereiche (Themen) ausgewählt, die bei einer Reise ins Ausland eine große Rolle spielen (wie z. B. „Auf dem Bahnhof", „Im Hotel", „Auf der Post", „Im Restaurant", „Stadtbesichtigung", „Im Theater") oder von Bedeutung sind, wenn man ausländische Freunde oder Bekannte empfängt bzw. diese im Ausland besucht (wie z. B. „Familie", „Wohnung", „Zu Besuch", „Freizeitgestaltung"). Da sich derartige Kontakte überwiegend in Gesprächsform vollziehen, orientiert das Lehrbuch vor allem in Bezug auf den Dialog, auf die lebendige Wechselrede, ohne auf andere Arten der Kommunikation (z. B. kürzere oder längere Berichte, Erzählungen oder Beschreibungen) völlig zu verzichten.

Diese praktischen Ziele bestimmen auch die Auswahl des Sprachstoffs und die Art und Weise, in der Wortschatz und Grammatik dargestellt werden. Es wurden nur Wörter und Wendungen aufgenommen, die – nach wissenschaftlichen Untersuchungen – zu den 2000 gebräuchlichsten der russischen Alltags- und Umgangssprache der Gegenwart gehören und für die Bewältigung der ausgewählten Sachbereiche bzw. Themen von Bedeutung sind. Ähnliches gilt auch für die Behandlung der Grammatik (einschließlich der Phonetik). Das Lehrbuch begnügt sich mit der Darstellung derjenigen grammatischen Gesetzmäßigkeiten, deren Beherrschung unabdingbare Voraussetzung für eine einfache Verständigung mit Hilfe der russischen Sprache ist. Von allem Anfang an begegnet der Benutzer des Lehrbuches den neuen sprachlichen Erscheinungen wie in der Lebenspraxis so auch beim Lernen – im Zusammenhang. Es gibt keinen Drill einzelner „Vokabeln". Das neue Wort wird in gebrauchshäufigen Verbindungen erfaßt und eingeprägt. Es gibt kein „Pauken" grammatischer Regeln und Merksätze. Die neue grammatische Erscheinung wird – nach ihrer Erklärung – sofort in Mustern oder anderen sprachlichen Verbindungen angewandt und behalten. Theoretisch erläutert werden nur Gesetzmäßigkeiten, die eine große Anwendungsbreite haben. Einzelfälle werden mit dem praktischen Beispielmaterial erfaßt und eingeprägt. Es geht doch Ihnen und uns nicht um die Theorie von der russischen Sprache, sondern um

„Russisch für die Praxis". Wer sich einen vollständigen Überblick über die russische Grammatik verschaffen will, dem sei die zusätzliche Benutzung einer der im Handel befindlichen Grammatiken empfohlen. Die Gliederung des Buches entspricht ebenfalls dem eingangs erwähnten Ziel. Dieser Einführung folgen kurze Erklärungen zum russischen Alphabet und zur Aussprache, die nur die allerwichtigsten Erscheinungen erfassen. Wer auf diesem Gebiet noch gar keine Vorkenntnisse besitzt, dem sei die Benutzung von Schallplatten dringend empfohlen. Der Hauptteil ist in 20 Lektionen gegliedert. In jeder Lektion erwerben Sie nacheinander neue Kenntnisse zum Wortschatz und zur Grammatik. Sie lernen auch, diese Kenntnisse sinnvoll anzuwenden und werden schließlich in die Lage versetzt, sich in vielen lebenswichtigen Situationen in russischer Sprache zu verständigen. Humoristische Kurzdialoge sollen das Lernen auflockern, und die Sachinformationen über das Leben in der Sowjetunion werden für Sie interessant und nützlich sein. Mit dem alphabetischen Wörterverzeichnis können Sie neu auftretende Wörter und Wendungen in ihrer Bedeutung erschließen oder Vergessenes wieder zu Ihrem sicheren Besitz machen. Ein alphabetisches „Verzeichnis zur Sprachlehre" erleichtert Ihnen das Nachschlagen, wenn Sie sich über die im Lehrbuch enthaltenen grammatischen Regeln informieren wollen.
Wir stellen Ihnen kein müheloses Lernen in Aussicht. Die Aneignung einer fremden Sprache erfordert immer Zielstrebigkeit und Fleiß, Willenskraft und Ausdauer. Wenn Sie diese Fähigkeiten mobilisieren, dann können wir Ihnen versprechen, daß der Erfolg nicht ausbleibt. Dann werden Sie zu den vielen Menschen in der Welt zählen, die ihre Russischkenntnisse mit Erfolg und Nutzen als Mittel der Verständigung gebrauchen.

DIE AUTOREN

## Erklärung der grammatischen Fachausdrücke

| | |
|---|---|
| Adjektiv | Eigenschaftswort: der *bunte* Papagei |
| adjektivisch | als Eigenschaftswort gebraucht |
| Adverb | Umstandswort: er spricht *richtig* |
| Akkusativ | 4. Fall, Wenfall: er pflückt *den Apfel* für *seinen Bruder* |
| Aktiv | Tatform: er *baut* |
| Artikel | Geschlechtswort: *der* Mann, *die* Frau, *das Kind* |
| Aspekt | Betrachtungsweise der Handlung, die durch ein Verb ausgedrückt wird |
| Attribut | Beifügung: der *alte* Mann, die *junge* Frau |
| Dativ | 2. Fall, Wemfall: er gab das Buch *dem Vater* |
| Deklination | Beugung des Hauptwortes (*der* Vater, *des* Vaters, *dem* Vater, *den* Vater), des Eigenschaftswortes oder des Fürwortes |
| deklinieren | beugen |
| Demonstrativpronomen | hinweisendes Fürwort: *dieser*, *jener*, *solcher* |
| Diphthong | Zwielaut: *ai*, *au*, *ei*, *eu* |
| feminin | weiblich |
| Femininum | Hauptwort weiblichen Geschlechts |
| Futur | Zukunft(sform): ich *werde kommen* |
| Genitiv | 2. Fall, Wesfall: Das Haus *des Vaters* |
| Genus (*Mehrz.* Genera) | grammatisches Geschlecht |
| Grammatik | Sprachlehre |
| Imperativ | Befehlsform: *Geh(e)!*, *Lauft!*, *Schreiben Sie!* |
| Indefinitpronomen | unbestimmtes Fürwort: *man*, *(irgend)jemand* |
| Infinitiv | Nennform, Grundform des Verbs: *backen*, *arbeiten* |
| Instrumental | 5. Fall, der das Mittel oder das Werkzeug bezeichnet |
| Interrogativpronomen | Fragefürwort: *wer*, *wessen*, *wem*, *was* |
| Kasus | Kasus (Genitiv = 2. Fall) |
| Komparation | Steigerung: *groß – größer – größt* |
| Komparativ | Mehrstufe: *schneller* |
| Konjugation | Beugung des Zeitwortes: *ich gehe*, *du gehst*, *er geht* usw. |
| konjugieren | beugen |

| | |
|---|---|
| Konjunktion | Bindewort: er stieg ein *und* fuhr nach Hause |
| Konsonant | Mitlaut: *b, d, s* |
| maskulin | männlich |
| Maskulinum | Hauptwort männlichen Geschlechts |
| Morphologie | Formenlehre |
| Negativpronomen | verneinendes Fürwort: *keiner, nichts* |
| neutral | sächlich |
| Neutrum | Hauptwort sächlichen Geschlechts |
| Nominativ | 1. Fall, Werfall: *der Mann* kauft ein Buch |
| Numerale | Zahlwort: *ein, zwei, erste(r)* |
| Numerus | Zahl: Einzahl, Mehrzahl |
| Passiv | Leideform: die Tür *wird geschlossen* |
| Personalpronomen | persönliches Fürwort: *er, sie, ich* |
| Plural | Mehrzahl: *die* Kirsche*n* |
| Positiv | Grundstufe des Eigenschaftswortes: *schnell* |
| Possessivpronomen | besitzanzeigendes Fürwort: *mein, dein* |
| Prädikat | Satzaussage: der Mann *öffnet* die Tür |
| Präfix | Vorsilbe: *Vor*ort |
| Präposition | Verhältniswort: *auf, gegen, mit* |
| Präpositiv | 6. Fall, Verhältnisfall |
| Präsens | Gegenwart: ich *gehe* |
| Präteritum | Vergangenheit: ich *ging*, ich *bin gegangen* |
| Pronomen | Fürwort: *er, sie, unser* |
| Reflexivpronomen | rückbezügliches Fürwort: *mich, sich* |
| Relativpronomen | bezügliches Fürwort: eine Zeitung, *die* (oder *welche*) . . . |
| Singular | Einzahl: *die Kirsche, eine Kirsche* |
| Subjekt | Satzgegenstand: *das Kind* spielt mit der Katze |
| Substantiv | das Hauptwort: *der Tisch* |
| Superlativ | Meiststufe: *schnellst, größt* |
| Suffix | Nachsilbe: Tisch*lein* |
| Syntax | Satzlehre |
| Tempus (*Mehrz.* Tempora) | Zeitstufe des Verbs: Präsens, Futur |
| Verb | Zeitwort, Tätigkeitswort: *gehen, arbeiten* |
| Vokal | Selbstlaut: *a, e, i* |

## Schrift und Aussprache

### Das russische Alphabet

| Druck-schrift | | Schreib-schrift | | Benennung | Deutsche Umschrift (lt. Duden) |
|---|---|---|---|---|---|
| А | а | *А* | *а* | а | a |
| Б | б | *Б* | *б* | бэ | b |
| В | в | *В* | *в* | вэ | w |
| Г | г | *Г* | *г* | гэ | g |
| Д | д | *Д* | *д* | дэ | d |
| Е | е | *Е* | *е* | е | 1. e (nach Kons.)<br>2. je |
| Е | ё | *Ё* | *ё* | ё | 1. o (nach Zischlaut)<br>2. jo |
| Ж | ж | *Ж* | *ж* | жэ | sh |
| З | з | *З* | *з* | зэ | s |
| И | и | *И* | *и* | и | i |
| Й | й | *Й* | *й* | и краткое | 1. i<br>2. nicht bezeichnet nach и und ы |
| К | к | *К* | *к* | ка | k |
| Л | л | *Л* | *л* | эл | l |

| Druck- schrift | | Schreib- schrift | | Benennung | Deutsche Umschrift (lt. Duden) |
|---|---|---|---|---|---|
| М | м | *М* | *м* | эм | m |
| Н | н | *Н* | *н* | эн | n |
| О | о | *О* | *о* | о | o |
| П | п | *П* | *п* | пэ | p |
| Р | р | *Р* | *р* | эр | r |
| С | с | *С* | *с* | эс | 1. ss (zwischen Vok.)<br>2. s |
| Т | т | *Т* | *т* | тэ | t |
| У | у | *У* | *у* | у | u |
| Ф | ф | *Ф* | *ф* | эф | f |
| Х | х | *Х* | *х* | ха | ch |
| Ц | ц | *Ц* | *ц* | цэ | z |
| Ч | ч | *Ч* | *ч* | че | tsch |
| Ш | ш | *Ш* | *ш* | ша́ | sch |
| Щ | щ | *Щ* | *щ* | ща | stsch |
| | ъ | *ъ* | | твёрдый знак | nicht bezeichnet |
| | ы | *ы* | | ы | y |
| | ь | *ь* | | мягкий знак | nicht bezeichnet |
| Э | э | *Э* | *э* | э | e |
| Ю | ю | *Ю* | *ю* | ю | ju |
| Я | я | *Я* | *я* | я | ja |

## Buchstaben und Laute

Wie in vielen anderen Sprachen, so stimmen auch im Russischen Buchstaben und Laute, das heißt, Schreibweise und Aussprache, nicht immer überein. Deshalb ist es erforderlich, im folgenden die Aussprache eines Lautes oder einer Lautverbindung, die von der Schreibweise abweicht, bei der Erklärung durch eine Umschrift mit kyrillischen Buchstaben (in eckigen Klammern) zu verdeutlichen.

Beispiele:

1. Im Auslaut sind stimmhafte Konsonanten stimmlos zu sprechen:
   го**д** = го[т]; эта́**ж** = эта́[ш].
2. Weiche Konsonanten werden durch ein ['] gekennzeichnet:
   ме́бе**ль** = ме́бе[л']; спа**ть** = спа[т'].
3. Stimmhafte Konsonanten werden vor einem stimmlosen Konsonanten stimmlos; stimmlose vor einem stimmhaften stimmhaft:
   за́**вт**рак = за́[фт]рак; во**кз**а́л = во[гз]а́л.
4. Präposition und folgendes Wort werden zu einem Wort zusammengezogen:
   **в ш**ко́ле = [фш]ко́ле; **с б**ра́том = [зб]ра́том;
   **с у**чи́телем = [су]чи́телем.
5. Einige unbetonte Vokale verändern sich in Quantität und Qualität:
   в**о**да́ = в[а]да́; **о**на́ = [а]на́; вч**е**ра́ = вч[и$^{е}$]ра́.

## Vokale und Vokalbuchstaben

Das Russische verfügt in betonten Silben über fünf Vokale. Diese werden deutlich und klar artikuliert. Sie sind mittellang, also kürzer als deutsche lange Vokale und länger als deutsche kurze Vokale; zum Beispiel д**о**м, хл**е**б, д**а**, ст**у**л, **и**.

Diese fünf Vokale können durch zehn Vokalbuchstaben bezeichnet werden:

Harte Vokalbuchstaben: а о у э ы
Weiche Vokalbuchstaben: я ё ю е и
Die harten Vokalbuchstaben bezeichnen die betreffenden Vokale. Die weichen Vokalbuchstaben bezeichnen außer dem jeweiligen Vokal die Weichheit des vorausgehenden Konsonanten oder (mit Ausnahme des и) zusätzlich ein dem Vokal vorausgehendes j. Am Wort- oder Silbenanfang sowie nach ъ und ь bezeichnen sie also [ja], [jo], [jy], [je], [и].

Bei der Aussprache der betonten Vokale ist folgendes zu beachten:

1. [ё] ist immer betont und offen zu sprechen.
2. [o] wird stets offen (wie deutsches „o“ in „offen“, „wollen“, „Sonne“) gesprochen; zum Beispiel д**о**м, **о**н, ст**о**л.
3. [e] wird vor harten Konsonanten und im Auslaut offen (wie deutsches „e“ in „Welt“, „weg“) gesprochen; zum Beispiel хлеб, без, не. Vor weichen Konsonanten wird [e] geschlossen (wie deutsches „e“ in „Tee“, „Reh“) gesprochen; zum Beispiel де́ти, ме́бель, пельме́ни.
4. [ы] wird ähnlich dem deutschen „i“ in „Tisch“ oder „Fisch“ gesprochen. Es wird wie das deutsche „i“ ohne Lippenrundung gebildet, jedoch wie das deutsche „u“ mit zurückgezogener Zunge artikuliert; zum Beispiel м**ы**, б**ы**л, с**ы**н.

Die unbetonten Vokale werden wesentlich weniger deutlich als die betonten Vokale sowie viel kürzer gesprochen.
Im einzelnen ist dabei zu beachten:

1. Unbetontes a und o werden im Wortanlaut und unmittelbar vor der betonten Silbe wie kurzes [a] ausgesprochen; zum Beispiel **о**на́ wie [a]на́, в**о**да́ wie в[a]да́, к**о**гда́ wie к[a]гда́. In allen anderen unbetonten Stellungen werden sie wie ein sehr kurzer (zwischen ы und э stehender) Murmellaut artikuliert; zum Beispiel: м**о**локо́

wie м[ы$^{э}$]л[а]кó, колбасá wie к[ы$^{э}$]лб[а]сá, магази́н wie м[ы$^{э}$]г[а]зи́н.

2. Unbetontes е und я (bzw. а nach ч oder щ) werden unmittelbar vor der betonten Silbe als kurzer Laut zwischen и und е [и$^{е}$] ausgesprochen; zum Beispiel: метрó wie м[и$^{е}$]трó, сестрá wie с[и$^{е}$]стрá, часы́ wie ч[и$^{е}$]сы́. In allen anderen unbetonten Stellungen wird ein sehr kurzes [и] gesprochen; zum Beispiel ресторáн wie р[и]ст[а]рáн, ви́деть wie ви́д[и]ть.
3. Nach ц, ш, ж werden и und е wie ein kurzer [ы]-artiger Laut artikuliert; zum Beispiel желáть wie ж[ы]лáть, живу́ wie ж[ы]ву́.
4. [у] wird auch in unbetonter Stellung als у gesprochen, allerdings wesentlich kürzer als in betonter Silbe; zum Beispiel óтпуск, покупáть, ужé.

## Konsonanten und Konsonantenbuchstaben

Im Russischen gibt es – wie im Deutschen – stimmhafte und stimmlose Konsonanten.

Solche Konsonantenpaare sind:

stimmhaft: б в г д з ж

stimmlos: п ф к т с ш

Stimmhafte Konsonanten (ohne stimmlosen Partner) sind auch м, н, л, р, j. Man nennt sie Sonore.

Stimmlose Konsonanten (ohne stimmhafte Partner) sind ц, ч, щ, х.

Im Wortauslaut werden stimmhafte Konsonanten (mit Ausnahme der stets stimmhaften Sonoren) wie im Deutschen stimmlos; zum Beispiel хлеб = хле[п], обéд = обé[т], друг = дру[к]; aber дом = до[м].

Innerhalb eines Wortes und bei Wortverbindungen werden stimmhafte Konsonanten vor stimmlosen stimmlos und stimmlose Konsonanten vor stimmhaften (außer vor den Sonoren) stimmhaft; zum Beispiel вчерá = [ф]черá; поéздка = поé[ст]ка, в шкóле = [ф]шкóле; вокзáл = во[г]зáл; с брáтом = [з]брáтом.

Im Russischen gibt es – zum Unterschied vom Deutschen – harte und weiche Konsonanten. Die harten Konsonanten werden (von л abgesehen) wie die entsprechenden deutschen Konsonanten gebildet. Die weichen Konsonanten werden artikuliert, indem man (zusätzlich zur Bildungsweise entsprechender harter Konsonanten) den mittleren Teil des Zungenrückens gegen den Vordergaumen hebt. Sie klingen deshalb, als ob ihnen ein kurzes [и] folge. Sie haben einen weichen Beiklang.

Im einzelnen ist zu beachten:

1. Es gibt folgende Konsonantenpaare:

   hart: п б ф в м т д с з н л р к г х

   weich: [п′] [б′] [ф′] [в′] [м′] [т′] [д′] [с′] [з′] [н′] [л′][р′] [к′] [г′] [х′]
2. ц, ш,ж sind immer hart.
3. [ч′], [щ′], sind immer weich.
4. In der Schreibweise wird die Weichheit eines Konsonanten bezeichnet:

4.1. wenn ein Vokal folgt, durch den entsprechenden weichen Vokalbuchstaben; zum Beispiel х**ле**б, б**лю**до, о**ни́**, ку́х**ня**, ко**вё**р.

4.2. am Wortende oder wenn ein Konsonant folgt, durch das Zeichen -ь (мя́гкий знак); zum Beispiel бы**ть**, спа́**ль**ня.

Bei der Aussprache bestimmter Konsonanten sind folgende Hinweise zu beachten:

1. [п], [т], [к] sowie [п′], [т′], [к′] werden – im Gegensatz zu den deutschen Konsonanten p, t, k – stets ohne Behauchung gesprochen.
2. ч stellt eine unlösbare Verbindung von [т′] und [ш′] dar. Es ist also immer mit Hebung des mittleren Zungenrückens zum Vordergaumen zu sprechen und unterscheidet sich dadurch vom harten „tsch“ im Deutschen (zum Beispiel in „quietschen“).

3. [x] wird wie der deutsche „ach-Laut“ (zum Beispiel „Krach“ oder „Buch“) gebildet. [x′] wird dagegen wie der deutsche „ich-Laut“ (zum Beispiel in „mich“ oder „recht“) gesprochen.
4. Bei dem harten [л] werden die Zungenspitze (wie beim deutschen „l“) gegen die Vorderzähne und der hintere Teil der Zunge (wie beim deutschen „u“) gegen den Hintergaumen gehoben, so daß die Zunge eine „Muldenform“annimmt. Beim weichen [л′] wird die Vorderzunge gegen den Vordergaumen gehoben.
5. [р] wird als Zungenspitzen-r gesprochen. Die Zungenspitze vibriert also an den Vorderzähnen.
6. [j] wird vor betontem Vokal und im Anlaut wie deutsches „j“ gesprochen; zum Beispiel сто**я́**ть wie сто[já]ть, се**мья** wie сем[já], при**е́**хать wie при[jé]хать. In allen anderen Stellungen wird es wie ein sehr kurzes [и] artikuliert, das keine selbständige Silbe bildet; zum Beispiel чай wie ч[аи], до́брый wie до́бр[ыи], се**й**ча́с wie с[иᵉи]ча́с.
7. щ wird als langes weiches ш (= [ш′ш′]) artikuliert.

Bei der Schreibweise des Russischen sind – im Verhältnis zur Aussprache – zusätzlich einige Besonderheiten zu beachten:

1. ь bezeichnet im allgemeinen nur die Weichheit des vorausgehenden Konsonanten; zum Beispiel бо**ль**шо́й, да**ть**, пи**сь**мо́.

   Vor einem weichen Vokalbuchstaben wirkt es dagegen zusätzlich als Trennungszeichen. Es trennt also den vorausgehenden weichen Konsonanten von den folgenden Lauten; zum Beispiel се**мь**я́ = се[м′ja].
2. ъ bezeichnet die Härte des vorausgehenden Konsonanten und wirkt – wie ь – als Trennungszeichen; zum Beispiel съесть = [с′je]сть.
3. Nach г, к, х, und den Zischlauten ж, ч, ш, щ steht anstelle eines ы stets ein и. Deshalb lauten zum Beispiel die Pluralformen zu кни́га, бу́лка, успе́х – кни́ги, бу́лки, успе́хи. Da jedoch ж, ш und ц immer hart sind,

ist in der Aussprache trotzdem nach diesen Konsonanten so zu verfahren, als ob ein ы geschrieben wäre; zum Beispiel spricht man **жить** wie ж[ы]ть, маши́на wie маш[ы́]на.

Schließlich müssen noch einige Besonderheiten bei der Aussprache verschiedener Konsonantenverbindungen beachtet werden:

| Verbindung | Aussprache | Beispiele |
|---|---|---|
| -дц-, -тц- | [langes ц] | два́**дц**ать, о**тц**á |
| -сч-, -зч-,<br>-сш-, -жч | [langes ш′] | му**жч**и́на, **сч**ёт |
| -ться<br>-ться | [langes ца] | учи́**ться**, он у́чи**тся** |
| -стл- | [сл] | сча**стл**и́вый |
| -стн- | [сн] | мé**стн**ый |
| -тск- | [цк] | совé**тск**ий |
| -гк- | [хк] | лё**гк**ий |
| -чт- | [шт] | nur bei: **что** |

## Wortbetonung und Satzintonation

Russische Wörter wechseln – zum Unterschied vom Deutschen – bei der Deklination, Konjugation usw. nicht selten die Betonung; zum Beispiel стол (Nominativ) – стола́ (Genitiv); го́род (Singular) – города́ (Plural); я пишу́ – ты пи́шешь. Deshalb wird in Lehr- und Wörterbüchern im allgemeinen die betonte Silbe durch ein Akzentzeichen markiert.

Präpositionen sind in Wortverbindungen und Sätzen häufig unbetont; zum Beispiel на заво́де, за па́рком.

Der gesprochene Satz gliedert sich in Wortgruppen (Syntagmen) bzw. Sprechtakte. Diese werden meist durch (sehr) kurze Pausen voneinander abgehoben; zum Beispiel:

Мой брат / был в гостя́х / в Ленингра́де / у Ви́ктора.

Es wird dabei diejenige Wortgruppe durch stärkere Betonung hervorgehoben, die die wichtigste Aussage enthält, auf die also der Satzakzent (auch logische Betonung genannt) fällt. Im vorstehenden Beispiel bieten sich unter anderem – je nach der Absicht des Sprechers in der jeweiligen Situation – folgende Möglichkeiten an:

**Мой брат** был в гостя́х в Ленингра́де у Ви́ктора.
Мой брат был в гостя́х **в Ленингра́де** у Ви́ктора.
Мой брат был в гостя́х в Ленингра́де **у Ви́ктора**.

## Пе́рвый уро́к 1

**1.a** Erschließen Sie die Bedeutung der folgenden Wörter mit Hilfe der Bilder :

Э́то **хлеб**

Э́то **ма́сло**

Э́то **ры́ба** и **колбаса́**

А вот **бу́лка** и **молоко́**

**1.b** Prüfen Sie mit Hilfe der Aufgabe 8, ob Sie die Bedeutung der neuen Wörter richtig erfaßt haben!

**2.** Im Russischen gibt es keinen Artikel. Vergleichen Sie zum Beispiel:
ры́ба = **der** Fisch (oder: **ein** Fisch)
хлеб = **das** Brot (oder: **ein** Brot)

**3.** „Ist" und „sind" werden im Russischen meistens nicht gesondert ausgedrückt. Vergleichen Sie zum Beispiel:

| | |
|---|---|
| Э́то хлеб. | Das **ist** ein Brot. |
| Вот ма́сло. | Hier **ist** Butter. |
| Э́то ры́ба и колбаса́. | Das **sind** Fisch und Wurst. |

**4.a** Übersetzen Sie:
Э́то ма́сло. А э́то хлеб. Вот колбаса́. А вот молоко́ и хлеб. Э́то ма́сло и молоко́. А вот ры́ба.

**4.b** Lesen Sie vorstehende Sätze laut!

**5.a** Erschließen Sie die Bedeutung der neuen Wörter mit Hilfe der Bilder:

Э́то **мя́со**

Вот **чай** и **са́хар**

Э́то **сыр**

А э́то **икра́**

**5.b** Prüfen Sie mit Hilfe der Übung 8, ob Sie die Bedeutung der neuen Wörter richtig erfaßt haben!

**6.a** Im Russischen gibt es – wie im Deutschen – drei Genera: maskulin, feminin, neutral. Die Zugehörigkeit eines Substantivs zu einem bestimmten Genus ist normalerweise an der Endung zu erkennen. Maskuline Substantive sind im Nominativ Singular meist endungslos, feminine enden überwiegend auf -a, neutrale auf -o.

**6.b** Vergleichen Sie zum Beispiel:
хле**б** = **das** Brot
ры́б**а** = **der** Fisch
ма́сл**о** = **die** Butter
Das Genus russischer und deutscher Substantive stimmt häufig nicht überein.

**7.a** Bestimmen Sie das Genus folgender Substantive:
Хле́б, ры́ба, ма́сло, молоко́, сыр, мя́со, икра́, са́хар, колбаса́, бу́лка.

**7.b** Übersetzen Sie vorstehende Substantive!

**8.** Prägen Sie sich folgende Wörter ein:

| | | | |
|---|---|---|---|
| хлеб | Brot | са́хар | Zucker |
| ма́сло | Butter, Öl | сыр | Käse |
| ры́ба | Fisch | икра́ | Kaviar |
| колбаса́ | Wurst | э́то | das, dieses |
| бу́лка | (kleines) Weißbrot | вот | hier, da |
| | | и | und; auch |
| молоко́ | Milch | а | aber, und |
| мя́со | Fleisch | | |
| чай | Tee | | |

**9.** Bilden Sie Wortverbindungen, indem Sie zwei Substantive durch и verknüpfen! Verwenden Sie dabei alle bisher bekannten Substantive!

Muster: ма́сло и сыр

**10.** Bilden Sie einfache Sätze unter Verwendung aller bisher bekannten Substantive!

Muster 1: Вот молоко́.
Muster 2: Э́то мя́со и колбаса́.

**11.a** Да heißt „ja", und нет bedeutet „nein".

**11.b** Übersetzen Sie:
Э́то хлеб? Да, э́то хлеб. Э́то ры́ба и икра́? Да, э́то ры́ба и икра́. Э́то хлеб? Нет, э́то бу́лка. Э́то чай и са́хар? Нет, э́то молоко́ и са́хар.

**12.** Bilden Sie einfache Fragen und beantworten Sie diese bejahend oder verneinend!

Muster 1: Э́то сыр? Да, э́то сыр.
Muster 2: Э́то колбаса́? Нет, э́то мя́со.

**13.a** Lesen Sie still! Erschließen Sie dabei die Bedeutung der neuen Wörter aus dem Sinnzusammenhang oder mit Hilfe ähnlich klingender deutscher Wörter:

Вот ма́сло и хлеб. А э́то колбаса́? Да, э́то колбаса́ и мя́со. А вот чай, молоко́ и са́хар. Ма́сло, молоко́, мя́со, хлеб – э́то **проду́кты**. Э́то молоко́? Нет. Э́то **не** молоко́. Э́то **кака́о**. А вот **фру́кты**. А что э́то? Э́то **стул**. **На** сту́ле проду́кты.

**13.b** Prüfen Sie mit Hilfe der Aufgabe 16, ob Sie die Bedeutung der neuen Wörter richtig erfaßt haben.

**13.c** Übersetzen Sie vorstehenden Text!

**13.d** Lesen Sie ihn laut!

**14.** Bilden Sie – unter Verwendung aller bisher bekannten Substantive – Fragen und beantworten Sie diese!

Muster: Что э́то? Э́то фру́кты.

**15.** Ersetzen Sie die jeweils unterstrichenen Wörter nacheinander durch die in Klammer angegebenen:

1. Э́то икра́. (ры́ба, колбаса́, сыр, проду́кты)
2. Вот ма́сло и икра́. (ры́ба, фру́кты, чай, кака́о, хлеб, са́хар)
3. Э́то не мя́со, э́то колбаса́. (бу́лка, мя́со, молоко́, кака́о, сыр, ма́сло)
4. На сту́ле проду́кты. (фру́кты, кака́о, хлеб)

**16.** Prägen Sie sich folgende Wörter und Wortverbindungen ein:

| | | | |
|---|---|---|---|
| да | ja | не | nicht |
| нет | nein | кака́о | Kakao |
| проду́кты | Lebensmittel | что | was; daß |
| фру́кты | Früchte, Obst | стул | Stuhl |
| | | на сту́ле | auf dem Stuhl |

**17.a** Lesen Sie still:

– Что э́то?
– Э́то проду́кты.
– А что э́то – проду́кты?
– Э́то хлеб, бу́лка, ма́сло, молоко́, сыр, мя́со, колбаса́, фру́кты.
– Вот молоко́ и кака́о!
– Нет, э́то не молоко́. Э́то чай и са́хар.
– А э́то фру́кты?
– Да, э́то фру́кты.

**17.b** Lesen Sie vorstehenden Dialog laut!

**18.** Bilden Sie – unter Verwendung bisher bekannter Substantive — einfache Satzverbindungen!

Muster: Вот хлеб и ма́сло, а э́то чай.

**19.** Bieten Sie jemandem – unter Verwendung der bisher bekannten Bezeichnungen für verschiedene Lebensmittel – etwas an!

Muster: Вот хлеб и ма́сло!

**20.** Bieten Sie jemandem etwas zum Trinken an!

Muster: Вот чай!

## Второ́й уро́к 2

**1.a** Erschließen Sie die Bedeutung der neuen Wörter mit Hilfe der Bildleiste:

Э́то **ко́мната**

**В** ко́мнате **стол** и **по́лка**

**На** столе́ **таре́лка** и **стака́н**

А вот на столе́ **блю́до**

Ви́ктор **покупа́л** блю́до в **магази́не**

**1.b** Prüfen Sie mit Hilfe der Aufgabe 6, ob Sie die Bedeutung der neuen Wörter richtig erfaßt haben!

**2.a** Im Russischen gibt es 6 Kasus. Der 6. Kasus wird immer mit einer Präposition verbunden. Er heißt deshalb Präpositiv. Häufig endet er auf -e.

**2.b** Lesen Sie still und übersetzen Sie:

| | |
|---|---|
| Э́то ко́мнат**а**. | В ко́мнат**е** стол. |
| Вот по́лк**а**. | На по́лк**е** стака́н. |
| Э́то стака́**н**. | В стака́н**е** чай. |

**2.c** Auf die Frage где (wo) steht nach в und на der Präpositiv.

**3.a** Übersetzen Sie:
В ко́мнате, на столе́, на сту́ле, в стака́не, на блю́де, на бу́лке, на таре́лке, в буты́лке.

**3.b** Die Präposition в wird mit dem Anlaut des folgenden Wortes zusammengezogen: в стака́не, в ко́мнате. Beachten Sie die Stimmangleichung ([ф]стакане), ([ф]комнате).

**3.c** Lesen Sie die Wortverbindungen unter 3.a laut!

**4.** Ersetzen Sie die jeweils unterstrichenen Wörter nacheinander durch die in Klammern angegebenen:
1. В ко́мнате стол. (стул, по́лка, проду́кты, фру́кты)
2. В стака́не чай. (молоко́, кака́о, чай и са́хар)
3. На таре́лке ры́ба. (фру́кты, мя́со, хлеб и ма́сло, колбаса́ и сыр)
4. На блю́де проду́кты. (фру́кты, бу́лка, икра́, ма́сло)
5. В магази́не стол. (по́лка, стул, проду́кты)
6. На столе́ таре́лка. (блю́до, буты́лка, стака́н)

**5.** Beantworten Sie die folgenden Fragen unter Verwendung der in Klammern angegebenen Wortverbindungen:
1. Где хлеб? (на столе́, на сту́ле, в ко́мнате, на блю́де)
2. Где чай? (в буты́лке, в стака́не, в ко́мнате, на по́лке)
3. Где проду́кты? (в ко́мнате, в магази́не, на по́лке, на столе́)

**6.** Prägen Sie sich folgende Wörter, Wortverbindungen und Sätze ein:

| | | | |
|---|---|---|---|
| ко́мната | Zimmer | блю́до | Schüssel; Gericht; Gang (in einem Menü) |
| стол | Tisch | | |
| по́лка | Regal | | |
| стака́н | (Trink-)Glas | магази́н | Geschäft |
| таре́лка | Teller | …покупа́л… | … kaufte |
| в | in | | … hat gekauft |

в ко́мнате
в стака́не
на — auf, an
на столе́
на по́лке

Ви́ктор покупа́л проду́кты.
где — wo
буты́лка — Flasche

**7.** Sagen Sie, wo sich die Lebensmittel befinden. Verwenden Sie dabei: мя́со, ма́сло, хлеб, бу́лка, сыр, икра́, колбаса́, ры́ба.

Muster: Проду́кты на столе́.

**8.** Sagen Sie, was Viktor im Geschäft eingekauft hat! Verwenden Sie dabei блю́до, стака́н, стол, проду́кты, ма́сло, хлеб, сыр.

Muster: Ви́ктор покупа́л фру́кты в магази́не.

**9.** Fragen Sie, wo sich bestimmte Lebensmittel und Getränke befinden! Verwenden Sie dabei кака́о, молоко́, чай, хлеб, сыр, колбаса́, ры́ба, мя́со.

Muster: Где фру́кты?

**10.** Lesen Sie still! Erschließen Sie dabei die Bedeutung der hervorgehobenen Wörter aus dem Sinnzusammenhang und – soweit erforderlich – mit Hilfe des alphabetischen Wörterverzeichnisses:

**Кто** покупа́л проду́кты? Ви́ктор покупа́л проду́кты в магази́не. На **за́втрак** он покупа́л хлеб, ма́сло и сыр. А кто **гото́вил** за́втрак? За́втрак, **обе́д** и **у́жин** гото́вила Ири́на. На столе́ **лежа́ло** ма́сло. А на по́лке **лежа́ли** фру́кты. На сту́ле **стоя́ли** буты́лка и стака́н. В буты́лке **бы́ло** молоко́.

**11.** Im Russischen gibt es drei Tempusformen der Verben: Präsens, Präteritum und Futur. Das Präteritum lautet meist auf -л (maskulin), -ла (feminin), -ло (neutral) und -ли (Plural) aus.

**12.a** Lesen Sie still und vergleichen Sie:

Ви́кто**р** покупа́**л** проду́кты. Ири́н**а** гото́вил**а** за́втрак. Ма́сл**о** лежа́л**о** на столе́. Проду́кт**ы** лежа́л**и** на по́лке.

**12.b** Beachten Sie die Übereinstimmung des Genus von Subjekt und Prädikat (im Präteritum)!

**13.** Ersetzen Sie das jeweils unterstrichene Wort nacheinander durch die in Klammern angegebenen:
1. Ири́на гото́вила за́втрак. (обе́д, у́жин, мя́со) 2. На за́втрак Ви́ктор покупа́л фру́кты. (обе́д, у́жин) 3. В ко́мнате стоя́л стол. (стул, стака́н) 4. На столе́ лежа́ло ма́сло. (мя́со) 5. В магази́не бы́ли проду́кты. (фру́кты, мя́со и колбаса́, ры́ба и икра́)

**14.** Bilden Sie möglichst viele sinnvolle Sätze:

| | | |
|---|---|---|
| на столе́ | стоя́л | стака́н |
| | стоя́ла | буты́лка |
| | стоя́ли | таре́лка |
| | | буты́лка и стака́н |
| в ко́мнате | был | стол |
| | была́ | по́лка |
| | бы́ло | стул |
| | бы́ли | проду́кты |
| | | мя́со |
| | | Ви́ктор |
| | | Ири́на |
| на по́лке | лежа́л | фру́кты |
| | лежа́ла | са́хар |
| | лежа́ло | хлеб |
| | лежа́ли | колбаса́ |
| | | мя́со |

**15.** Prägen Sie sich folgende Wörter, Wortverbindungen und Sätze ein:

| | |
|---|---|
| кто | wer |
| Кто покупа́л проду́кты? | |
| за́втрак | Frühstück |
| на за́втрак | zum Frühstück, für das Frühstück |

| | |
|---|---|
| гото́вить | zubereiten, vorbereiten |
| гото́вить за́втрак | |
| обе́д | Mittagessen |
| на обе́д | |
| у́жин | Abendessen, Abendbrot |
| на у́жин, гото́вить у́жин | |
| лежа́ть | liegen |
| Мя́со лежа́ло на столе́. | |
| стоя́ть | stehen |
| Стол стоя́л в ко́мнате. | |
| быть | sein |
| Ви́ктор был в магази́не. Ири́на была́ в ко́мнате. В буты́лке бы́ло молоко́. | |

**16.** Beantworten Sie folgende Fragen! Versuchen Sie jeweils mehrere Lösungen zu finden:

1. Кто покупа́л проду́кты? 2. Кто гото́вил за́втрак? 3. Что гото́вила Ири́на? 4. Что стоя́ло в ко́мнате? 5. Что лежа́ло на по́лке? 6. Что бы́ло в стака́не?

**17.** Lesen Sie still! Erschließen Sie dabei aus dem Sinnzusammenhang die Bedeutung der neuen Personalpronomen:

Э́то Ви́ктор. **Он** покупа́л проду́кты. Э́то Ири́на. **Она́** гото́вила у́жин. Вот блю́до. **Оно́** бы́ло на столе́. Вот проду́кты. **Они́** лежа́ли на таре́лке.

**18.** Übersetzen Sie:

Он покупа́л проду́кты в магази́не. Она́ гото́вила обе́д. На обе́д они́ покупа́ли мя́со. Оно́ лежа́ло на столе́. Он стоя́л в ко́мнате.

**19.** Vervollständigen Sie die nachstehenden Frage-Antwort-Folgen jeweils durch das passende Personalpronomen:

Где таре́лка? … на столе́. Где фру́кты? … на по́лке. Кто покупа́л блю́до? … покупа́ла блю́до. Где лежа́ла ры́ба? … лежа́ла на сту́ле. Кто гото́вил обе́д? … гото́вила обе́д. Что покупа́л Ви́ктор на за́втрак? На за́втрак … покупа́л хлеб, ма́сло и сыр.

**20.** Fragen Sie, wo sich bestimmte Gegenstände befinden!
Verwenden Sie dabei стака́н, буты́лка, блю́до, таре́лка, стол, по́лка, проду́кты.
Beantworten Sie die Fragen unter Benutzung der entsprechenden Personalpronomen он, она́, оно́ oder они́!

Muster: Где стул?
Он в ко́мнате.

**21.a** Lesen Sie still:

– Где проду́кты?
– Они́ в ко́мнате.
– Кто покупа́л проду́кты?
– Алекса́ндр покупа́л проду́кты.
– Он покупа́л проду́кты на за́втрак?
– Нет. Он покупа́л проду́кты на у́жин.
– А что он покупа́л?
– Он покупа́л хлеб, ма́сло, мя́со и сыр.
– А фру́кты?
– И фру́кты.
– А где они́?
– Фру́кты на блю́де.
– Кто гото́вил у́жин?
– Лари́са гото́вила у́жин.

**21.b** Lesen Sie vorstehenden Dialog laut!

**22.a** Übersetzen und vergleichen Sie:

Где покупа́л Михаи́л проду́кты? Где он покупа́л проду́кты? Что гото́вила Лари́са? Что она́ гото́вила?

**22.b** Die Wortstellung im Fragesatz (mit Fragewort) stimmt häufig mit dem Deutschen überein. Ist das Subjekt des Fragesatzes ein Personalpronomen, so steht dieses meist vor dem Prädikat.

**23.a** Lesen Sie still:

Где стоя́л Ви́ктор? Что гото́вила Ири́на? Где покупа́л Михаи́л проду́кты? Где бы́ли Алекса́ндр и Лари́са? Что покупа́ла Ле́на в магази́не?

**23.b** Formen Sie vorstehende Fragesätze um, indem Sie die Namen durch entsprechende Personalpronomen ersetzen.

**24.** Fragen Sie russisch,
– wo die Flasche (das Glas, das Regal, der Teller, die Schüssel) stand;
– wo die Butter (das Fleisch, das Brot, der Zucker, die Wurst) lag;
– wer das Frühstück (das Mittagessen, das Abendbrot) zubereitet hat.

**25.** Sagen Sie russisch, daß
– Michael (Viktor, Irina, Lena, Larissa) im Geschäft war;
– das Glas (der Teller, die Schüssel, die Flasche) auf dem Tisch stand;
– Viktor (Irina, Alexander, Michael, Lena) Lebensmittel einkaufte;
– das Brot (die Butter, das Fleisch, das Obst) auf dem Regal lag.

---

## Тре́тий уро́к 3

---

**1.a** Lesen Sie still und beachten Sie dabei, daß без „ohne" bedeutet.
Э́то ко́мната Ви́ктор**а**. А вот ко́мната Михаи́л**а**. Э́то чай и са́хар? Нет, э́то чай без са́хар**а**. А э́то хлеб и ма́сло? Нет, э́то хлеб без ма́сл**а**.

**1.b** Der Genitiv maskuliner und neutraler Substantive endet meist auf -a.

**2.** Ersetzen Sie die jeweils unterstrichenen Wörter nacheinander durch die in Klammern angegebenen:
1. Вот ко́мната Ви́ктора. (Михаи́л, Алекса́ндр) 2. Э́то таре́лка Михаи́ла? (Ви́ктор, Алекса́ндр) 3. Ири́на была́ в магази́не без Алекса́ндра. (Ви́ктор, Михаи́л)

**3.** Bilden Sie nach dem Muster чай без са́хара weitere Wortverbindungen! Verwenden Sie dabei: хлеб / ма́сло, кака́о / молоко́, за́втрак / мя́со, Лари́са / Ви́ктор, кака́о / са́хар.

**4.a** Lesen Sie still! Erschließen Sie dabei die Bedeutung der neuen Wörter mit Hilfe der Bilderleiste:

Это ко́мната. В ко́мнате стол, стул и **кре́сло**

А вот **шкаф** и **дива́н**

На по́лке **телеви́зор,** а на столе́ **ра́дио**

А э́то **ку́хня**. Лари́са гото́вила за́втрак **с** Ви́ктором

Они́ **сиде́ли** на дива́не и **за́втракали**

**4.b** Prüfen Sie mit Hilfe der Aufgabe 8, ob Sie die Bedeutung der neuen Wörter richtig erfaßt haben!

**5.a** Übersetzen Sie:
Вот кре́сло. В кре́сле сиде́л Ви́ктор. Э́то кре́сло Ви́ктора.

А вот шкаф и дива́н. На дива́не лежа́ла Лари́са. А кто был в ку́хне? В ку́хне Ири́на с Михаи́лом гото́вили за́втрак. А где они́ за́втракали? Ири́на с Михаи́лом за́втракали в ку́хне. А Лари́са с Ви́ктором за́втракали в ко́мнате. Лари́са сиде́ла на дива́не, а Ви́ктор сиде́л в кре́сле.

**5.b** Lesen Sie vorstehende Sätze laut!

**6.** Ersetzen Sie die jeweils unterstrichenen Wörter nacheinander durch die in Klammern angegebenen:

1. В ко́мнате стоя́л стол. (шкаф, дива́н, телеви́зор)
2. На дива́не лежа́ла Лари́са. (Ири́на, Ле́на, Светла́на)
3. В кре́сле сиде́л Ви́ктор. (Алекса́ндр, Михаи́л, Оле́г)
4. В ко́мнате сиде́ли Лари́са с Ви́ктором. (Ле́на с Михаи́лом, Светла́на с Алекса́ндром, Ири́на с Оле́гом)

**7.** Beantworten Sie folgende Fragen unter Verwendung der in Klammern angegebenen Wörter und Wortverbindungen:

1. Что стоя́ло в ко́мнате? (шкаф, по́лка, телеви́зор, кре́сло, дива́н)
2. Где сиде́л Оле́г? (на дива́не, в кре́сле, на сту́ле, в ку́хне)
3. Кто за́втракал в ку́хне? (Ири́на, Лари́са, Оле́г, Ле́на, Алекса́ндр)
4. Где стоя́ли телеви́зор и ра́дио? (в ко́мнате, на по́лке, на столе́)

**8.** Prägen Sie sich folgende Wörter, Wortverbindungen und Sätze ein:

| | |
|---|---|
| без | ohne |
| без Ви́ктора, чай без са́хара | |
| кре́сло | Sessel |
| шкаф | Schrank |
| Проду́кты лежа́ли в шкафу́. | |
| дива́н | Diwan, Sofa, Couch |
| лежа́ть на дива́не | |
| телеви́зор | Fernseher, Fernsehapparat |

| | |
|---|---|
| ра́дио | Radio(gerät), Rundfunk (-gerät) |
| ку́хня | Küche |
| с, со (vor einigen Konsonanten) | mit |

Лари́са с Оле́гом, чай с са́харом, стол со сту́лом

| | |
|---|---|
| сиде́ть | sitzen |

сиде́ть в кре́сле. Он сиде́л на сту́ле.

| | |
|---|---|
| за́втракать | frühstücken |

за́втракать в ку́хне. Они́ за́втракали в ко́мнате.

**9.** Bilden Sie möglichst viele sinnvolle Sätze:

| | | |
|---|---|---|
| он | | |
| она́ | сиде́л | на сту́ле |
| они́ | сиде́ла | на дива́не |
| Ви́ктор | сиде́ли | в кре́сле |
| Лари́са | | |

| | | |
|---|---|---|
| он | | |
| она́ | за́втракал | в ку́хне |
| они́ | за́втракала | в ко́мнате |
| Оле́г | за́втракали | |
| Светла́на | | |

**10.** Sagen Sie – unter Verwendung von шкаф, стол, стул, кре́сло, дива́н –, welche Möbelstücke im Zimmer standen!

Muster: В ко́мнате стоя́л телеви́зор.

**11.** Sagen Sie, wer am Einkauf dieser Möbelstücke beteiligt war.

Muster: Телеви́зор покупа́ли Ле́на с Миха́йлом.

**12.a** Lesen Sie still:

Э́то чай с са́харом.
Вот хлеб с ма́слом.
В магази́не бы́ли Ири́на с Ви́ктором.
В ко́мнате сиде́ли Светла́на с Оле́гом.

**12.b** Der 5. Kasus heißt Instrumental. Er endet bei maskulinen und neutralen Substantiven häufig auf -ом.

**13.** Setzen Sie die fehlenden Endungen ein:

1. Вот хлеб с мя́с... 2. В стака́не был чай с са́хар... 3. На таре́лке бу́лка с ма́сл... 4. На за́втрак она́ гото́вила хлеб с сы́р... 5. В буты́лке бы́ло кака́о с молок...

**14.a** Lesen Sie still! Erschließen Sie dabei die Bedeutung der neuen Wörter aus dem Sinnzusammenhang und – wenn erforderlich – unter Verwendung des alphabetischen Wörterverzeichnisses:

**Вчера́** Ири́на и Андре́й бы́ли в магази́не. **У́тром** они́ за́втракали **до́ма**. В магази́не они́ **ви́дели** проду́кты и фру́кты. Что они́ **де́лали** в магази́не? Они́ покупа́ли хлеб, сыр, ма́сло и мя́со. Фру́кты они́ **то́же** покупа́ли. **Пото́м** они́ **е́хали к це́нтру**. В це́нтре **рестора́н**. В рестора́не они́ **обе́дали**. Они́ **бежа́ли** к **авто́бусу**. Домо́й они́ е́хали авто́бусом. **Когда́** они бы́ли до́ма, Ири́на гото́вила у́жин в ку́хне. **Ве́чером** они́ **у́жинали** до́ма.

**15.a** Übersetzen Sie:

Э́то дом Ви́ктора. У́тром он был до́ма. Ве́чером он е́хал домо́й. Что он де́лал в рестора́не? В рестора́не он обе́дал. Ири́на то́же обе́дала в рестора́не. А где они́ у́жинали? Они́ у́жинали до́ма. Когда́ они́ у́жинали? Ве́чером. Они́ бежа́ли к авто́бусу.
Авто́бусом они́ е́хали домо́й. Когда́ э́то бы́ло? Э́то бы́ло вчера́.

**15.b** Lesen Sie vorstehende Sätze laut!

**16.** Ersetzen Sie die jeweils unterstrichenen Wörter nacheinander durch die in Klammern angegebenen:

1. Они́ <u>за́втракали</u> в рестора́не. (обе́дали, у́жинали)
2. Он ви́дел <u>проду́кты</u>. (фру́кты, дом Михаи́ла, авто́бус)
3. Они́ у́жинали в <u>ко́мнате</u>. (ку́хня, рестора́н) 4. <u>Вчера́</u> они́ е́хали авто́бусом домо́й. (у́тром, ве́чером) 5. Что она́ де́лала в <u>ку́хне</u>? (магази́н, це́нтр, рестора́н, ко́мната, авто́бус)

**17.** Prägen Sie sich folgende Wörter, Wortverbindungen und Sätze ein:

| | |
|---|---|
| вчера́ | gestern |
| дом | Haus |
| дом Ви́ктора | |
| до́ма | zu Hause |
| домо́й | nach Hause |
| ви́деть | sehen |
| Он ви́дел авто́бус. | |
| то́же | auch, ebenfalls |
| де́лать | tun, machen |
| Что он де́лал? | |
| пото́м | dann, darauf |
| рестора́н | Restaurant, Gaststätte |
| за́втракать в рестора́не | |
| обе́дать | (zu) Mittag essen |
| обе́дать до́ма | |
| у́жинать | Abendbrot essen |
| бежа́ть | laufen, rennen |
| к | zu, zum, zur |
| к до́му, к Миха́илу | |
| авто́бус | Autobus |
| е́хать | fahren |
| е́хать авто́бусом | |
| центр | Zentrum, Mitte |
| у́тром | morgens, am Morgen |
| ве́чером | abends, am Abend |
| когда́ | wann; wenn; als |

**18.a** Übersetzen und vergleichen Sie:
Ири́на была́ с Ви́ктором в рестора́не. Светла́на была́ с Оле́гом то́же в рестора́не. Они́ е́хали домо́й авто́бусом.

**18.b** Der Instrumental steht ohne Präposition, wenn er das Mittel oder Werkzeug (Instrument) wiedergibt, mit dessen Hilfe eine Handlung ausgeführt wird.

**19.a** Lesen Sie still:
Ири́на бежа́ла к авто́бусу. Она́ е́хала авто́бусом к Миха́илу. Лари́са е́хала к це́нтру.

**19.b** Der Dativ maskuliner und neutraler Substantive endet häufig auf -у.

**20.** Ersetzen Sie die jeweils unterstrichenen Wörter nacheinander durch die in Klammern angegebenen:

Андрéй бежáл к автóбусу. (дом, центр, магази́н, Ви́ктор)
Татья́на éхала к Олéгу. (Ви́ктор, Михаи́л, Алексáндр, центр, дом)

**21.a** Lesen Sie still und vergleichen Sie:

Э́то ресторáн. – Онá ви́дела ресторáн.
Вот Ви́ктор. – Они́ ви́дели Ви́ктора.

**21.b** Bei maskulinen Substantiven ist der Akkusativ gleich
– dem Nominativ, wenn diese Gegenstände bezeichnen;
– dem Genitiv, wenn diese Lebewesen bezeichnen.

**22.** Lesen Sie still:

Э́то Ви́ктор.
Вот дом Ви́ктор**а**.
Онá éхала к Ви́ктор**у**.
Они́ ви́дели Ви́ктор**а**.
Онá былá с Ви́ктор**ом** в ресторáн**е**.

**23.** Prägen Sie sich die Deklination der Maskulina und Neutra mit hartem Stammkonsonanten ein:

| I. Deklination Singular | | |
|---|---|---|
| | Maskulina | Neutra |
| Nominativ | ресторáн Ви́ктор | мáсло |
| Genitiv | -а | -а |
| Dativ | -у | -у |
| Akkusativ | unbelebt, gleich Nominativ<br>belebt, gleich Genitiv | |
| Instrumental | -ом | -ом |
| Präpositiv | -е | -е |

**24.a** Lesen Sie still:

1. Вот Михаи́л. 2. Э́то дом Михаи́ла. 3. Ири́на е́хала к Михаи́лу. 4. Ири́на была́ с Михаи́лом в рестора́не. 5. Михаи́л и Ири́на обе́дали в рестора́не. 6. Михаи́л е́хал авто́бусом к це́нтру. 7. В магази́не Татья́на ви́дела Михаи́ла. 8. Она́ бежа́ла к Михаи́лу.

**24.b** Ersetzen Sie Михаи́л nacheinander durch die entsprechenden Formen von Оле́г und Ви́ктор.

**25.a** Lesen Sie still:

– Где бы́ли вчера́ Ири́на и Ви́ктор?
– У́тром они́ за́втракали до́ма.
– А пото́м?
– Пото́м они́ бы́ли в магази́не. Когда́ они́ е́хали к магази́ну, они́ ви́дели Оле́га.
– Они́ е́хали авто́бусом?
– Да, они́ е́хали авто́бусом.
– А что они́ де́лали в магази́не?
– Они́ покупа́ли проду́кты.
– А когда́ они́ обе́дали?
– Пото́м.
– До́ма?
– Нет, в рестора́не.
– Ири́на обе́дала с Ви́ктором?
– Нет, без Ви́ктора.
– А что де́лал Ви́ктор?
– Когда́ она́ обе́дала, Ви́ктор е́хал домо́й.

**25.b** Lesen Sie vorstehenden Dialog laut!

**26.** Sagen Sie, wo bestimmte Personen gefrühstückt (bzw. Mittag oder Abendbrot gegessen) haben!

Muster: Татья́на и Андре́й за́втракали в рестора́не.

**27.** Sagen Sie, zu wem bestimmte Personen mit dem Autobus gefahren sind!

Muster: Ири́на е́хала авто́бусом к Алекса́ндру.

**28.** Fragen Sie, wann Andrej eine bestimmte Handlung ausgeführt hat! Verwenden Sie dabei за́втракать, обе́дать, у́жинать, е́хать домо́й, сиде́ть в кре́сле, покупа́ть телеви́зор, лежа́ть на дива́не.

Muster: Когда́ был Андре́й в магази́не?

**29.** Fragen Sie russisch:

– wann eine bestimmte Person gefrühstückt (Mittag gegessen, Abendbrot gegessen) hat;
– was jemand im Restaurant (im Geschäft, in der Küche) gesehen hat;
– wer im Restaurant (im Zimmer, in der Küche, zu Hause) Abendbrot gegessen hat.

**30.** Sagen Sie russisch:

– daß Tee mit Zucker im Glas war;
– daß Brot mit Butter auf dem Tisch lag;
– daß Kakao mit Milch in der Flasche ist;
– daß im Zimmer ein Fernsehgerät (Radioapparat) stand;
– daß Irina auf dem Sofa (dem Stuhl, dem Sessel) saß.

**1.a** Erschließen Sie die Bedeutung der neuen Wörter mit Hilfe der Bilderleiste:

Э́то **го́род**

В го́роде **заво́д**

Ви́ктор и Оле́г **рабо́тали** на заво́де

Вот **тролле́йбус** и **трамва́й**

А э́то **оста-но́вка** тролле́й-буса. **Здесь** стоя́ли **пассажи́ры**

**1.b** Prüfen Sie mit Hilfe der Aufgabe 10, ob Sie die Bedeutung der neuen Wörter richtig erfaßt haben!

**2.a** Übersetzen Sie:

Э́то го́род. В це́нтре го́рода рестора́н. Ле́на рабо́тала в рестора́не. А Ви́ктор рабо́тал на заво́де. Э́то тролле́йбус. В тролле́йбусе сиде́ли пассажи́ры. А здесь остано́вка. Э́то остано́вка тролле́йбуса? Нет, э́то остано́вка трамва́я. А кто сиде́л в трамва́е? В трамва́е то́же сиде́ли пассажи́ры.

**2.b** Lesen Sie vorstehende Sätze laut!

**3.** Bilden Sie möglichst viele sinnvolle Sätze:

| | | |
|---|---|---|
| на заво́де | рабо́тал | Татья́на |
| | рабо́тала | Оле́г |
| | рабо́тали | Андре́й и Оле́г |
| | | Ви́ктор и Миха́йл |
| | | Ири́на |
| в це́нтре го́рода | рестора́н | |
| | магази́н | |
| | остано́вка авто́буса | |
| | заво́д | |
| здесь | был | заво́д |
| | была́ | магази́н |
| | бы́ли | остано́вка |
| | | пассажи́ры |

**4.** Sagen Sie — unter Verwendung aller bisher bekannter Namen sowie der Wortverbindungen на заво́де, в рестора́не, в магази́не, в ку́хне —, wo jemand gearbeitet hat!

Muster: И́горь рабо́тал на заво́де.

**5.** Prägen Sie sich die Bedeutung der folgenden Personalpronomen ein:

| | | | |
|---|---|---|---|
| я | ich | мы | wir |
| ты | du | вы | ihr, Sie (Anrede in der Höflichkeitsform) |

**6.** Übersetzen Sie:

– Ири́на, где ты была́ у́тром?
– Я была́ в це́нтре го́рода.

– Ты рабо́тала?
– Да, я рабо́тала в магази́не.
– А Оле́г и Ви́ктор то́же рабо́тали?
– Да, они́ рабо́тали на заво́де.
– Вы е́хали авто́бусом?
– Да, у́тром мы е́хали авто́бусом.
– А ве́чером?
– Ве́чером мы е́хали тролле́йбусом.

**7.a** Lesen Sie still! Betrachten Sie dabei besonders aufmerksam, wie die Präsensformen des Verbs рабо́тать auslauten:

Где рабо́та**ет** Андре́й? Андре́й рабо́та**ет** на заво́де. А Ири́на и Ле́на? Ири́на и Ле́на рабо́та**ют** на заво́де. А где ты рабо́та**ешь**? Я рабо́та**ю** в магази́не. Мы рабо́та**ем** до́ма. Вы рабо́та**ете** до́ма? Да, до́ма.

**7.b** Die meisten Verben, die im Infinitiv auf **-ать** oder **-ять** ausgehen, bilden das Präsens wie рабо́тать. Es handelt sich dabei um die sogenannte e-Konjugation.

**7.c** Prägen Sie sich die e-Konjugation ein! Beachten Sie dabei die Unterschiede in der 1. Person Singular und in der 3. Person Plural:

| Präsens der e-Konjugation | | |
|---|---|---|
| Bei Vokalstamm | | Bei Konsonantenstamm |
| Я рабо́т**а**-ю | | е́**д**-у |
| ты | -ешь | -ешь |
| он<br>она́<br>оно́ | -ет | -ет |
| мы | -ем | -ем |
| вы | -ете | -ете |
| они́ | -ют | -ут |

**7.d** Ist die Endung betont, tritt -ё- an die Stelle des -е-.

**8.** Konjugieren Sie im Präsens:

покупа́ть, де́лать, за́втракать, обе́дать, у́жинать.

**9.** Ergänzen Sie die fehlenden Endungen:

1. Мы е́д… авто́бусом. 2. Ты е́д… тролле́йбусом? 3. Где вы рабо́та…? Мы рабо́та… на заво́де. 4. Что ты де́ла…? Я за́втрака… 5. А где вы обе́да…? Мы обе́да… до́ма. 6. Вы е́д… к це́нтру го́рода? Да, мы е́д… к це́нтру го́рода. 7. Ви́ктор и Лари́са у́жина… до́ма? Нет, они́ у́жина… в рестора́не.

**10.** Prägen Sie sich folgende Wörter, Wortverbindungen und Sätze ein:

| | |
|---|---|
| го́род | Stadt |
| центр го́рода | |
| заво́д | Werk, Fabrik, Betrieb |
| на заво́де | im Werk |
| рабо́тать | arbeiten |
| Я рабо́таю на заво́де. | |
| тролле́йбус | Oberleitungsbus, O-Bus |
| е́хать тролле́йбусом. | |
| Я е́ду тролле́йбусом. | |
| трамва́й | Straßenbahn |
| остано́вка | Haltestelle |
| остано́вка авто́буса, на остано́вке трамва́я | |
| здесь | hier |
| пассажи́р | Fahrgast, Reisender, Passagier |
| В тролле́йбусе сиде́ли пассажи́ры. | |

**11.** Beantworten Sie — unter Verwendung der Wortverbindungen покупа́ть проду́кты, е́хать тролле́йбусом, за́втракать до́ма, рабо́тать в ко́мнате, у́жинать в рестора́не – die Frage Что вы де́лаете?

Muster: Мы обе́даем в ко́мнате Оле́га.

**12.a** Fragen Sie jemanden, den Sie mit „Du" ansprechen, unter Verwendung der Wortverbindungen aus Übung 11, ob er die betreffende Handlung ausübt!

Muster: Ты обе́даешь в ко́мнате?

**12.b** Stellen Sie ähnliche Fragen an jemanden, den Sie mit „Sie“ ansprechen!

**13.a** Lesen Sie folgenden Dialog still:

– Олéг, где ты рабóтаешь?
– Я рабóтаю на завóде. А ты?
– А я в магази́не. А где рабóтает Лéна?
– Лéна с Ви́ктором рабóтают тóже на завóде.
– Завóд в гóроде?
– Да. К завóду мы éдем трамвáем и троллéйбусом.
– А где останóвка троллéйбуса?
– Останóвка здесь.

**13.b** Lesen Sie vorstehenden Dialog laut!

**14.a** Lesen Sie still. Erschließen Sie dabei die Bedeutung der neuen Wörter mit Hilfe ähnlich klingender deutscher Wörter, aus dem Sinnzusammenhang und – soweit erforderlich – mit Hilfe des alphabetischen Wörterverzeichnisses:

– Лари́са, ты **ужé** рабóтаешь?
– Да, я рабóтаю в **теáтре**.
– А **кудá** ты éдешь?
– Я не éду, **я идý** в магази́н. А потóм я идý к **метрó** и éду в гóрод.
– Где **стáнция** метрó?
– Онá **там**. А где Ви́ктор?
– Ýтром я ви́дел Ви́ктора. Он éхал **маши́ной** в гóрод.
– А Олéг?
– Олéг рабóтает. Он **води́тель такси́**.
– Вот и троллéйбус. Он идёт к **кинотеáтру**.
– Это кинó на **ýлице** Лéнина?
– Нет, там **плóщадь** Лéнина. Вчерá мы бы́ли в кинó и ви́дели **фильм** „Áнна Карéнина“.

**14.b** Prüfen Sie mit Hilfe der Übung 18, ob Sie die Bedeutung der neuen Wörter richtig erfaßt haben!

**15.a** Übersetzen Sie:

1. Кудá вы éдете метрó? Мы éдем в гóрод, в кинотеáтр. 2. Где стáнция метрó? Онá там, на ýлице Лéнина. 3. Э́то

такси́? Да, э́то такси́; а где води́тель? Води́тель обе́дает. 4. Вчера́ мы ви́дели Ви́ктора и Оле́га. Они́ е́хали в кино́. В кино́ они́ ви́дели фильм. 5. Куда́ вы идёте? Мы не идём, мы е́дем маши́ной в теа́тр.

**15.b** Lesen Sie vorstehende Sätze laut!

**16.** Ersetzen Sie die jeweils unterstrichenen Wörter nacheinander durch die in Klammern angegebenen:

1. Вот идёт тролле́йбус. (трамва́й, авто́бус, такси́, маши́на) 2. Где остано́вка тролле́йбуса? (ста́нция метро́, остано́вка авто́буса) 3. Она́ рабо́тает в теа́тре. (кинотеа́тр, магази́н, рестора́н, го́род)

**17.a** Lesen Sie still und vergleichen Sie:

Где ты был? Я был в го́роде. Куда́ ты е́дешь? Я е́ду в го́род. Где вы рабо́таете? Мы рабо́таем на заво́де. Куда́ вы идёте? Мы идём на заво́д.

**17.b** Auf die Frage куда́ (wohin) werden die Präpositionen в und на mit dem Akkusativ verbunden.

**17.c** Beantworten Sie folgende Fragen unter Verwendung der jeweils in Klammern angegebenen Wörter:

1. Куда́ ты е́дешь? (го́род, рестора́н, кинотеа́тр, магази́н, центр) 2. Где рабо́тает И́горь? (го́род, теа́тр, центр, магази́н) 3. Куда́ вы идёте? (кинотеа́тр, центр го́рода, [на] заво́д, рестора́н)

**18.** Prägen Sie sich folgende Wörter, Wortverbindungen und Sätze ein:

| | |
|---|---|
| уже́ | schon |
| теа́тр | Theater |
| Мы бы́ли в теа́тре. | |
| куда́ | wohin |
| Куда́ ты е́дешь? | |
| Куда́ вы идёте? | |
| метро́ (unveränderlich) | Metro, Untergrundbahn, U-Bahn |

| | |
|---|---|
| ста́нция | Station, Haltepunkt |
| ста́нция метро́ | |
| там | dort |
| маши́на | Maschine; Wagen, Auto |
| Он е́дет маши́ной. | |
| води́тель | Fahrer, Kraftfahrer |
| такси́ (unveränderlich) | Taxi |
| кино́ (unveränderlich) | Kino |
| у́лица | Straße |
| у́лица Ле́нина, стоя́ть на у́лице | |
| идти́ | gehen, fahren |
| Я иду́ на заво́д. | |
| Ты идёшь домо́й? | |
| фильм | Film |
| ви́деть фильм | |
| пло́щадь | Platz |

**19.** Setzen Sie идти́ in der jeweils erforderlichen Präsensform ein:

– Ле́на, куда́ ты ...?
– Я ... к метро́.
– А куда́ ... Михаи́л и Татья́на?
– Михаи́л ... к це́нтру, а Татья́на ... домо́й.
– Они́ не ... в магази́н?
– Нет, они́ ... в рестора́н.

**19.b** Bilden Sie Fragen zu folgenden Antworten:

– ...? – Я иду́ домо́й.
– ...? – Да, я иду́ с Ви́ктором.
– ...? – Оле́г идёт в центр го́рода.
– ...? – Да, Лари́са с Оле́гом иду́т в теа́тр.
– ...? – Да, к теа́тру идёт трамва́й.

**20.a** Lesen Sie folgenden Dialog still:

– Лари́са, куда́ идёт трамва́й?
– Трамва́й идёт к це́нтру.
– А куда́ ты идёшь?

– Я иду́ к метро́, пото́м в магази́н.
– А где ста́нция метро́?
– Вот ста́нция метро́.
– Ты идёшь с Михаи́лом?
– Нет. Я иду́ без Михаи́ла.
– А куда́ идёт Михаи́л?
– Михаи́л идёт к остано́вке авто́буса. Вот авто́бус, а вот и Михаи́л.
– Вчера́ я е́хала тролле́йбусом и ви́дела Михаи́ла. Он то́же е́хал домо́й.

**20.b** Lesen Sie vorstehenden Dialog laut!

**21.a** Lesen Sie still und vergleichen Sie:

Ви́ктор и Ири́на е́хали в го́род. Ви́ктор е́хал тролле́йбусом, а Ири́на трамва́ем. Здесь остано́вка тролле́йбуса, а там остано́вка трамва́я. Вот Ири́на и Лари́са. Ири́на идёт к Алекса́ндру, а Лари́са к И́горю.

**21.b** Geht der Stamm maskuliner und neutraler Substantive nicht auf einen harten Konsonanten, sondern auf einen weichen Konsonanten oder auf -й aus, so werden die Endungen -а, -у, -ом durch **-я, -ю, -ём** (unbetont -ем) wiedergegeben.

**21.c** Lesen Sie still:

1. Вот идёт тролле́йбус. 2. Здесь остано́вка тролле́йбуса. 3. Они́ иду́т к тролле́йбусу. 4. Я ви́дел тролле́йбус. 5. Мы е́дем тролле́йбусом. 6. Пассажи́ры сиде́ли в тролле́йбусе.

**21.d** Ersetzen Sie in der Übung 21.c тролле́йбус durch трамва́й!

**22.** Setzen Sie die fehlenden Endungen ein:
1. Ты был в кино́ с Андре́...? Нет, без Андре́... 2. Вы е́дете в центр го́рода авто́бусом? Нет, мы е́дем трамва́...? 3. Вот Ле́на. Она́ идёт к И́гор...? Нет, она́ идёт к Андре́...

**23.** Lesen Sie folgende Dialoge still:
– Ви́ктор, вот такси́.

– Где води́тель?
– Э́то такси́ без води́теля.
– А где он?
– Он за́втракает.
– Вот он идёт. Вы води́тель?
– Да. А вы куда́?
– Мы к це́нтру, к кино́.

Что куда́ идёт?

– Э́то пло́щадь?
– Нет, э́то у́лица.
– А где остано́вка трамва́я?
– Вот остано́вка трамва́я. А вот остано́вка тролле́йбуса.
– А где ста́нция метро́?
– К ста́нции метро́ идёт трамва́й.
– А куда́ идёт тролле́йбус?
– Тролле́йбус идёт к це́нтру.
– А что идёт к заво́ду?
– К заво́ду то́же идёт трамва́й. А вы куда́?
– Я в центр го́рода.
– Води́тель, куда́ идёт тролле́йбус?
– Тролле́йбус идёт к теа́тру.
– А он идёт к метро́?
– Да. К метро́ иду́т трамва́й и тролле́йбус.

**24.** Die femininen Substantive auf -а und -я gehören zur 2. Deklination. Prägen Sie sich diese Deklination ein! Beachten Sie dabei, ob der Stamm auf einen harten oder einen weichen Konsonanten ausgeht:

| 2. Deklination Singular | | |
|---|---|---|
| | auf -а (mit hartem Stammauslaut) | auf -я (mit weichem Stammauslaut) |
| Nominativ | ко́мнат-а | ку́хн-я |
| Genitiv | -ы | -и |
| Dativ | -е | -е |
| Akkusativ | -у | -ю |
| Instrumental | -ой | -ей |
| Präpositiv | (в) -е | (в) -е |

**25.** Ersetzen Sie die jeweils unterstrichenen Wörter nacheinander durch die in Klammern angegebenen:
1. В магази́не он покупа́ет таре́лку. (буты́лка, колбаса́, бу́лка, ры́ба) 2. Андре́й идёт с Лари́сой в теа́тр. (Ири́на, Светла́на, Татья́на) 3. Вы бы́ли в кино́ без Ири́ны? (Лари́са, Татья́на, Светла́на) 4. Она́ идёт к Та́не. (Ири́на, Лари́са, Светла́на, Ва́ля)

**26.a** Lesen Sie still:
1. Вот идёт Лари́са. 2. Здесь ко́мната Лари́сы. 3. Ири́на идёт к Лари́се. 4. Мы ви́дели Лари́су в кино́. 5. Кто был там с Лари́сой?

**26.b** Ersetzen Sie vorstehend Лари́са durch die entsprechenden Formen von Та́ня und Ва́ля!

**27.** Setzen Sie die fehlenden Endungen ein:
1. Где стоя́ли пассажи́ры? Они́ стоя́ли на у́лиц..., на остано́вк... трамва́я. К остано́вк... бежа́ли Ви́ктор и Та́ня. 2. Э́то ко́мната Ири́н...? Нет, э́то ко́мната Ва́л... 3. Он е́дет трамва́ем в центр го́рода? Нет, маши́н...

4. Лари́са идёт в ку́хн… Что она́ де́лает в ку́хн…? 5. На за́втрак она́ гото́вила хлеб с ма́сл… и колбас…

**28.a** Lesen Sie still:

У́тром я иду́ к остано́вке трамва́я. Вчера́ там стоя́л Ви́ктор. Мы е́хали к це́нтру. Там заво́д. Ви́ктор рабо́тает на заво́де, а я рабо́таю в теа́тре. В трамва́е я сиде́ла, а Ви́ктор стоя́л. На у́лице мы ви́дели Ири́ну. Она́ покупа́ла проду́кты. Ве́чером мы идём к Ири́не и Андре́ю. Вот дом Ири́ны и Андре́я. Дом на у́лице Пу́шкина. К до́му идёт тролле́йбус. Ста́нция метро́ то́же там.

**28.b** Beantworten Sie folgende Fragen zum vorstehenden Text:

1. Куда́ ты идёшь у́тром? 2. Кто стоя́л вчера́ на остано́вке трамва́я? 3. Где заво́д? 4. Где рабо́тает Ви́ктор? 5. Кто сиде́л в трамва́е? 6. А кто стоя́л в трамва́е? 7. Где они́ ви́дели Ири́ну? 8. Что де́лала Ири́на? 9. Куда́ они́ иду́т ве́чером? 10. Где дом Ири́ны и Андре́я? 11. Что идёт к до́му Ири́ны и Андре́я?

**29.** Vervollständigen Sie den nachstehenden Dialog:

| | |
|---|---|
| – Лари́са, ты куда́? | – … |
| – Ты е́дешь такси́? | – … |
| – Вот такси́. Оно́ уже́ с пассажи́ром. А где Михаи́л? | – … |
| – Ты идёшь ве́чером в теа́тр? | – … |
| – А Михаи́л? | – … |

**30.** Sagen Sie russisch, daß Sie

– gestern im Theater waren;
– ins Kino gehen;
– den Film „Anna Karenina“ gesehen haben;
– mit einem Taxi ins Stadtzentrum fahren;
– mit dem Auto in den Betrieb fahren;
– mit der Straßenbahn nach Hause gefahren sind.

## Пя́тый уро́к 5

**1.a** Erschließen Sie die Bedeutung der neuen Wörter mit Hilfe der Bilderleiste oder ähnlich klingender deutscher Wörter:

Э́то магази́н. Здесь рабо́тают 1 **(оди́н) продаве́ц** и 1 **(одна́) продавщи́ца**

Они́ **продаю́т** проду́кты. А вот **ка́сса**

Оле́г покупа́ет **кило́** мя́са. Продаве́ц **даёт** Оле́гу мя́со

В ка́ссу Оле́г **пла́тит** за мя́со 2 **(два) рубля́** 4 **(четы́ре) копе́йки**

Пото́м он е́дет трамва́ем домо́й. В трамва́е он пла́тит 3 **(три)** копе́йки

**1.b** Prüfen Sie mit Hilfe der Aufgabe 5, ob Sie die Bedeutung der neuen Wörter richtig erfaßt haben!

**2.a** Übersetzen Sie:

Здесь рабо́тает оди́н продаве́ц. А там рабо́тают две продавщи́цы. Они́ продаю́т проду́кты. Одна́ продавщи́ца продаёт мя́со. И́горь покупа́ет одно́ кило́ мя́са. Он идёт к ка́ссе. В ка́ссе рабо́тает Ва́ля. И́горь пла́тит в ка́ссу. За мя́со он пла́тит два рубля́ три копе́йки. Ва́ля даёт И́горю мя́со.

**2.b** Lesen Sie vorstehende Sätze laut!

**3.** Bilden Sie möglichst viele sinnvolle Sätze:

| | | | |
|---|---|---|---|
| в ка́ссу | Оле́г | пла́тит за | мя́со |
| | И́горь | | проду́кты |
| | Та́ня | | колбасу́ |
| | Ири́на | | фру́кты |
| | | | ма́сло |

| | | |
|---|---|---|
| продаве́ц | продаёт | проду́кты |
| продавщи́ца | | мя́со и колбасу́ |
| Ви́ктор | продаю́т | ма́сло и сыр |
| они́ | | ры́бу и икру́ |
| Ва́ля и Та́ня | | фру́кты |

| | |
|---|---|
| в ка́ссу он пла́тит | два рубля́ |
| | три копе́йки |
| | оди́н рубль |
| | четы́ре копе́йки |

**4.** Lesen Sie still! Stellen Sie dabei fest, welcher Kasus auf die Zahlwörter оди́н (одна́, одно́), два (две), три und четы́ре folgt:

Здесь рабо́тает (оди́н) продаве́ц, там (одна́) продавщи́ца. Он продаёт одно́ кило́ колбасы́. Ви́ктор пла́тит три рубля́. А Ири́на покупа́ет две буты́лки молока́, ма́сло, сыр и хлеб. Она́ пла́тит два рубля́ четы́ре копе́йки.

**4.b** In Verbindung mit оди́н (одна́, одно́) steht das jeweilige Substantiv im Nominativ. Два (две), три und четы́ре ziehen den Genitiv Singular nach sich. Prägen Sie sich als Muster ein:

оди́н рубль – одна́ бу́лка – одно́ блю́до
два рубля́ – две бу́лки – два блю́да
три рубля́
четы́ре копе́йки

**4.c** Verbinden Sie die Zahlwörter nacheinander mit den in Klammern angegebenen Substantiven

1. оди́н
   одна́ – (шкаф, кре́сло, ко́мната, стол, ку́хня, дива́н);
   одно́
2. два – (телеви́зор, стул, буты́лка, стака́н, блю́до, ры́ба);
   две
3. три (рубль, копе́йка, пассажи́р, води́тель, у́лица);
4. четы́ре (го́род, трамва́й, маши́на, фильм, заво́д, остано́вка).

**5.** Prägen Sie sich folgende Wörter, Wortverbindungen und Sätze ein:

| | |
|---|---|
| продаве́ц | Verkäufer |
| магази́н без продавца́, рабо́тать продавцо́м | |
| продавщи́ца | Verkäuferin |
| рабо́тать продавщи́цей | |
| продава́ть | verkaufen |
| Он продаёт проду́кты. | |
| Здесь продаю́т мя́со. | Hier verkauft man Fleisch (oder: ... wird Fleisch verkauft) |
| ка́сса | Kasse |
| рабо́тать в ка́ссе | |
| кило́ (unveränderlich) | Kilogramm |
| одно́ кило́ мя́са, два кило́ колбасы́ | |
| дава́ть | geben |
| Я даю́ Оле́гу фру́кты. | |
| Он даёт продавщи́це рубль. | |
| рубль | Rubel |
| два рубля́ | |
| копе́йка | Kopeke |
| три копе́йки | |
| плати́ть | zahlen, bezahlen |
| Он пла́тит в ка́ссу. | |
| плати́ть за колбасу́ | |
| за | für |

**6.** Ersetzen Sie die jeweils unterstrichenen Wörter nacheinander durch die in Klammern angegebenen:

1. <u>Оле́г</u> рабо́тает в ка́ссе. (И́горь, Ва́ля, продаве́ц, продавщи́ца) 2. Здесь продаю́т <u>проду́кты.</u> (фру́кты, мя́со и колбасу́, ма́сло и сыр, ры́бу и икру́) 3. Ви́ктор даёт продавцу́ <u>два рубля́.</u> (оди́н рубль, три рубля́, четы́ре рубля́ три копе́йки, две копе́йки) 4. В ка́ссу он пла́тит за <u>мя́со.</u> (проду́кты, фру́кты, колбасу́, ма́сло, ры́бу и икру́).

**7.** Sagen Sie unter Verwendung der nachstehenden Wortverbindungen, was Sie im Geschäft gemacht haben: рабо́тать в ка́ссе, покупа́ть фру́кты, плати́ть в ка́ссу, плати́ть за проду́кты, рабо́тать продавцо́м (продавщи́цей).

M u s t e r: В магази́не я покупа́л(а) проду́кты.

**8.** Sagen Sie unter Verwendung der nachstehenden Wörter und Wortverbindungen, was in einem bestimmten Geschäft verkauft wird: проду́кты, са́хар, чай и кака́о, молоко́ и ма́сло, колбаса́ и мя́со.

M u s t e r: Здесь продаю́т фру́кты.

**9.** Lesen Sie still! Erschließen Sie dabei die Bedeutung der hervorgehobenen Wörter aus dem Sinnzusammenhang und – soweit erforderlich – mit Hilfe des alphabetischen Wörterverzeichnisses:

Ири́на идёт в магази́н. Вот продаве́ц. Он **спра́шивает** Ири́ну: „Вы покупа́ете фру́кты?“ Ири́на **отвеча́ет**: „Нет, я покупа́ю **то́лько** мя́со, ма́сло и колбасу́“. Продаве́ц **пока́зывает** Ири́не, где продаю́т мя́со и колбасу́. Ири́на спра́шивает продавщи́цу: „**Ско́лько сто́ит** кило́ мя́са?“ Продавщи́ца отвеча́ет: „Два рубля́“. До́ма Ири́на **говори́т** с Оле́гом и Та́ней. Она́ **расска́зывает о** продавце́ и продавщи́це.

**10.a** Übersetzen Sie vorstehenden Text!

**10.b** Lesen Sie ihn laut!

**11.** Ersetzen Sie die jeweils unterstrichenen Wörter nacheinander durch die in Klammern angegebenen:

1. Он спра́шивает продавца́. (продавщи́ца, води́тель, Андре́й, Ва́ля) 2. Он отвеча́ет Михаи́лу. (продаве́ц, продавщи́ца, Та́ня, И́горь) 3. Они́ расска́зывают о продавце́. (продавщи́ца, води́тель) 4. Мы пока́зываем Андре́ю центр го́рода. (И́горь, Ви́ктор, Ва́ля, Лари́са) 5. Она́ говори́т с продавцо́м. (Ви́ктор, Михаи́л, Та́ня, Алекса́ндр)

**12.** Bilden Sie möglichst viele sinnvolle Sätze:

| | |
|---|---|
| Ско́лько сто́ит | кило́ мя́са |
| | буты́лка молока́ |
| | стака́н кака́о |
| | чай с са́харом |

| | | |
|---|---|---|
| он | сто́ит то́лько | два рубля́ |
| она́ | | (оди́н) рубль |
| оно́ | | три рубля́ |
| | | четы́ре копе́йки |

**13.** Prägen Sie sich folgende Wörter, Wortverbindungen und Sätze ein:

| | |
|---|---|
| спра́шивать | fragen |
| Я спра́шиваю продавца́. | |
| отвеча́ть | antworten |
| Продаве́ц отвеча́ет Ви́ктору. | |
| то́лько | nur |
| пока́зывать | zeigen |
| Я пока́зываю Ви́ктору го́род. | |
| сто́ить | kosten, wert sein |
| Э́то сто́ит то́лько рубль. | |
| ско́лько | wieviel |
| Ско́лько сто́ит одно́ кило́? | |
| расска́зывать | erzählen |
| о, об (vor Vokalen) | über, von |

Я расска́зываю о фи́льме.
Он расска́зывает об
Ири́не.

говори́ть — sprechen

Она́ говори́т с продавцо́м.

**14.a** Lesen Sie still:

– Где рабо́тает Андре́й?
– Он рабо́тает в магази́не продавцо́м.
– А что он де́лает?
– Он продаёт проду́кты.
– Кто то́же рабо́тает в магази́не?
– Там два продавца́ и одна́ продавщи́ца.
– А кто рабо́тает в ка́ссе?
– В ка́ссе рабо́тает Ири́на.

**14.b** Lesen Sie den vorstehenden Dialog laut!

**15.a** Die mehrsilbigen Verben auf -ить, viele Verben auf -еть und einige auf -ать gehören zur sogenannten и-Konjugation. Von den bisher bekannten betrifft das

auf -ить: говори́ть, гото́вить, сто́ить, плати́ть
auf -еть: ви́деть, сиде́ть
auf -ать: лежа́ть, стоя́ть, бежа́ть.

**15.b** Prägen Sie sich die и-Konjugation ein:

| Präsens der и-Konjugation | | |
|---|---|---|
| я | говор | -ю́ |
| ты | | -и́шь |
| он | | |
| она́ | | -и́т |
| оно́ | | |
| мы | | -и́м |
| вы | | -и́те |
| они́ | | -я́т |

**15.c** Bei einigen Verben findet in der 1. Person Singular ein

Konsonantenwechsel statt, oder es wird nach dem Stamm ein л eingefügt; zum Beispiel:

платить – я плачу́, ты пла́тишь
ви́деть – я ви́жу, ты ви́дишь
сиде́ть – я сижу́, ты сиди́шь
бежа́ть – я бегу́, ты бежи́шь
(und unregelmäßig: они́ бегу́т)
гото́вить – я гото́влю, ты гото́вишь.

**16.** Ergänzen Sie die fehlenden Endungen:

1. Я говор... с Андре́ем. 2. Мы сто... на остано́вке трамва́я. 3. Она́ сид... в тролле́йбусе, а он сто... 4. Мы беж... к авто́бусу. 5. Ско́лько сто́... мя́со? 6. Мя́со и колбаса́ сто́... четы́ре рубля́. 7. Ири́на и Ва́ля говор... с продавщи́цей. 8. Вы гото́в... за́втрак? Нет, я гото́вл... обе́д. 9. Вы пла́т... в ка́ссу? Нет, мы пла́т... здесь. 10. Вы ви́д... тролле́йбус? Да, я ви́ж... тролле́йбус, вот он идёт.

**17.** Setzen Sie die Verben in der jeweils erforderlichen Präsensform ein:

1. Я (сиде́ть) в кре́сле, а Лари́са (сиде́ть) на дива́не. 2. Вы (гото́вить) у́жин? 3. Ты (бежа́ть) к авто́бусу? Нет, я (бежа́ть) к трамва́ю. 4. Мы (говори́ть) с продавцо́м. 5. Он (плати́ть) в ка́ссу. 6. Я (ви́деть) маши́ну. 7. Ты (гото́вить) обе́д? 8. Где проду́кты? Они́ (лежа́ть) в ку́хне.

**18.** Bilden Sie mit den nachstehenden Wortverbindungen Fragen und Antworten: гото́вить у́жин, ви́деть продавца́, бежа́ть к тролле́йбусу, плати́ть за проду́кты, говори́ть о фи́льме.

Muster 1: – Ты гото́вишь у́жин?
– Да, я гото́влю у́жин.

Muster 2: – Вы гото́вите у́жин?
– Да, мы гото́вим у́жин.

**19.** Lesen Sie still:

В магази́не.

– Михаи́л, где ты был у́тром?
– В магази́не.

– Что ты покупа́л?
– Хлеб и буты́лку молока́ на за́втрак. Колбаса́, сыр и фру́кты бы́ли до́ма.
– Кто пока́зывал и дава́л проду́кты?
– Продавщи́ца.
– А что ты покупа́ешь на обе́д?
– На обе́д покупа́ет Ири́на. Она́ покупа́ет мя́со, ры́бу, икру́.
– Ты спра́шивал, где она́ покупа́ет икру́?
– Да. В це́нтре, в магази́не. Она́ говори́ла, что там магази́н без продавца́.

**20.** Beantworten Sie folgende Fragen:

1. Кто пока́зывает проду́кты? 2. Кто покупа́ет проду́кты? 3. Что покупа́ет Ири́на? 4. Что она́ спра́шивает продавца́? 5. Что отвеча́ет продаве́ц? 6. Куда́ она́ пла́тит? 7. Ско́лько она́ пла́тит? 8. Куда́ пото́м е́дет Ири́на?

**21.** Prägen Sie sich ein:

| | |
|---|---|
| Здра́вствуй(те) (sprich: здра́ствуй[те]) Здра́вствуй, Ва́ля! Здра́вствуйте, Ва́ля и Та́ня! | Guten Tag! |
| До свида́ния! | Auf Wiedersehen! |
| пожа́луйста (sprich: пожал‘ста) | bitte |
| спаси́бо | danke |
| взять | nehmen |
| Я возьму́. Я возьму́ буты́лку молока́. Что вы возьмёте? | Ich werde nehmen. |
| Покажи́те! | Zeigen Sie! Zeigt! |

**22.a** Übersetzen Sie:

Здра́вствуйте! Где продаю́т мя́со? Покажи́те, пожа́луйста, где продаве́ц. – Вот он! – Спаси́бо! Я возьму́ (одно́) кило́ мя́са. Покажи́те, пожа́луйста, где ка́сса. – Спаси́бо. – До свида́ния.

**22.b** Lesen Sie vorstehende Sätze laut!

**23.** Ersetzen Sie die unterstrichenen Wörter nacheinander durch die jeweils in Klammern angegebenen:

1. Покажи́те, пожа́луйста, ры́бу. (икра́, фру́кты, хлеб, бу́лка) 2. Покажи́те, пожа́луйста, где магази́н? (кино́, теа́тр, рестора́н, ста́нция метро́, остано́вка трамва́я) 3. Я возьму́ колбасу́. (сыр, ма́сло, кило́ мя́са, буты́лка молока́) 4. Он взял кило́ мя́са. (ма́сло, са́хар, хлеб)

**24.** Übersetzen Sie:

– Здра́вствуй, Та́ня! А где Ви́ктор?
– Он говори́л, что идёт в магази́н.
– Ты не спра́шивала, где магази́н?
– Магази́н на у́лице Ле́нина. Ви́ктор пока́зывал магази́н. Я не покупа́ю там.
– А где ты покупа́ешь?
– На у́лице Пу́шкина. Там магази́н без продавца́.
– А кто пока́зывает проду́кты?
– Проду́кты лежа́т в магази́не на по́лке. Я то́лько спра́шиваю в ка́ссе, ско́лько плати́ть.

**25.** Lesen Sie still:

Ско́лько сто́ят проду́кты?
– Ско́лько сто́ит колбаса́?
– Два рубля́ кило́.
– А сыр?
– Три рубля́ кило́.
– Я возьму́ колбасу́ и сыр.
– Пожа́луйста. Вот ка́сса.
– Спаси́бо.

Я возьму́ ры́бу.
– Здра́вствуйте!
– Здра́вствуйте!
– Покажи́те, пожа́луйста, ры́бу.
– Пожа́луйста.
– Ско́лько она́ сто́ит?
– Четы́ре рубля́.
– Где плати́ть?
– Пожа́луйста, вот ка́сса.

В магази́н!

– Здра́вствуй, Светла́на! Куда́ ты идёшь?
– Здра́вствуй, Ва́ля! Я иду́ в магази́н.
– Э́то магази́н без продавца́?
– Да. Там оди́н продаве́ц. Он сиди́т в ка́ссе.
– Что ты покупа́ешь на у́жин?
– Я покупа́ю сыр, колбасу́, фру́кты и молоко́.
– Ты покупа́ешь одну́ буты́лку молока́?
– Нет, две буты́лки. Одну́ – на у́жин, одну́ – на за́втрак.

**25.b** Lesen Sie die vorstehenden Dialoge laut!

**26.** Vervollständigen Sie das nachstehende Gespräch durch die entsprechenden Fragen:

– ...? – Я покупа́ю проду́кты в магази́не.
– ...? – Я покупа́ю на за́втрак одну́ буты́лку молока́ и две бу́лки.
– ...? – (Оди́н) рубль две копе́йки.
– ...? – Нет, там оди́н продаве́ц.
– ...? – Магази́н в це́нтре.
– ...? – В це́нтр идёт тролле́йбус.

**27.** Sagen Sie es russisch! Sie wollen

– jemanden begrüßen;
– sich von jemandem verabschieden;
– nach dem Preis für ein Kilo Fleisch fragen;
– sich die Straßenbahnhaltestelle zeigen lassen;
– sich die Metrostation zeigen lassen;
– zwei Flaschen Milch kaufen.

**28.** Fragen Sie russisch,

– nach dem Preis einer Flasche Milch (eines Kilos Fleisch, eines Kilos Wurst);
– wo die Kasse ist;
– wo man Fleisch und Wurst (Brot, Butter und Käse, Fisch und Kaviar) verkauft.

## Шесто́й уро́к 6

**1.** Lesen Sie still! Erschließen Sie dabei die Bedeutung der hervorgehobenen Wörter mit Hilfe des alphabetischen Wörterverzeichnisses:

Вот **оте́ц** и **мать**. Э́то **роди́тели**. А вот **сын** и **дочь**. Э́то **де́ти**. А э́то **семья́**: роди́тели и де́ти. Оте́ц — **учи́тель**. Он рабо́тает в **шко́ле**. И мать — **учи́тельница**. Сын — **студе́нт**. Он в **университе́те**.

**2.a** Übersetzen Sie:

Оте́ц и мать – э́то роди́тели. Сын и дочь – де́ти. Оте́ц рабо́тает учи́телем. Мать то́же рабо́тает в шко́ле. Она́ учи́тельница. Сын и дочь не рабо́тают. Сын – студе́нт, а дочь – студе́нтка. У́тром они́ е́дут в университе́т. Ве́чером они́ иду́т домо́й. Роди́тели и де́ти – э́то семья́.

**2.b** Lesen Sie vorstehende Sätze laut!

**3.** Bilden Sie möglichst viele sinnvolle Sätze!

| | | |
|---|---|---|
| оте́ц | | учи́телем |
| сын | рабо́тает | води́телем |
| мать | | продавцо́м |
| дочь | | продавщи́цей |
| | | учи́тельницей |

| | | |
|---|---|---|
| роди́тели | | в шко́ле |
| де́ти | рабо́тают | в университе́те |
| оте́ц | | в магази́не |
| мать | рабо́тает | в рестора́не |
| сын | | в теа́тре |
| дочь | | |

| | | | |
|---|---|---|---|
| у́тром | оте́ц | | в шко́лу |
| | мать | е́дет | в университе́т |
| | сын | | |
| | дочь | е́дут | в центр го́рода |
| | роди́тели | | в магази́н |
| | де́ти | | |

**4.** Ersetzen Sie die jeweils unterstrichenen Wörter nacheinander durch die in Klammern angegebenen:

1. Он рабóтает продавцóм. (водúтель, учúтель) 2. Родúтели говорят с учúтелем. (учúтельница, продавéц, водúтель, продавщúца) 3. В кóмнате сидúт отéц. (мать, сын, дочь, семья́) 4. Когдá вы éдете в шкóлу? (университéт, кинó, теáтр) 5. Где рабóтает сын? (отéц, мать, дочь, учúтель, учúтельница)

**5.** Prägen Sie sich die folgenden Wörter, Wortverbindungen und Sätze ein:

| | |
|---|---|
| семья́ | Familie |
| отéц | Vater |
| дом отцá, говорúть с отцóм | |
| мать | Mutter |
| родúтели | Eltern |
| Отéц и мать – родúтели. | |
| сын | Sohn |
| дочь | Tochter |
| дéти | Kinder |
| Сын и дочь – дéти. | |
| учúтель | Lehrer |
| рабóтать учúтелем | |
| учúтельница | Lehrerin |
| рабóтать учúтельницей | |
| шкóла | Schule |
| éхать в шкóлу, рабóтать в шкóле | |
| университéт | Universität |
| рабóтать в университéте | |
| студéнт | Student |
| студéнтка | Studentin |

**6.a** Lesen Sie still:

Семья́.

– Что э́то?

– Э́то семья́.

– А кто э́то?
– Э́то оте́ц и мать. Э́то роди́тели.
– А э́то?
– Э́то де́ти. Светла́на – дочь, а Андре́й – сын.
– Где рабо́тает оте́ц Светла́ны и Андре́я?
– Он рабо́тает на заво́де.
– А мать?
– Мать в шко́ле. Она́ учи́тельница.
– А сын и дочь то́же рабо́тают?
– Светла́на – студе́нтка университе́та, а Андре́й рабо́тает води́телем такси́.

**6.b** Lesen Sie vorstehenden Dialog laut!

**7.** Beantworten Sie folgende Fragen zum Dialog (Übung 6.a):
1. Кто де́ти? 2. Где рабо́тает оте́ц? 3. А где рабо́тает мать? 4. Она́ рабо́тает учи́тельницей? 5. Сын Андре́й то́же рабо́тает? 6. А Светла́на?

**8.a** Lesen Sie still! Erschließen Sie dabei die Bedeutung der neuen Wörter aus dem Sinnzusammenhang:

Вот Ивано́вы. Э́то семья́. Андре́й Ивано́в – оте́ц, а Лари́са Ивано́ва – мать. А э́то **их** де́ти: Ири́на и Ви́ктор. Ири́на – дочь, а Ви́ктор – сын. Ири́на – **сестра́** Ви́ктора (**и́ли**: **его́** сестра́). А Ви́ктор **брат** Ири́ны (и́ли: **её** брат)

**8.b** Prüfen Sie mit Hilfe der Aufgabe 11.a, ob Sie die Bedeutung der neuen Wörter richtig erfaßt haben!

**9.** Fügen Sie in die folgenden Sätze его́, её oder их ein:

1. Вот оте́ц и мать, ... де́ти И́горь и Ва́ля. 2. Ва́ля студе́нтка, а ... брат уже́ рабо́тает учи́телем. 3. Он идёт в шко́лу, а ... сестра́ е́дет в университе́т. 4. ... роди́тели рабо́тают на заво́де. 5. ... заво́д в це́нтре го́рода.

**10.** Bilden Sie möglichst viele sinnvolle Sätze:

| | | |
|---|---|---|
| его́ брат | был | в магази́не |
| его́ сестра́ | была́ | до́ма |
| их роди́тели | | в шко́ле |

| | | |
|---|---|---|
| их де́ти | бы́ли | в кино́ |
| её оте́ц | | |
| его́ мать | | |
| вы ви́дели | его́ бра́та | в шко́ле |
| ты ви́дела | её мать | в университе́те |
| | их дочь | в рестора́не |
| | их отца́ | в теа́тре |
| | его́ сестру́ | |

**11.a** Prägen Sie sich folgende Wörter, Wortverbindungen und Sätze ein:

| | |
|---|---|
| его́ (sprich: е[в]о) | sein |
| её | ihr |
| их | ihr (Plural) |
| Их де́ти уже́ рабо́тают. | |
| брат | Bruder |
| Его́ брат – Андре́й. | |
| сестра́ | Schwester |
| Её сестра́ – Светла́на. | |
| и́ли | oder |

**11.b** Beachten Sie, daß его́, её und их als Possessivpronomen nicht dekliniert werden.

**12.** Lesen Sie still! Erschließen Sie dabei die Bedeutung der neuen Wörter – soweit erforderlich – mit Hilfe des alphabetischen Wörterverzeichnisses:

Андре́й **молодо́й**, а его́ оте́ц уже́ **ста́рый**.
Сестра́ Андре́я ещё **ма́ленькая**, а он уже́ **большо́й**.
Семья́ е́дет маши́ной в го́род. Их маши́на **но́вая**.
А э́то ста́рая маши́на. В маши́не сиди́т води́тель. Э́то **хоро́ший** води́тель.

**13.a** Lesen Sie still und beachten Sie dabei die Endungen der Adjektive:

Вот но́вая, хоро́шая маши́на. В маши́не сиди́т молодо́й води́тель. Э́то Ви́ктор. Его́ сестра́ Ири́на то́же молода́я. А их роди́тели уже́ ста́рые. Роди́тели до́ма сидя́т в ко́мнате. Э́то больша́я, хоро́шая ко́мната. В ко́мнате но́вый стол, но́вая по́лка, но́вое ра́дио. А ку́хня ма́ленькая.

**13.b** Die Adjektive stimmen in Genus und Numerus mit den Substantiven überein, auf die sie sich beziehen; zum Beispiel:

нó**вый** стол, нó**вая** полка, нó**вое** рáдио, нó**вые** продýкты. Sind die Adjektive endbetont, so tritt an die Stelle von -ый (maskulin Singular) die Endung -óй; zum Beispiel молодóй учи́тель, большóй дом. Adjektive mit hartem Stammauslaut haben also die Endungen -ый bzw. -óй (mask.), -ая (fem.), -ое (neutr.), -ые (Plur.).

**14.** Verbinden Sie die folgenden Adjektive jeweils nacheinander mit den in Klammern angegebenen Substantiven:

нóвый (учи́тель, учи́тельница, продýкты); большóй (дом, стáнция метрó, фрýкты); мáленький (сын, дочь, дéти, блю́до, магази́н); стáрый (мать, отéц, роди́тели, маши́на, трамвáй); хорóший (студéнт, студéнтка, роди́тели, учи́тельница); молодóй (води́тель, продавщи́ца, учи́тельница, студéнт).

**15.a** Nach Adjektiven (als Attribut) fragt man mit какóй (=was für ein, welcher).

**15.b** Übersetzen Sie:

Какóй э́то дом? Э́то большóй дом. Какáя э́то маши́на? Э́то нóвая маши́на. Какóе э́то крéсло? Э́то стáрое крéсло. Каки́е э́то дéти? Э́то мáленькие дéти.

**16.** Ersetzen Sie die unterstrichenen Adjektive jeweils nacheinander durch die in Klammern angegebenen:

1. В кóмнате стои́т <u>нóвый</u> стол. (большóй, мáленький, стáрый, хорóший) 2. В маши́не сиди́т <u>молодóй</u> води́тель. (хорóший, стáрый, нóвый) 3. Э́то <u>нóвая</u> маши́на. (стáрый, хорóший, мáленький, большóй) 4. Вот <u>нóвое</u> крéсло. (хорóший, большóй, стáрый, мáленький) 5. Мы покупáли <u>хорóшие</u> тарéлки. (большóй, мáленький, нóвый)

**17.** Prägen Sie sich folgende Wörter, Wortverbindungen und Sätze ein:

| | |
|---|---|
| нóвый | neu |

| | |
|---|---|
| но́вый стол, но́вая маши́на, но́вое кре́сло | |
| ста́рый | alt |
| ста́рые роди́тели | |
| молодо́й | jung |
| молодо́й студе́нт, молода́я студе́нтка | |
| большо́й | groß |
| большо́й дом, больша́я ста́нция, большо́е блю́до | |
| ма́ленький | klein |
| хоро́ший | gut, schön |
| хоро́ший учи́тель, хоро́шая продавщи́ца, хоро́шее метро́ | |
| ещё | noch |
| Она́ ещё ма́ленькая. | |
| но | aber, sondern |

**18.** Beantworten Sie folgende Fragen, indem Sie dabei jeweils nacheinander die in Klammern angegebenen Adjektive verwenden:

1. Како́й стол стои́т в ку́хне? (но́вый, ста́рый, большо́й) 2. Кака́я э́то маши́на? (хоро́ший, ста́рый, ма́ленький) 3. Каки́е таре́лки вы покупа́ете? (хоро́ший, большо́й, ма́ленький) 4. Како́е блю́до стои́т на по́лке? (большо́й, ма́ленький, ста́рый) 5. Кака́я учи́тельница рабо́тает в шко́ле? (молодо́й, ста́рый, но́вый)

**19.** Lesen Sie still!

Семья́ Оле́га.

– Здра́вствуй, Та́ня!
– Здра́вствуй, И́горь! Ты ви́дел Оле́га?
– Да, я вчера́ ви́дел Оле́га.
– Его́ оте́ц рабо́тает в магази́не?
– Нет, он уже́ не рабо́тает. Он ста́рый. Но его́ мать рабо́тает продавщи́цей.
– А что де́лает брат Оле́га – Ви́ктор?
– Его́ брат – молодо́й учи́тель. Он рабо́тает в шко́ле.
– А где шко́ла Ви́ктора?

– Его́ шко́ла на у́лице Ле́нина. Э́то но́вая шко́ла. К шко́ле идёт трамва́й. Ви́ктор е́дет то́лько две остано́вки.

**20.** Beantworten Sie folgende Fragen zum Dialog (Übung 19):

1. Оте́ц Оле́га рабо́тает в магази́не? 2. Где рабо́тает его́ мать? 3. Кака́я э́то семья́? 4. Како́й учи́тель Ви́ктор? 5. Где он рабо́тает? 6. А где его́ шко́ла? 7. Кака́я э́то шко́ла?

**21.a** Lesen Sie still:

Семья́ Лари́сы.

– Э́то дом Лари́сы?
– Да. Это но́вый дом семьи́ Лари́сы.
– А кто её роди́тели?
– Её оте́ц – води́тель тролле́йбуса. Он рабо́тает у́тром. А ве́чером – он студе́нт университе́та.
– Он молодо́й?
– Да. И мать Лари́сы ещё молода́я.
– А где рабо́тает её мать?
– В шко́ле. Она́ учи́тельница.
– Она́ рабо́тает у́тром и́ли ве́чером?
– У́тром. Пото́м она́ покупа́ет проду́кты и гото́вит обе́д и́ли у́жин. В семье́ Лари́сы – два сы́на и дочь.
– Да, э́то хоро́шая семья́. А де́ти то́же рабо́тают?
– Нет. Они́ ещё в шко́ле. То́лько Лари́са рабо́тает продавщи́цей.
– Где она́ рабо́тает?
– Её магази́н в це́нтре.

**21.b** Lesen Sie vorstehenden Dialog laut!

**22.a** Lesen Sie still:

Вот большо́й магази́н. В магази́не продаю́т стол**ы́**, по́лк**и**, дива́н**ы**, шка́ф**ы**, кре́сл**а**. А здесь ещё оди́н магази́н. Здесь продаю́т проду́кт**ы**. Роди́тел**и** покупа́ют фру́кт**ы** и бу́лк**и**.

**22.b** Der Nominativ und Akkusativ Plural maskuliner und femininer Substantive (die Gegenstände bezeichnen) lautet auf -ы aus. Neutrale Substantive haben die Pluralendung -a. Geht der Wortstamm auf einen weichen Konsonanten aus, tritt -и an die Stelle von -ы bzw. я an die Stelle von a. Bei Lebewesen ist der Akkusativ – wie im Singular – gleich dem Genitiv (der in der folgenden Lektion behandelt wird).

**22.c** Bilden Sie den Nominativ Plural zu рестора́н, ку́хня, ко́мната, тролле́йбус, кре́сло, фильм, води́тель, учи́тельница, блю́до, заво́д, студе́нт, студе́нтка, продаве́ц.

**22.d** Beachten Sie die unregelmäßige Pluralbildung bei folgenden Substantiven:

дом – дома́
стул – сту́лья
брат – бра́тья
сын – сыновья́
учи́тель – учителя́
сестра́ – сёстры
дочь – до́чери
мать – ма́тери

**23.** Setzen Sie die fehlenden Pluralendungen ein:

1. Оте́ц пока́зывает фи́льм ... о Ленингра́де. 2. На остано́вке стоя́т пассажи́р... 3. Роди́тел... покупа́ют фру́кт... и бу́лк... 4. Здесь продаю́т стол..., кре́сл..., шка́ф... 5. В магази́не рабо́тают продавц... и продавщи́ц... 6. Студе́нт... и студе́нтк... е́дут в университе́т. 7. В шко́ле рабо́тают учител... и учи́тельниц...

**24.a** Formen Sie nachstehende Sätze so um, daß Subjekt und Prädikat im Plural stehen:

1. Вот идёт маши́на. 2. В центр е́дет авто́бус. 3. В магази́не рабо́тает продаве́ц. 4. В ко́мнате стои́т кре́сло. 5. Здесь сиди́т води́тель. 6. На по́лке стои́т блю́до. 7. На столе́ лежи́т бу́лка. 8. В трамва́е сиди́т пассажи́р.

**24.b** Fragen Sie, wo etwas verkauft wird! Verwenden Sie dabei стул, кре́сло, по́лка, шкаф, дива́н, таре́лка, блю́до, стака́н, телеви́зор, маши́на in den entsprechenden Pluralformen!

Muster: Где продаю́т столы́?

**25.** Fordern Sie einen Verkäufer auf, Ihnen Möbelstücke bzw. andere Massenbedarfsgüter zu zeigen! Verwenden Sie dabei das Wortmaterial aus Übung 24 b!

Muster: Покажи́те, пожа́луйста, столы́.

**26.** Sagen Sie – unter Verwendung von маши́на, трамва́й, тролле́йбус, такси́ —, daß Sie auf der Straße bestimmte Verkehrsmittel gesehen haben.

Muster: На у́лице я ви́дел(а) авто́бусы.

**27.** Sagen Sie, daß in einer Einrichtung Vertreter einer bestimmten Berufsgruppe arbeiten! Verwenden Sie dabei продаве́ц, продавщи́ца, води́тель, учи́тель, учи́тельница.

Muster: Здесь рабо́тают студе́нты.

**28.** Prägen Sie sich folgende Wendungen ein:

| | |
|---|---|
| У вас есть брат? | Haben Sie einen Bruder? |
| У меня́ есть брат. | Ich habe einen Bruder. |
| У тебя́ есть сестра́? | Hast Du eine Schwester? |
| У тебя́ есть сёстры? | Hast Du Schwestern? |

**28.b** Ersetzen Sie jeweils das unterstrichene Wort nacheinander durch die in Klammern angegebenen Wörter! Übersetzen Sie die so entstandenen Sätze ins Deutsche!

1. У вас есть <u>брат</u>? (сестра́, сын, дочь, де́ти) 2. У меня́ есть <u>сестра́</u>. (брат, два бра́та, три сестры́, ма́ленький брат) 3. У тебя́ есть <u>де́ти</u>? (бра́тья, сёстры, сыновья́, до́чери).

**29.a** Übersetzen Sie:

Бра́тья и сёстры.
– Здра́вствуй, Ири́на!
– Здра́вствуй, Лари́са!
– Куда́ ты идёшь?
– Я иду́ к бра́ту.
– У тебя́ есть бра́тья?
– У меня́ есть два бра́та: Ви́ктор и Михаи́л.
– У тебя́ есть и сёстры?
– То́лько одна́ сестра́ – Ва́ля.

– Ты идёшь к Ви́ктору и́ли к Михайлу?
– К Ви́ктору. Он ещё ма́ленький.

**29.b** Lesen Sie vorstehenden Dialog laut!

**30.** Beantworten Sie folgende Fragen:

1. У вас есть семья́? 2. У вас есть бра́тья и сёстры? 3. Где рабо́тает брат (и́ли сестра́?) 4. А где рабо́тают мать и отец? 5. Роди́тели уже́ ста́рые?

**31.** Sagen Sie russisch, daß
– Sie einen Bruder haben;
– Sie eine Schwester haben;
– Sie eine (große) kleine Familie haben;
– die Eltern nicht arbeiten;
– die Eltern schon alt sind;
– Sie einen Sohn (eine Tochter) haben.

**32.** Fragen Sie russisch einen Gesprächspartner, ob
– er Brüder (Schwestern) hat;
– er Söhne (Töchter) hat;
– die Eltern noch arbeiten;
– die Eltern schon alt sind;
– er eine große oder kleine Familie hat;
– wo der Bruder (die Schwester), der Sohn, die Tochter arbeitet;
– wo er arbeitet.

Ю́мор

В магази́не.
Ма́ленькая Та́ня говори́т продавцу́: „Покажи́те, пожа́луйста, э́ту ку́клу (1)“. „Э́то о́чень хоро́шая ку́кла, – говори́т продаве́ц. – Она́ хо́дит (2), говори́т, пла́чет (3), ест (4)“. „Да? – спра́шивает Та́ня. – У меня́ уже́ есть ма́ленькая сестра́. Она́ э́то то́же де́лает. А я люблю́ (5) ку́клы (1)“.

| | | | | | |
|---|---|---|---|---|---|
| (1) ку́кла | – | Puppe | (2) хо́дит | – | geht |
| (3) пла́чет | – | weint | (4) ест | – | ißt |
| (5) я люблю́ | – | ich liebe | | | |

**1.a** Lesen Sie still! Erschließen Sie dabei die Bedeutung der neuen Wörter mit Hilfe bereits bekannter russischer oder im Deutschen ähnlich klingender Wörter:

Петро́вы – э́то больша́я семья́. Оте́ц рабо́тает в го́роде, на заво́де, он **инжене́р**. А его́ брат – **колхо́зник**. Он рабо́тает в **колхо́зе**. Мать то́же рабо́тает в го́роде, в **поликли́нике**. Она́ **медсестра́**. В семье́ три сы́на и одна́ дочь: Ви́ктор, Алекса́ндр, И́горь и Та́ня. Ви́ктор – студе́нт **институ́та**. А Алекса́ндр – **рабо́чий** на заво́де. И́горь то́же на заво́де. Он уже́ **ма́стер**. Их сестра́ Та́ня рабо́тает в магази́не продавщи́цей. Э́то то́же хоро́шая **рабо́та**.

**1.b** Prüfen Sie mit Hilfe der Aufgabe 5, ob Sie die Bedeutung der neuen Wörter richtig erfaßt haben!

**2.a** Übersetzen Sie:

хоро́ший инжене́р, сын инжене́ра, говори́ть с инжене́ром; ста́рый колхо́зник, семья́ колхо́зника, большо́й колхо́з, е́хать в колхо́з, рабо́тать в колхо́зе; но́вая поликли́ника, идти́ в поликли́нику, быть в поликли́нике; молода́я медсестра́, рабо́тать медсестро́й; большо́й институ́т, е́хать в институ́т, рабо́тать в институ́те; ста́рый рабо́чий, молоды́е рабо́чие; хоро́шая рабо́та, идти́ на рабо́ту, расска́зывать о рабо́те.

**2.b** Lesen Sie vorstehende Wortverbindungen laut!

**3.** Bilden Sie möglichst viele sinnvolle Sätze!

| | | |
|---|---|---|
| | его́ оте́ц | колхо́зник |
| | их мать | инжене́р |
| | её сестра́ | медсестра́ |
| | его́ брат | ма́стер |
| | её дочь | рабо́чий |
| | их сын | учи́тельница |
| он | рабо́тал | в колхо́зе |

| | | |
|---|---|---|
| она́ | рабо́тала | в институ́те |
| они́ | рабо́тали | в университе́те |
| | был | в поликли́нике |
| | была́ | на заво́де |
| | бы́ли | |

**4.** Ersetzen Sie die jeweils unterstrichenen Wörter nacheinander durch die in Klammern angegebenen:

1. Вы уже́ бы́ли в колхо́зе? (институ́т, поликли́ника, го́род) 2. Брат рабо́тает води́телем. (инжене́р, ма́стер, продаве́ц, учи́тель) 3. Когда́ ты е́дешь в го́род? (институ́т, рестора́н, колхо́з, поликли́ника) 4. Покажи́те, пожа́луйста, где но́вый ма́стер? (молодо́й рабо́чий, ста́рый колхо́зник, молода́я медсестра́) 5. Авто́бус идёт к рестора́ну? (заво́д, колхо́з, институ́т, поликли́ника, университе́т)

**5.** Prägen Sie sich folgende Wörter, Wortverbindungen und Sätze ein:

| | |
|---|---|
| инжене́р | Ingenieur |
| рабо́тать инжене́ром | |
| колхо́зник | Kolchosbauer, Genossenschaftsbauer |
| ста́рый колхо́зник | |
| колхо́з | Kolchos, Kollektivwirtschaft |
| поликли́ника | Poliklinik |
| но́вая поликли́ника, е́хать в поликли́нику | |
| медсестра́ | Krankenschwester |
| рабо́тать медсестро́й | |
| институ́т | Institut |
| Трамва́й идёт к институ́ту. | |
| ма́стер | Meister |
| ста́рые мастера́ | |
| рабо́чий | Arbeiter |
| И́горь – рабо́чий. | |
| молоды́е рабо́чие | |

| | |
|---|---|
| рабо́та<br>хоро́шая рабо́та, идти́ на рабо́ту, быть на рабо́те | Arbeit |

**6.** Beantworten Sie folgende Fragen, indem Sie dabei nacheinander die in Klammern angegebenen Wörter verwenden:

1. Кто рабо́тает на заво́де? (ма́стер, инжене́р, рабо́чий, води́тель маши́ны, оте́ц, брат) 2. Куда́ ты идёшь на рабо́ту? (институ́т, поликли́ника, университе́т, магази́н) 3. Куда́ вы е́дете? (рабо́та, институ́т, колхо́з, поликли́ника)

**7.** Lesen Sie still! Erschließen Sie dabei die Bedeutung der neuen Wörter aus dem Sinnzusammenhang und – soweit erforderlich – mit Hilfe des alphabetischen Wörterverzeichnisses:

Э́то **това́рищ** Ивано́в. Его́ семья́ больша́я. Он **врач**. У́тром он е́дет маши́ной в поликли́нику, где он рабо́тает. **По́сле** рабо́ты он е́дет домо́й. До́ма он **мно́го чита́ет**. А э́то его́ сыновья́: Михаи́л, Оле́г и Андре́й. Михаи́л — уже́ ма́стер. Он то́же мно́го рабо́тает и мно́го **зна́ет**. Оле́г – студе́нт. Он **конча́ет** институ́т. Он **ста́нет** инжене́ром. А Андре́й ма́ленький. Он ещё **ма́ло** зна́ет. Он **хо́дит** в шко́лу. Мать рабо́тает в теа́тре. У́тром она **начина́ет** рабо́ту. Ве́чером она́ до́ма. Она то́же мно́го чита́ет. **Кни́ги** и **журна́лы** она́ покупа́ет и **для** отца́.

**8.a** Übersetzen Sie:

Това́рищ Ивано́в, но́вые това́рищи; хоро́ший врач, рабо́тать врачо́м; по́сле рабо́ты, по́сле обе́да; чита́ть мно́го, чита́ть по́сле рабо́ты; мно́го знать, знать това́рища Петро́ва; конча́ть институ́т, конча́ть рабо́ту; стать инжене́ром, стать медсестро́й; чита́ть ма́ло, знать ма́ло; ходи́ть в шко́лу, ходи́ть в институ́т; начина́ть рабо́ту, начина́ть за́втрак; хоро́шая кни́га, чита́ть кни́гу; покупа́ть журна́л, чита́ть но́вые журна́лы; для отца́, для сестры́.

**8.b** Lesen Sie vorstehende Wortverbindungen laut!

**9.** Ersetzen Sie die jeweils unterstrichenen Wörter nacheinander durch die in Klammern angegebenen:

1. Вы зна́ете това́рища Петро́ва? (врач Петро́в, медсестра́ Ва́ля, инжене́р Ивано́в, ма́стер Фёдоров, колхо́зник Ивано́в) 2. У́тром она́ хо́дит в шко́лу. (поликли́ника, колхо́з, институ́т) 3. Това́рищ Петро́в начина́ет рабо́ту в шко́ле. (поликли́ника, колхо́з, институ́т, университе́т) 4. Его́ брат конча́ет шко́лу. (университе́т, рабо́та) 5. По́сле рабо́ты они́ чита́ют но́вые журна́лы. (обе́д, у́жин, за́втрак) 6. Ви́ктор ста́нет учи́телем. (води́тель такси́, инжене́р, ма́стер, колхо́зник, врач) 7. Я покупа́ю журна́лы для отца́. (брат, сестра́, сын, семья́, Ви́ктор)

**10.** Ergänzen Sie die fehlenden Endungen:

1. Алекса́ндр ста́н... учи́телем, а его́ бра́тья ста́н... колхо́зник... и води́тел... 2. Ты чита́... кни́гу? Нет, я чита́... журна́л. 3. Вы зна́... това́рища Петро́ва? Нет, я зна́... то́лько его́ бра́та. 4. Сын ещё хо́д... в шко́лу? Нет. 5. Когда́ вы конча́... рабо́тать? Я ещё не зна́... 6. До́чери ещё хо́д... в шко́лу? Одна́ ещё хо́ди..., одна́ уже́ ста́ла учи́тельницей и рабо́та... в шко́ле.

**11.** Prägen Sie sich folgende Wörter, Wortverbindungen und Sätze ein:

| | |
|---|---|
| това́рищ | Genosse, Genossin, Kollege, Kollegin |
| това́рищ Петро́в, това́рищ Петро́ва | |
| врач | Arzt, Ärztin |
| Он рабо́тает врачо́м. | |
| чита́ть | lesen |
| мно́го | viel |
| знать | wissen, kennen |
| знать мно́го. Я зна́ю това́рища Петро́ва. | |
| по́сле (mit Genitiv) | nach (in zeitl. Bedeutung) |
| ходи́ть | gehen, kommen |

| | |
|---|---|
| ма́ло | wenig |
| читать ма́ло | |
| конча́ть | beenden, aufhören |
| конча́ть шко́лу. Он конча́ет рабо́тать. | |
| стать | werden |
| Кем ты ста́нешь? | Was wirst Du? |
| Я ста́ну учи́телем. Кем она́ ста́ла? Она́ ста́ла медсестро́й. | |
| начина́ть | beginnen, anfangen |
| начина́ть рабо́ту. Когда́ ты начина́ешь рабо́тать? | |
| кни́га | Buch |
| чита́ть кни́гу, поку́пать кни́ги | |
| журна́л | Zeitschrift, Illustrierte |
| чита́ть журна́л, но́вые журна́лы | |
| для (mit Genitiv) | für |
| покупа́ть кни́ги для семьи́ | |

**12.** Sagen Sie, daß ein Mitglied der Familie einen bestimmten Beruf erlernt hat (etwas geworden ist)! Verwenden Sie dabei alle Ihnen bekannten Bezeichnungen für Familienmitglieder sowie врач, ма́стер, инжене́р, учи́тельница, медсестра́, продавщи́ца.

Muster: Брат стал учи́телем.

**13.** Sagen Sie – unter Verwendung von заво́д, институ́т, университе́т, шко́ла, поликли́ника –, wohin ein Familienmitglied am Morgen zur Arbeit (zur Ausbildung) geht!

Muster: У́тром сестра́ идёт в шко́лу.

**14.** Sagen Sie – unter Verwendung der Wortverbindungen чита́ть кни́ги, чита́ть мно́го, ходи́ть в кино́, у́жинать в рестора́не, ходи́ть в магази́ны –, was ein Familienmitglied häufig nach der Arbeit tut!

Muster: По́сле рабо́ты роди́тели хо́дят в теа́тры.

**15.** Nach скóлько sowie den unbestimmten Zahlwörtern мнóго, мáло und нéсколько (= einige, mehrere, etwas) steht der Genitiv Plural.

**15.b** Lesen Sie still:

1. В Ленингрáде мнóго автóбусов и трамвáев. 2. На останóвке нéсколько пассажи́ров. 3. Скóлько кóмнат в дóме? В дóме мнóго кóмнат. 4. Скóлько учителéй и учи́тельниц в шкóле? Мáло учителéй и мнóго учи́тельниц. 5. На столé мнóго стакáнов и нéсколько блюд.

**16.** Prägen Sie sich als Muster für den Genitiv Plural der Substantive ein:

| | Maskulina | Feminina | Neutra |
|---|---|---|---|
| Harter Stamm | мнóго автóбус**ов** | мáло кóмнат | нéсколько блюд |
| Weicher Stamm | мнóго трамвá**ев** мнóго учител**éй** | | |

**17.a** Übersetzen Sie:

мнóго троллéйбусов, нéсколько води́телей, мáло кóмнат, нéсколько товáрищей, мнóго студéнтов, нéсколько кинотеáтров, мáло врачéй, мáло блюд, мнóго книг, нéсколько инженéров, мáло колхóзников, скóлько рублéй, мáло журнáлов, мнóго столóв, нéсколько ресторáнов, скóлько маши́н, мнóго теáтров.

**17.b** Lesen Sie vorstehende Wortverbindungen laut!

**18.** Bei Sachbezeichnungen, die nur im Singular vorkommen, steht selbstverständlich nach мнóго, мáло, нéсколько, скóлько der Genitiv Singular; zum Beispiel мнóго мя́са, мáло молокá, мнóго икры́, скóлько мáсла.

**19.** Verbinden Sie die folgenden unbestimmten Zahlwörter mit den in Klammern angegebenen Substantiven:

мно́го (ко́мната, инжене́р, води́тель, ма́стер, блю́до, мя́со); ма́ло (кни́га, институ́т, стака́н, трамва́й, молоко́); не́сколько (пассажи́р, продаве́ц, учи́тель, учи́тельница).

**20.a** Lesen Sie still:

Университе́т и институ́т.

– Здра́вствуй, Ири́на!
– Здра́вствуй, И́горь!
– Куда́ ты идёшь?
– В университе́т.
– Ты рабо́таешь там?
– Да. А сестра́ рабо́тает в институ́те.
– Э́то большо́й институ́т?
– Да. В институ́те мно́го студе́нтов и студе́нток.
– А в университе́те? Ско́лько студе́нтов в университе́те? Ты не зна́ешь?
– В университе́те то́же мно́го студе́нтов и студе́нток.
– Брат Ви́ктора то́же рабо́тает в институ́те?
– Нет. Он ещё студе́нт. Он конча́ет институ́т.
– Ты не зна́ешь, кем он ста́нет?
– Инжене́ром. Ви́ктор говори́л, что он хоро́ший студе́нт.

**20.b** Lesen Sie vorstehenden Dialog laut!

**21.a** Lesen Sie still und vergleichen Sie:

| | |
|---|---|
| одна́ студе́нтка | – мно́го студе́нт**о**к |
| одна́ буты́лка | – не́сколько буты́л**о**к |
| одно́ кре́сло | – ма́ло кре́с**е**л |

Bei Feminina und Neutra, deren Stamm auf zwei Konsonanten auslautet, wird häufig im Genitiv Plural ein -o- (oder -e-) eingeschoben.

**22.** Lesen Sie laut:

одна́ бу́**лк**а – не́сколько бу́л**о**к, одна́ по́**лк**а – мно́го по́л**о**к; одна́ таре́**лк**а – ма́ло таре́л**о**к; одно́ кре́сло –

мно́го кре́сел; одна́ остано́**вк**а – не́сколько остано́в**о**к, одна́ копе́йка – не́сколько копе́**е**к; одна́ сес**тр**а́ – мно́го сест**ё**р, одна́ студе́н**тк**а – не́сколько студе́нт**о**к.

**23.a** Übersetzen Sie:

В Ленингра́де.

– Здра́вствуй, Та́ня! Где ты была́?
– В Ленингра́де.
– А что ты там де́лала?
– Я была́ в университе́те, ходи́ла в теа́тры, в кинотеа́тры, покупа́ла кни́ги. Ви́дишь, ско́лько книг и журна́лов!
– Э́то но́вые журна́лы?
– Да, и кни́ги но́вые.
– А что ты ви́дела в кино́?
– Я ви́дела не́сколько фи́льмов. Э́то но́вые, хоро́шие фи́льмы.
– Что ты де́лаешь ве́чером?
– Я иду́ к И́горю, к бра́ту. Ты зна́ешь бра́та?
– Да. Он уже́ инжене́р?
– Нет. Он ещё рабо́чий, но ве́чером он студе́нт институ́та.
– А, я зна́ю. Он конча́ет институ́т?
– Да́. Он ста́нет инжене́ром.
– А Ири́на?
– Ири́на конча́ет университе́т. Она́ ста́нет врачо́м. А вот и авто́бус. До свида́ния!
– До свида́ния, Та́ня!

**23.b** Beantworten Sie folgende Fragen zu vorstehendem Dialog:

1. Где была́ Та́ня? 2. Что она́ де́лала там? 3. Каки́е журна́лы она́ покупа́ла? 4. Что она́ ви́дела в кино́? 5. Кем ста́нет И́горь? 6. Куда́ он хо́дит ве́чером? 7. А что конча́ет Ири́на? 8. Кем она́ ста́нет?

**24.** Beantworten Sie folgende Fragen:

1. У вас есть семья́? 2. Роди́тели ещё рабо́тают? 3. Где они́ рабо́тают? 4. Кем они́ рабо́тают? 5. Где вы рабо́таете? 6. Кем вы рабо́таете? 7. У вас есть де́ти? 8. Де́ти ещё хо́дят в шко́лу? 9. Вы уже́ зна́ете, кем они́ ста́нут?

**25.a** Prägen Sie sich folgende Grundzahlwörter ein:

| | | |
|---|---|---|
| 5 – пять | 11 – оди́ннадцать | 21 – два́дцать оди́н |
| 6 – шесть | 12 – двена́дцать | 22 – два́дцать два |
| 7 – семь | 13 – трина́дцать | 23 – два́дцать три |
| 8 – во́семь | 14 – четы́рнадцать | 24 – два́дцать четы́ре |
| 9 – де́вять | 15 – пятна́дцать | |
| 10 – де́сять | 16 – шестна́дцать | |
| | 17 – семна́дцать | |
| | 18 – восемна́дцать | |
| | 19 – девятна́дцать | |
| | 20 – два́дцать | |
| 30 – три́дцать | | 40 – со́рок |

**25.b** Vergleichen Sie:

Einundzwanzig — Dreiunddreißig
Два́дцать оди́н — Три́дцать три

Im Russischen werden die Grundzahlwörter stets in der Abfolge Zehner – Einer gebraucht.

**25.c** Lesen Sie folgende Zahlen laut:

13, 15, 8, 9, 5, 3, 18, 20, 22, 25, 27, 30, 33, 34, 36, 38, 40, 41, 44, 45.

**26.a** Nach den Zahlen 5 bis 20, 25 bis 30, 35 bis 40 usw. stehen die Substantive im Genitiv Plural. Das letzte Zahlwort bestimmt den Kasus und Numerus des abhängigen Substantivs.

**26.b** Lesen Sie laut!

10 буты́лок, 20 пассажи́ров, 6 ко́мнат, 22 учи́теля, 15 учи́тельниц, 28 домо́в, 5 авто́бусов, 41 студе́нт, 37 у́лиц, 12 стака́нов, 7 блюд, 22 шко́лы, 9 институ́тов, 18 маши́н.

**27.** Beantworten Sie folgende Fragen! Verwenden Sie dabei nacheinander die in Klammern stehenden Zahlen:

1. Ско́лько пассажи́ров в авто́бусе? (10, 12, 18, 22)
2. Ско́лько студе́нток в ко́мнате? (20, 22, 30, 40, 41)
3. Ско́лько сто́ит шкаф? (30, 35, 40, 45 рубле́й)
4. Ско́лько книг вы покупа́ете? (4, 5, 8, 10, 12, 22)

**28.a** Lesen Sie still:

Где продаю́т кни́ги?

– Где продаю́т кни́ги и журна́лы?
– В магази́не, на пло́щади Пу́шкина. Э́то большо́й магази́н. Там рабо́тает мно́го продавцо́в и продавщи́ц. Они́ продаю́т кни́ги, журна́лы, телеви́зоры.
– На пло́щадь Пу́шкина идёт тролле́йбус?
– Да, иду́т не́сколько тролле́йбусов и авто́бусов.
– Вы не зна́ете, ско́лько пла́тят в тролле́йбусе и авто́бусе?
– В тролле́йбусе 4 копе́йки, а в авто́бусе – 5 копе́ек.
– Покажи́те, пожа́луйста, но́вые журна́лы.
– Пожа́луйста. Вот они́ лежа́т.
– А ско́лько они́ сто́ят?
– 30 копе́ек и 26 копе́ек.
– А кни́ги?
– Кни́га сто́ит оди́н рубль 18 копе́ек.
– Я возьму́ кни́гу и два журна́ла.
– Пожа́луйста. Вот ка́сса.

**28.b** Lesen Sie vorstehenden Dialog laut!

**29.** Prägen Sie sich die Deklination folgender Personalpronomen ein:

| | | | | |
|---|---|---|---|---|
| N. | **я** | **ты** | **мы** | **вы** |
| G. | меня́ | тебя́ | нас | вас |
| D. | мне | тебе́ | нам | вам |
| A. | меня́ | тебя́ | нас | вас |
| I. | мной | тобо́й | на́ми | ва́ми |
| P. | (обо) мне | (о) тебе́ | (о) нас | (о) вас |

**30.** Übersetzen Sie:

Вчера́ я был в магази́не. Со мной была́ Ири́на. Она́ пока́зывала мне но́вые кни́ги и журна́лы. Она́ покупа́ла для меня́ кни́ги. Продаве́ц говори́л со мной. До́ма Ири́на расска́зывала обо мне́.

**31.** Formen Sie vorstehende Sätze so um, daß **мы** bzw. die entsprechenden Deklinationsformen an die Stelle von **я** treten.

**32.** Fügen Sie in die folgenden Sätze nacheinander die entsprechenden Deklinationsformen von я, ты, мы und вы ein:

1. Мать покупа́ла кни́ги для ... 2. Оте́ц пока́зывает ... не́сколько журна́лов. 3. Ты зна́ешь ...? 4. Роди́тели обе́дают с (со) ... в рестора́не. 5. Они́ расска́зывают това́рищу Петро́ву о (обо) ... .

**33.a** Lesen Sie still! Beachten Sie dabei, daß год die Bedeutung „Jahr" besitzt und лет als Genitiv Plural zu год verwendet wird.

Э́то ма́ленький И́горь. И́горю то́лько оди́н год. Э́то его́ сестра́ Ва́ля. Ва́ле четы́ре го́да. А э́то их брат Ви́ктор. Ви́ктору уже́ двена́дцать лет.
Bei der Altersangabe steht die Person, deren Alter bezeichnet wird, im Dativ.

**33.b** Prägen Sie sich als Muster ein:

| | |
|---|---|
| Ско́лько тебе́ лет? | Wie alt bist Du? |
| Мне во́семь лет. | Ich bin acht Jahre (alt). |
| Ско́лько вам лет? | |
| Мне два́дцать два го́да. | |

**34.** Fragen Sie nach dem Alter folgender Familienmitglieder:

брат, сестра́, сын, оте́ц, Ви́ктор, Ва́ля, Михаи́л.

Muster: Ско́лько лет Алекса́ндру?

**35.** Sagen Sie, daß die betreffenden Familienmitglieder 12 (14, 8, 42, 33, 26, 31) Jahre alt sind.

Muster: Алекса́ндру два́дцать два го́да.

**36.** Lesen Sie still:

Но́вый инжене́р.

– Я но́вый инжене́р Алекса́ндр Ивано́в.
– А, мне уже́ говори́ли о вас. Где вы рабо́тали?
– Как ви́дите, я молодо́й инжене́р. Я конча́л институ́т, а по́сле институ́та ещё не рабо́тал. Только начина́ю рабо́тать здесь на заво́де.

– А ско́лько вам лет?
– Мне 22 го́да.
– У вас есть семья́?
– Да, у меня есть роди́тели, брат и сестра́.
– А кто они́?
– Брат ма́ленький. Он ещё хо́дит в шко́лу. А сестра́ – студе́нтка институ́та в Ленингра́де. Она́ ста́нет врачо́м.
– А где роди́тели?
– Они́ рабо́тают не в го́роде. Оте́ц – колхо́зник, а мать – медсестра́.

**37.** Sagen Sie russisch, daß
– der Bruder (Sohn), die Schwester (Tochter) noch zur Schule geht;
– er bzw. sie 10 (12, 14, 16) Jahre alt ist;
– er Ingenieur (Arzt, Meister, Lehrer) wird.

**38.** Sagen Sie russisch,
– wo Sie arbeiten;
– als was Sie arbeiten;
– wie alt Sie sind;
– wie alt Ihre Familienangehörigen sind;
– wo Ihre Familienangehörigen arbeiten;
– als was Ihre Familienangehörigen arbeiten.

## Ю́мор

Говоря́т де́ти.
Оле́гу 5 лет. Его́ спра́шивают:
– У тебя́ есть брат и́ли сестра́?
– Да, у меня́ есть ма́ленький брат. Ему́ де́вять ме́сяцев. (1)
– Что он де́лает?
– Он уже́ говори́т „ма́ма“ и „па́па“.
– А он хо́дит?
– Нет, он о́чень лени́вый (2): Он всё вре́мя (3) сиди́т и́ли лежи́т.

(1) ме́сяц – Monat
(2) лени́вый – faul
(3) всё вре́мя – die ganze Zeit

# Восьмóй урóк 8

**1.** Lesen Sie still! Erschließen Sie dabei die Bedeutung der neuen Wörter aus dem Sinnzusammenhang und – soweit erforderlich – mit Hilfe des alphabetischen Wörterverzeichnisses:

Э́то Ири́на Петрóва. У́тром она **встаёт** в 6 **часóв**.
В семь часóв 30 **мину́т** онá идёт на рабóту.
**Днём** онá рабóтает на завóде. В 12 часóв рабóчие **отдыхáют** и обéдают.
В пять часóв онá **прихóдит** домóй. **Чáсто** онá **проводи́т вéчер** дóма. Онá **слу́шает му́зыку** и́ли **смóтрит** телеви́зор.
А **сегóдня** онá идёт в **гóсти** к Ви́ктору и Вáле.

**2.a** Übersetzen Sie:

вставáть у́тром; вставáть в 6 часóв, два часá, оди́н час; однá мину́та, нéсколько мину́т; хорóший день, два дня, нéсколько днéй, рабóтать днём; отдыхáть дóма, отдыхáть два часá; приходи́ть домóй, приходи́ть в университéт; хорóший вéчер, два вéчера; чáсто проводи́ть вечерá дóма, проводи́ть день в институ́те; чáсто слу́шать рáдио, слу́шать му́зыку, хорóшая му́зыка; смотрéть телеви́зор, смотрéть фи́льмы; сегóдня у́тром, сегóдня вéчером; нóвый гость, приходи́ть в гóсти, быть в гостя́х.

**2.b** Lesen Sie vorstehende Wortverbindungen laut!

**3.** Ergänzen Sie die fehlenden Präsensendungen der Verbformen:

1. Когдá вы вста...? Я вста... в шесть часóв. 2. А когдá ты отдыхá...? Я отдыхá... вéчером. 3. Когдá ты прихóд... домóй? Я прихож... домóй в четы́ре часá. 4. Потóм мы провóд... вéчер дóма. Мы у́жина ..., читá..., чáсто слу́ша... му́зыку и́ли смóтр... телеви́зор.

**4.** Beantworten Sie die Frage

– Что вы дéлаете вéчером? – unter Verwendung der

Wortverbindungen смотре́ть фильм, у́жинать в рестора́не, слу́шать ра́дио, ходи́ть в кино́, ходи́ть в го́сти, отдыха́ть до́ма.

Beispiel 1: Ве́чером я иду́ в теа́тр.
Beispiel 2: Ве́чером мы идём в кино́.

**5.** Prägen Sie sich folgende Wörter, Wortverbindungen und Sätze ein:

| | |
|---|---|
| встава́ть | aufstehen |
| Я встаю́ у́тром. Когда́ вы встаёте? | |
| час | Stunde, Uhr(zeit) |
| два часа́, не́сколько часо́в | |
| мину́та | Minute |
| две мину́ты, не́сколько мину́т | |
| день | Tag |
| днём | am Tage, tagsüber |
| два дня, мно́го дней, рабо́тать днём | |
| отдыха́ть | ausruhen, sich erholen |
| Я отдыха́ю до́ма. | |
| приходи́ть | ankommen, kommen |
| Ве́чером я прихожу́ домо́й. Когда́ он прихо́дит? | |
| ве́чер | Abend |
| хоро́шие вечера́ | |
| проводи́ть | verbringen, durchführen |
| Я провожу́ день на рабо́те. Мы прово́дим вечера́ до́ма. | |
| ча́сто | oft, häufig |
| слу́шать | hören, zuhören, lauschen |
| Ча́сто я слу́шаю ра́дио. | |
| му́зыка | Musik |
| слу́шать му́зыку | |
| смотре́ть | sehen, ansehen, (an-)schauen |
| смотре́ть фильм, смотре́ть на студе́нтку | |
| сего́дня (sprich: се[в]одня) | heute |

| | |
|---|---|
| гость | Gast |
| нóвый гость | |
| приходи́ть в гóсти | zu Gast (zu Besuch) kommen |
| быть в гостя́х | zu Gast (zu Besuch) sein |

**6.** Ersetzen Sie die jeweils unterstrichenen Wörter nacheinander durch die in Klammern angegebenen:

1. Сегóдня прихóдят в гóсти Петрóвы. (роди́тели, отéц и мать, брат и сестрá) 2. Где вы провóдите день? (вéчер, ýтро) 3. Вы отдыхáете дóма? (в ресторáне, в теáтре, в кинотеáтре, в гостя́х) 4. Ты чáсто слýшаешь рáдио? (смотрéть фильм, ходи́ть в гóсти, слýшать мýзыку, смотрéть телеви́зор, читáть нóвые кни́ги)

**7.a** Auf die Frage nach der Uhrzeit Котóрый час? (Wie spät ist es?) kann man im Russischen zum Beispiel antworten:

(оди́н) час
вóсемь часóв
четы́ре часá, три́дцать минýт

**7.b** Lesen Sie folgende Zeitangaben laut:

3.15; 5.10; 6.33; 7.12; 8.24; 10.41; 12.30; 14.22; 16.48; 20.17; 22.05; 23.21.

**8.** Beantworten Sie folgende Fragen unter Verwendung der in Klammern angegebenen Uhrzeiten:

1. Когдá вы встаёте? (6.00) 2. Когдá вы зáвтракаете? (7.00) 3. Когдá вы идёте на рабóту? (7.20) 4. Когдá вы начинáете рабóтать? (8.00) 5. Когдá вы обéдаете? (12.00) 6. Когдá вы прихóдите домóй? (17.10) 7. Когдá вы ýжинаете? (18.45)

Muster: Когдá вы начинáете рабóту? – В вóсемь часóв.

**9.** Lesen Sie still:

Как ты провóдишь день?
– Когдá ты ýтром встаёшь?
– Я встаю́ в 7 часóв и готóвлю зáвтрак для семьи́.
– Когдá вы зáвтракаете?

– Мы за́втракаем в 7 часо́в 30 мину́т.
– А что ты де́лаешь по́сле за́втрака?
– По́сле за́втрака, в 8 часо́в, я иду́ к остано́вке тролле́йбуса.
– Когда́ ты начина́ешь рабо́ту?
– В 8 часо́в 30 мину́т.
– А ско́лько мину́т ты е́дешь тролле́йбусом?
– То́лько 15 мину́т.
– Ты обе́даешь на заво́де?
– Да, я обе́даю в 12 часо́в. Оди́н час рабо́чие отдыха́ют.

По́сле рабо́ты.
– Когда́ ты конча́ешь рабо́тать?
– В 16 часо́в 30 мину́т.
– А пото́м?
– По́сле рабо́ты я покупа́ю проду́кты.
– Ты ча́сто хо́дишь в го́сти?
– Нет. Мы ча́сто хо́дим в теа́тры.
– А что вы де́лаете, когда́ прово́дите ве́чер до́ма?
– Когда́ по́сле рабо́ты прихо́дит И́горь, мы у́жинаем. По́сле у́жина мы слу́шаем му́зыку и́ли чита́ем кни́ги и журна́лы. И́горь мно́го чита́ет, а я смотрю́ телеви́зор.

**9.b** Lesen Sie vorstehende Dialoge laut!

**10.** Beantworten Sie folgende Fragen:

1. Когда́ вы встаёте у́тром? 2. Когда́ вы идёте на рабо́ту? 3. Вы обе́даете на рабо́те? 4. Когда́ вы обе́даете? 5. Когда́ вы конча́ете рабо́тать? 6. Ско́лько мину́т вы е́дете домо́й? 7. Вы е́дете домо́й авто́бусом, тролле́йбусом, трамва́ем или метро́? 8. Когда́ вы прихо́дите домо́й? 9. Когда́ вы у́жинаете? 10. Что вы де́лаете по́сле у́жина, когда́ вы прово́дите ве́чер до́ма?

**11.** Lesen Sie still! Erschließen Sie dabei die Bedeutung der neuen Wörter aus dem Sinnzusammenhang und – soweit erforderlich – mit Hilfe des alphabetischen Wörterverzeichnisses:

Э́то семья́ това́рища Петро́ва. Его́ **и́мя** – Михаи́л, а его́

**фами́лия** – Петро́в. Он рабо́тает в це́нтре го́рода ма́стером на заво́де. Он **всегда́** встаёт в 6 часо́в 30 мину́т. **Ка́ждое** у́тро в 7 часо́в 30 мину́т он идёт на рабо́ту. 7 часо́в он прово́дит на заво́де. А ве́чером он прихо́дит **из** го́рода домо́й. **Весь** ве́чер он отдыха́ет. Он **лю́бит** отдыха́ть до́ма. Ча́сто **у** Петро́ва го́сти. **Все** они́ говоря́т о семье́ и рабо́те, слу́шают му́зыку и́ли смо́трят телеви́зор.

– **Как ва́ша** фами́лия?
– **Моя́** фами́лия Петро́в.
– А как вас **зову́т**?
– Меня́ зову́т Ви́ктор Миха́йлович.
– Э́то ва́ши сыновья́?
– Да, э́то **на́ши** де́ти: Андре́й и И́горь.

**12.** Prägen Sie sich ein, wie man im Russischen nach dem Namen fragen und auf derartige Fragen antworten kann:

| | |
|---|---|
| Как вас (тебя́) зову́т? | Wie heißen Sie (heißt Du)? |
| Меня́ зову́т И́горь Ви́кторович. | |
| Как ва́ша (твоя́) фами́лия? | Wie ist Ihr (Dein) Familienname? |
| Моя́ фами́лия – Петро́в. | |
| Как ва́ше (твоё) и́мя? | Wie ist Ihr (Dein) Vorname? |
| Моё и́мя – И́горь. | |

**13.a** Übersetzen Sie:

моё и́мя, ва́ше и́мя; ва́ша фами́лия, моя́ фами́лия; всегда́ встава́ть в 7 часо́в, всегда́ отдыха́ть до́ма; ка́ждый день, ка́ждая мину́та, ка́ждое у́тро; весь день, вся ко́мната, всё у́тро; из го́рода, из ку́хни; люби́ть му́зыку, люби́ть роди́телей; у остано́вки, у рестора́на; все де́ти, все рабо́чие.

**13.b** Lesen Sie vorstehende Wortverbindungen laut!

**14.** Beantworten Sie folgende Fragen:

1. Как ва́ше и́мя? 2. Как ва́ша фами́лия? 3. Как вас зову́т? 4. Как фами́лия ма́стера? 5. Как его́ и́мя?

**15.** Ersetzen Sie die jeweils unterstrichenen Wörter nacheinander durch die in Klammern angegebenen:

1. Оте́ц лю́бит мать. (дочь, сын, сестра́, брат) 2. Мы лю́бим роди́телей. (оте́ц, мать, де́ти) 3. Я люблю́ рабо́ту. (му́зыка, хоро́шие фи́льмы, но́вые кни́ги) 4. Вы лю́бите отдыха́ть до́ма? (слу́шать ра́дио, ходи́ть в теа́тры, ходи́ть в кино́, смотре́ть телеви́зор)

**16.** Bilden Sie möglichst viele sinnvolle Sätze:

| | | | |
|---|---|---|---|
| мой сын | | | |
| моя́ дочь | ещё | хо́дит | в шко́лу |
| мои́ де́ти | | хо́дят | |
| наш брат | | | |
| на́ша сестра́ | | | |
| на́ши де́ти | | | |

| | | |
|---|---|---|
| где | рабо́тает | твой брат |
| | | твоя́ сестра́ |
| | рабо́тают | твои́ де́ти |
| | | ваш сын |
| | | ва́ша дочь |
| | | ва́ши роди́тели |

**17.** Prägen Sie sich folgende Wörter, Wortverbindungen und Sätze ein:

| | |
|---|---|
| и́мя<br>моё и́мя, ва́ше и́мя | Vorname, Name |
| фами́лия<br>моя́ фами́лия, её фами́лия | Familienname |
| всегда́ | immer |
| ка́ждый<br>ка́ждый час, ка́ждая мину́та, ка́ждое у́тро | jeder |
| весь<br>весь день, вся семья́, всё у́тро, все това́рищи, всё знать | ganz; alles; alle |
| из<br>из го́рода, из ку́хни, из шко́лы (sprich: и[шш]ко́лы) | aus |

| | |
|---|---|
| люби́ть | lieben, gern haben, gern (etwas tun) |
| Я тебя́ люблю́. Ты лю́бишь му́зыку? Он лю́бит ходи́ть в теа́тры. | |
| у | bei, an |
| у рестора́на, у нас, у вас | |
| мой | mein |
| мой оте́ц, моя́ мать, моё и́мя, мои́ роди́тели | |
| твой | dein |
| твой брат, твоя́ сестра́, твоё и́мя, твои́ бра́тья | |
| наш | unser |
| наш дом, на́ша ко́мната, на́ше кре́сло, на́ши ко́мнаты | |
| ваш | euer, Ihr |
| ваш институ́т, ва́ша шко́ла, ва́ше такси́, ва́ши това́рищи | |
| тепе́рь | jetzt |

**18.** Verbinden Sie die folgenden Pronomen jeweils nacheinander mit den in Klammern angegebenen Substantiven:

мой (сын, роди́тели, фами́лия, и́мя, мать, ра́дио, де́ти);
твой (брат, сестра́, това́рищи, и́мя, такси́, маши́на, журна́л);
наш (ко́мната, дом, ку́хня, кни́ги, учи́тель, де́ти);
ваш (семья́, и́мя, фами́лия, заво́д, ра́дио, кре́сла);
ка́ждый (това́рищ, студе́нтка, блю́до, води́тель, остано́вка, такси́);
весь (день, семья́, колхо́з, мя́со, колбаса́, молоко́).

**19.a** Übersetzen Sie:

На́ша семья́.
– У вас есть семья́?
– Да, больша́я. Ири́на, я и на́ши де́ти.
– А ско́лько у вас дете́й?
– Две до́чери – Та́ня и Ле́на и сын.

– А ско́лько лет Ле́не?
– Ле́не уже́ 18 лет, а Та́не – 11.
– О, я не знал, что у вас уже́ больша́я дочь. Она́ рабо́тает?
– Нет, моя́ Ле́на – студе́нтка университе́та. А на́ша Та́ня ещё хо́дит в шко́лу.
– А как зову́т сы́на?
– Андре́й. Он конча́ет шко́лу. Ваш сын то́же уже́ большо́й?
– Да, как ваш Андре́й. Ему́ то́же 17 лет.

**19.b** Gestalten Sie einen ähnlichen Dialog, in dem Sie sich mit Ihrem Gesprächspartner über dessen Familie (seine Frau Tanja, zwei Söhne [10 und 20 Jahre], zwei Töchter [5 und 17 Jahre]) unterhalten!

**20.** Ersetzen Sie die jeweils unterstrichenen Wörter durch die in Klammern angegebenen:
1. Когда́ ты прихо́дишь из шко́лы домо́й? (магази́н, рестора́н, поликли́ника, теа́тр) 2. Ты прово́дишь весь день до́ма? (всё у́тро, весь ве́чер, ка́ждый день, ка́ждое у́тро) 3. Я люблю́ тебя́. (вы, мать, оте́ц, её сестра́) 4. Вы лю́бите смотре́ть телеви́зор? (слу́шать му́зыку, смотре́ть фи́льмы, ходи́ть в го́сти, отдыха́ть до́ма)

**21.a** Lesen Sie still:
Но́вый инжене́р.
– Кто вы?
– Я но́вый инжене́р.
– Как ва́ша фами́лия?
– Моя́ фами́лия Попо́в.
– А как вас зову́т?
– Меня́ зову́т Па́вел Ива́нович.
– Вы ещё молодо́й. Ско́лько вам лет?
– Да, мне 23 го́да.
– У вас есть семья́?
– То́лько роди́тели. Оте́ц то́же рабо́тает здесь, на заво́де, ма́стером.
– А, ма́стер Ива́и Попо́в – ваш оте́ц? Зна́ю. Хоро́ший ма́стер!

**21.b** Lesen Sie den vorstehenden Dialog laut!

**22.** Sagen Sie – unter Verwendung der Wortverbindungen смотре́ть фи́льмы, слу́шать ра́дио, чита́ть кни́ги, ходи́ть в го́сти, слу́шать му́зыку –, was Sie gern in Ihrer Freizeit tun!

Muster: Я люблю́ ходи́ть в кино́.

**23.** Fragen Sie – unter Verwendung des Wortmaterials aus Übung 22 – Ihren Gesprächspartner, ob er oft eine bestimmte Tätigkeit ausübt!

Muster: Вы ча́сто хо́дите в го́сти?

**24.** Fragen Sie Ihren Gesprächspartner, wann er aufsteht (frühstückt, zur Arbeit geht, zu arbeiten beginnt, nach Hause kommt, Radio hört, Abendbrot ißt)!

Muster: Когда́ вы смо́трите телеви́зор?

**25.** Prägen Sie sich die Deklination der Fragepronomen кто und что ein:

| | | |
|---|---|---|
| N. | кто | что |
| G. | кого́ | чего́ |
| D. | кому́ | чему́ |
| A. | кого́ | что |
| I. | с кем | (с) чем |
| P. | о ком | о чём |

**26.** Übersetzen Sie:

1. Кто идёт в магази́н? 2. Для кого́ он покупа́ет фру́кты? 3. Кому́ он даёт фру́кты? 4. Кого́ он спра́шивает, где ка́сса? 5. С кем он идёт в кино́? 6. О ком он расска́зывает? 7. Что э́то? 8. Для чего́ вы э́то покупа́ете? 9. Что вы чита́ете? 10. Чем она́ е́дет в центр го́рода? 11. О чём они́ говоря́т?

**27.** Erfragen Sie die unterstrichenen Wörter mit den entsprechenden Formen von кто oder что.

1. Она́ лю́бит <u>му́зыку</u>. 2. Роди́тели говоря́т о <u>рабо́те</u>.

3. Ири́на покупа́ет фру́кты для Ви́ктора. 4. На у́лице она́ ви́дит Михаи́ла. 5. Оте́ц расска́зывает о сы́не. 6. И́горь идёт в кино́ с Ва́лей. 7. Они́ чита́ют журна́лы. 8. Ма́стер е́дет трамва́ем на заво́д. 9. Продаве́ц даёт Та́не проду́кты. 10. Роди́тели иду́т к инжене́ру в го́сти.

**28.** Übersetzen Sie:

В рестора́н!

– И́горь, вы не зна́ете, кото́рый час?
– 6 часо́в, 25 мину́т.
– А когда́ начина́ет рабо́тать рестора́н?
– В 7 часо́в ве́чера. Вы идёте в рестора́н? С кем?
– С сестро́й. Она́ ещё на рабо́те, в поликли́нике.
– Кем она́ тепе́рь рабо́тает?
– Она́ уже́ ста́ла врачо́м.
– А когда́ она́ конча́ет рабо́ту?
– Она́ всегда́ конча́ет рабо́тать в 5 часо́в ве́чера, но сего́дня в 6.30. А вот она́ идёт! Здра́вствуй, Светла́на!
– Здра́вствуй, Па́вел! Здра́вствуйте, И́горь! Вы идёте с на́ми?
– Да, спаси́бо.

**29.** Beantworten Sie folgende Fragen:

1. Вы не зна́ете, кото́рый час? 2. Когда́ начина́ют рабо́тать у вас рестора́ны (теа́тры, кинотеа́тры)? 3. С кем вы идёте в рестора́н (кино́, теа́тр)? 4. Когда́ вы начина́ете рабо́тать? 5. Когда́ вы конча́ете рабо́тать?

**30.a** Lesen Sie still:

У роди́телей.

– Светла́на, зна́ешь, кого́ я ви́дел? Оле́га с бра́том!
– Они́ то́же бы́ли в гостя́х у роди́телей?
– Да. Они́ ча́сто прихо́дят в го́сти. Твои́ роди́тели всегда́ сидя́т до́ма. Они́ лю́бят говори́ть с Оле́гом.
– А о чём Оле́г с тобо́й говори́л?
– Он спра́шивал о рабо́те и о тебе́.
– Как зову́т его бра́та?
– Ви́ктор. Он был у нас.
– А что он лю́бит: му́зыку и теа́тр?

– Да. А что лю́бит Оле́г, ты не зна́ешь?
– Зна́ю. Он лю́бит чита́ть, смотре́ть и пока́зывать кинофи́льмы.
– У Оле́га есть сестра́?
– Да. Её зову́т Лари́са.
– А что вы де́лали у роди́телей?
– Смотре́ли телеви́зор и мно́го говори́ли.

**30.b** Lesen Sie vorstehenden Dialog laut!

**31.** Lesen Sie still:

В гостя́х у Оле́га?
– Ма́ма, ты отдыха́ешь? Кото́рый час?
– Уже́ 10 часо́в. У́жин на столе́.
– Спаси́бо! Я у́жинал у Оле́га. Мы смотре́ли телеви́зор и говори́ли об университе́те. Ты зна́ешь его́ сестру́?
– Как её зову́т? Та́ня?
– Да.
– Я её ма́ло зна́ю. А ско́лько ей тепе́рь лет?
– Ей 20 лет и она́ рабо́тает в поликли́нике.
– А кем она́ рабо́тает?
– Медсестро́й. За́втра ве́чером, в 7 часо́в, я с Та́ней иду́ в теа́тр.
– А, вот что! Ты ходи́л сего́дня не к Оле́гу, а к Та́не ...

**32.** Sagen Sie russisch,
– daß Sie gern lesen (Musik hören, ins Theater gehen, fernsehen, Besuche machen);
– daß Sie sich zu Hause (im Theater, im Kino, im Restaurant) erholt haben;
– daß Sie gestern Abend zu Hause waren (Musik gehört haben, ferngesehen haben, Radio gehört haben, neue Zeitschriften gelesen haben);
– wie Ihr Familien- und Vorname lautet;
– wie Ihr Vater (Ihre Mutter, Ihr Bruder, Ihre Schwester) heißt.

**33.** Fragen Sie Ihren Gesprächspartner russisch,
– nach Vor- und Familiennamen;
– nach seinem Alter;

– nach seinem Beruf;
– nach seiner Lieblingsbeschäftigung in der Freizeit;
– ob er gern Radio hört (fernsieht, zu Besuch geht, Musik hört, liest);
– wie er heißt.

Ю́мор

Вчера́ ве́чером прихо́дят к нам сосе́ди (1) и говоря́т: „Да́йте, пожа́луйста, ва́ше ра́дио". Мы отвеча́ем: „Но уже́ 12 часо́в. Вы то́же хоти́те (2) танцева́ть?" (3). – „Нет, мы то́лько хоти́м (2) спать (4)".

(1) сосе́д – Nachbar (2) хоте́ть – wollen
(3) танцева́ть – tanzen (4) спать – schlafen

## Девя́тый уро́к 9

**1.** Lesen Sie still! Erschließen Sie dabei die Bedeutung der neuen Wörter mit Hilfe ähnlich klingender deutscher und bereits bekannter russischer Wörter sowie – soweit erforderlich - mit Hilfe des alphabetischen Wörterverzeichnisses.

Э́то **вокза́л**. Вот стои́т **по́езд** у **платфо́рмы**.
Э́то **ваго́н** для пассажи́ров, а э́то **ваго́н-рестора́н**.
У ваго́на стои́т **проводни́к**. Вот идёт пассажи́р с **чемо-да́ном**.
Пассажи́р даёт проводнику́ **биле́т**. Пото́м он **вхо́дит** в **купе́**, где его́ **ме́сто**.
По́езд **отхо́дит** в 14.15. Пассажи́р е́дет в **о́тпуск**.

**2.a** Übersetzen Sie:

большо́й вокза́л, идти́ на вокза́л, быть на вокза́ле; ма́ленькая платфо́рма, идти́ на платфо́рму, стоя́ть на платфо́рме; входи́ть в ваго́н, ваго́н-рестора́н, за́втракать в ваго́не-рестора́не; ста́рый проводни́к, говори́ть с проводнико́м; мой чемода́н; покупа́ть биле́т, биле́ты в кино́; входи́ть в купе́, сиде́ть в купе́; моё ме́сто, на́ши места́; хоро́ший о́тпуск, е́хать в о́тпуск. Когда́ отхо́дит по́езд? Когда́ отхо́дят поезда́ в Ленингра́д?

**2.b** Lesen Sie vorstehende Wortverbindungen und Sätze laut!

**3.** Ersetzen Sie die jeweils unterstrichenen Wörter nacheinander durch die in Klammern angegebenen:

1. Ты не зна́ешь, когда́ отхо́дит авто́бус? (тролле́йбус, по́езд, трамва́й) 2. Покажи́те, пожа́луйста, ваш биле́т. (ваш чемода́н, моё купе́, мой ваго́н, моё ме́сто, наш по́езд) 3. Когда́ отхо́дит по́езд в Ми́нск? (Ки́ев, Суху́ми, Со́чи, Ха́рьков, Ленингра́д) 4. Где продаю́т биле́ты в кино́? (биле́ты на по́езд Ми́нск-Ленингра́д) 5. Пассажи́ры вхо́дят в по́езд. (ваго́н, трамва́й, купе́)

**4.** Fügen Sie in die folgenden Sätze ваго́н-рестора́н in der jeweils erforderlichen Form ein.

1. Э́то наш ваго́н; а где …? 2. Покажи́те нам, пожа́луйста, … 3. Э́то по́езд с …? 4. Вы уже́ бы́ли в …? Да, мы за́втракали в … 5. Когда́ … начина́ет рабо́тать? 6. Вы идёте из … в купе́?

**5.** Bitten Sie den Aufsichtsführenden auf einem Bahnhof, Ihnen Ihren Zug (den Bahnsteig, Ihren Wagen, Ihr Abteil, Ihren Platz) zu zeigen!

Muster: Покажи́те, пожа́луйста, ваго́н-рестора́н.

**6.** Fragen Sie, wann Ihr Zug nach Minsk (Kiew, Suchumi, Sotschi, Charkow) abfährt.

Muster: Когда́ отхо́дит по́езд в Ленингра́д?

**7.** Prägen Sie sich folgende Wörter, Wortverbindungen und Sätze ein:

| | |
|---|---|
| вокза́л | Bahnhof |
| большо́й вокза́л, идти́ на вокза́л | |

| | |
|---|---|
| по́езд | Zug |
| по́езд Ленингра́д-Ми́нск, хоро́шие поезда́ | |
| платфо́рма | Bahnsteig |
| идти́ на платфо́рму, стоя́ть на платфо́рме | |
| ваго́н | Wagen, Waggon |
| ваго́н-рестора́н | Speisewagen |
| но́вый ваго́н | |
| сиде́ть в ваго́не-рестора́не | |
| проводни́к | Schaffner, Wagenbegleiter |
| ста́рый проводни́к, дава́ть проводнику́ биле́т | |
| чемода́н | Koffer |
| Э́то ваш чемода́н? | |
| биле́т | Fahrkarte, Eintrittskarte |
| покупа́ть биле́ты, биле́т в кино́, биле́ты на по́езд | |
| купе́ (sprich: куп[э]). (unveränderlich) | Abteil |
| Э́то на́ше купе́? Он сиди́т в купе́. | |
| отходи́ть | abgehen, abfahren |
| Когда́ отхо́дит по́езд? | |
| ме́сто | Platz |
| моё ме́сто, на́ши места́ | |
| о́тпуск | Urlaub |
| е́хать в о́тпуск, быть в о́тпуске | |

**8.** Fragen Sie — unter Verwendung von биле́т в кино́, биле́т в теа́тр, биле́т на по́езд в Со́чи, биле́т на по́езд в Ленингра́д —, wieviel eine Eintrittskarte bzw. Fahrkarte kostet (mehrere Eintrittskarten bzw. Fahrkarten kosten)!

Muster 1: Ско́лько сто́ит биле́т на по́езд в Ленингра́д?
Muster 2: Ско́лько сто́ят два биле́та в кино́?

**9.** Sagen Sie — unter Verwendung des Sprachmaterials aus Übung 8 —, daß Sie drei Eintrittskarten bzw. Fahrkarten nehmen werden!

Muster: Я возьму́ три биле́та на по́езд в Ки́ев.

**10.** Sagen Sie, daß Sie zum O-Bus (Zug, Wagen, Speisewagen) gehen!

Muster: Я иду́ к авто́бусу.

**11.** Sagen Sie, daß Sie in den Urlaub nach Minsk (Kiew, Sotschi, Charkow, Suchumi) fahren!

Muster: Я е́ду в о́тпуск в Ленингра́д.

**12.** Sagen Sie – unter Verwendung des Sprachmaterials aus Übung 11 –, wo Sie im Urlaub waren!

Muster: Я был(а́) в о́тпуске в Ленингра́де.

**13.** Sagen Sie – unter Verwendung von роди́тели, брат, оте́ц, сестра́, де́ти –, bei wem Sie im Urlaub waren!

Muster: Я был(а́) в о́тпуске у сы́на.

**14.a** Dem deutschen Verb „haben" (im Sinne von „besitzen") entspricht im Russischen у mit dem Genitiv (und есть). Der „Besitzer" steht nach у im Genitiv; zum Beispiel:

У вас больша́я семья́?
У тебя́ есть брат и сестра́?
У роди́телей есть маши́на.
У сестры́ была́ ма́ленькая ко́мната.

**14.b** Vergleichen Sie:

| | | |
|---|---|---|
| Die Eltern (Nominativ) | haben | ein neues Auto (Akkusativ) |
| У роди́телей (Genitiv) | – | но́вая маши́на (Nominativ) |

**15.** Übersetzen Sie:

1. У меня́ был то́лько оди́н бра́т. 2. У нас хоро́шая маши́на. 3. У роди́телей был хоро́ший о́тпуск. 4. У меня́ хоро́шие това́рищи. 5. У вас бы́ли биле́ты в кино́? 6. У Ви́ктора есть оди́н брат и две сестры́. 7. У вас есть

продýкты на зáвтрак? 8. Вчерá у Михаúла бы́ло два билéта в теáтр. 9. У меня́ бы́ло килó мя́са, но мáло хлéба.

**16.** Sagen Sie – unter Verwendung von нóвая автомашúна, хорóшая кóмната, два билéта в кинó, две буты́лки молокá, стáрый телевúзор, нéсколько журнáлов, нóвые кнúги –, daß Sie die betreffenden Gegenstände haben bzw. hatten!

Beispiel 1: У нас мáленькая кýхня.
Beispiel 2: У нас былá мáленькая кýхня.

**17.** Lesen Sie den folgenden Dialog still:

На вокзáле.
– Вы не знáете, когдá отхóдит пóезд Москвá-Сухýми?
– В 12 часóв 35 минýт.
– А когдá он прихóдит в Сухýми?
– Зáвтра, в 19 часóв 20 минýт.
– В пóезде есть и вагóн-ресторáн?
– Да.
– А у вас ещё есть билéты на сегóдня?
– Есть, пожáлуйста.
– Хорóшие местá? Скóлько стóит билéт?
– Местá хорóшие. Билéт стóит 15 рублéй 20 копéек.
– Большóе спасúбо.

**18.** Lesen Sie still! Erschließen Sie dabei die Bedeutung der neuen Wörter aus dem Sinnzusammenhang und – soweit erforderlich – mit Hilfe des alphabetischen Wörterverzeichnisses:

– Где стоúт пóезд Москвá-Сухýми?
– Он отхóдит **с** платфóрмы **нóмер** 3.
– Пóезд идёт **до** Сухýми?
– Да, до Сухýми.
– Спасúбо. А где продаю́т журнáлы, **газéты** и кнúги? Я люблю́ читáть в пóезде.
– Вот **киóск**.
– А, вúжу. Вы тóже éдете на **мóре**?
– Да, в óтпуск.

– А где вы **живёте** в Суху́ми?
– В **гости́нице**. Там хоро́шие **номера́**.
– А ско́лько дней вы **бу́дете** в Суху́ми?
– 20 дней, э́то три **неде́ли**.
– Э́то **свобо́дные** места́?
– Да, они́ ещё свобо́дны.
– Вот, по́езд уже́ отхо́дит. Вы не зна́ете, кака́я **сле́дующая** больша́я ста́нция?
– Ха́рьков. Вы там **выхо́дите**?
– Да. Там живёт мой брат.
– Това́рищ проводни́к, **принеси́те**, пожа́луйста, стака́н **ча́я**.
– Мне то́же **да́йте** стака́н, пожа́луйста.

**19.a** Übersetzen Sie:

с платфо́рмы но́мер четы́ре, приходи́ть домо́й с рабо́ты; до Ки́ева, до ста́нции; но́вая газе́та, не́сколько газе́т; ма́ленький кио́ск, рабо́тать в кио́ске, покупа́ть журна́лы в кио́ске; е́хать на мо́ре, отдыха́ть у мо́ря; жить в Ленингра́де, жить в гости́нице; хоро́ший но́мер, больши́е номера́; одна́ неде́ля, три неде́ли; свобо́дный день, свобо́дная ко́мната, свобо́дное ме́сто; сле́дующий авто́бус, сле́дующая ста́нция, сле́дующее такси́; выходи́ть из по́езда, выходи́ть из маши́ны. Принеси́те мне стака́н молока́. Принеси́ нам газе́ту. Да́йте мне, пожа́луйста, два биле́та. Дай проводнику́ биле́т. Я бу́ду в Ми́нске две неде́ли. Когда́ вы бу́дете до́ма?

**19.b** Lesen Sie vorstehende Wortverbindungen und Sätze laut!

**20.** Bilden Sie möglichst viele sinnvolle Sätze:

| | | | |
|---|---|---|---|
| принеси́те | | | стака́н ча́я |
| принеси́ | нам | пожа́луйста | стака́н молока́ |
| да́йте | мне | | две буты́лки молока́ |
| да́й | | | два стака́на кака́о |
| | | | три стака́на ча́я с са́харом |

**21.** Ersetzen Sie die jeweils unterstrichenen Wörter nacheinander durch die in Klammern angegebenen:
1. По́езд идёт до Ленингра́да? (Ми́нск, Ки́ев, Ха́рьков, Берли́н) 2. Вы живёте у роди́телей? (в гости́нице, в колхо́зе, у мо́ря) 3. Покажи́те нам, пожа́луйста, наш но́мер. (ваго́н но́мер три, на́ше купе́, на́ши места́, места́ но́мер 17 и 18) 4. Ско́лько неде́ль вы бу́дете в о́тпуске? (у мо́ря, в гости́нице, в колхо́зе)

**22.** Verbinden Sie die Adjektive mit den in Klammern angegebenen Substantiven:
сле́дующий (ста́нция, авто́бус, по́езд, метро́, трамва́й, остано́вка);
свобо́дный (ве́чер, ме́сто, день, но́мер, такси́, дни неде́ли).

**23.** Prägen Sie sich die folgenden Wörter, Wortverbindungen und Sätze ein:

| | |
|---|---|
| с<br>с рабо́ты, с платфо́рмы но́мер 3, с по́лки | von, von ... herab |
| до<br>до Ки́ева, до обе́да, до ве́чера | bis; vor |
| но́мер<br>ваго́н но́мер 4, хоро́ший но́мер, свобо́дные номера́ | Nummer; Hotelzimmer |
| газе́та<br>но́вая газе́та, не́сколько газе́т | Zeitung |
| кио́ск<br>ма́ленький кио́ск, покупа́ть газе́ты в кио́ске | Kiosk, Verkaufsstand |
| мо́ре<br>идти́ на мо́ре, отдыха́ть у мо́ря | Meer, die See |
| жить<br>Я живу́ в Ленингра́де. Где ты живёшь? | wohnen, leben |
| Как вы живёте? | Wie geht es Ihnen? |

| | |
|---|---|
| гости́ница | Hotel |
| жить в гости́нице | |
| быть | sein |
| Я бу́ду в Ки́еве. | Ich werde in Kiew sein. |
| Когда́ ты бу́дешь до́ма? | |
| неде́ля | Woche |
| одна́ неде́ля, три неде́ли, не́сколько неде́ль | |
| свобо́дный | frei, unbesetzt |
| свобо́дный день, свобо́дная неде́ля, свобо́дное ме́сто. | |
| Такси́ свобо́дно? | |
| сле́дующий | nächster, folgender |
| сле́дующий авто́бус, сле́дующая ста́нция, сле́дующее у́тро | |
| выходи́ть | hinausgehen, herauskommen, aussteigen |
| Где вы выхо́дите? Я выхожу́ в Ки́еве. | |
| принеси́те | bringt; bringen Sie |
| принеси́ | bring(e) |
| Принеси́те два стака́на. | |
| Принеси́ мне газе́ту. | |
| дать | geben |
| да́йте | gebt; geben Sie |
| да́й | gib |
| Да́йте нам три биле́та. | |
| Дай мне бу́лку. | |

**24.a** Lesen Sie still!

В такси́.

– Това́рищ води́тель! Такси́ свобо́дно?
– Пожа́луйста! Куда́ е́хать? Да́йте ваш чемода́н.
– Спаси́бо. На вокза́л.
– Но на како́й вокза́л? У нас мно́го вокза́лов. Куда́ вы е́дете?
– В Суху́ми.

– Вот тепéрь я знáю, кудá éхать. Когдá отхóдит ваш пóезд?
– В 12 часóв 35 минýт.
– О, у нас ещё 45 минýт!

В киóске.

– Пáвел, ты кудá? Пóезд отхóдит.
– Ещё 10 минýт. Я тóлько возьмý газéты в киóске.
– У вас есть нóвые журнáлы? Покажúте, пожáлуйста.
– Пожáлуйста. Вот онú лежáт.
– А газéты?
– И газéты есть.
– Скóлько стóит журнáл?
– 30 копéек.
– Дáйте, пожáлуйста, нéсколько газéт и журнáл.
– Пожáлуйста.
– Большóе спасúбо.

**24.b** Lesen Sie vorstehende Dialoge laut!

**25.a** Prägen Sie sich die vollständige Pluraldeklination der Substantive ein:

| | Harter Stammauslaut<br>Maskulin Feminin Neutr. | Weicher Stammauslaut<br>Maskulin Feminin Neutr. |
|---|---|---|
| N. | автóбус-ы кóмнат-ы мест-á | водúтел-и недéл-и мор-я́ |
| G. | -ов - - | -ей -ь -éй |
| D. | -ам -áм | -ям -я́м |
| A. | unbelebt wie Nominativ, | belebt wie Genitiv |
| I. | -ами -áми | -ями -я́ми |
| P. | -ах -áх | -ях -я́х |

**25.b** Ergänzen Sie die fehlenden Pluralendungen:

1. Проводнúк говорúт с пассажúр… 2. Он покáзывает пассажúр… вагóн-рестор́ан. 3. Пассажúры сидя́т в вагóн… 4. Дóма проводнúк расскáзывает о пассажúр… 5. Как живýт вáши дéт…? 6. Скóлько у вас дет…? 7. Отéц расскáзывает дéт… об óтпуске. 8. Вы знáете егó дет…? 9. Нет, но он чáсто говорúт о дéт…

**26.** Ersetzen Sie die jeweils unterstrichenen Wörter nacheinander durch die in Klammern angegebenen im Plural:

1. Здесь рабо́тает мно́го води́телей? (учи́тель, учи́тельница, продаве́ц, ма́стер, врач, инжене́р, продавщи́ца) 2. Да́йте пассажи́рам биле́ты. (де́ти, роди́тели, това́рищи) 3. Вы уже́ говори́ли с това́рищами? (проводни́к, брат, сын, продаве́ц, инжене́р, продавщи́ца) 4. Он ча́сто расска́зывает о де́тях. (сын, дочь, това́рищ)

**27.** Lesen Sie still:

На платфо́рме.

– Това́рищ проводни́к, э́то ваго́н но́мер пять?
– Да. Покажи́те, пожа́луйста, ваш биле́т. Ва́ше ме́сто в купе́ но́мер три. Вы е́дете до Суху́ми?
– Да. А когда́ по́езд прихо́дит в Ха́рьков?
– В 7 часо́в.
– И ско́лько мину́т он там стои́т?
– 30 мину́т.
– Спаси́бо.
– Пожа́луйста.

В купе́.

– Това́рищ проводни́к! У вас есть чай?
– Пожа́луйста. У меня́ есть и чай с са́харом и кака́о.
– Я не люблю́ кака́о. А где вы обе́даете?
– У нас есть ваго́н-рестора́н. Э́то ваго́н но́мер семь.
– Когда́ он рабо́тает?
– С девяти́ до девятна́дцати часо́в.
– А кака́я сле́дующая больша́я ста́нция?
– Ха́рьков.
– Спаси́бо.

**28.** Fragen Sie russisch,

– wo ein Wagen Ihres Zuges mit einer bestimmten Nummer ist;
– wann der Zug abfährt;
– wie lange der Zug auf einem bestimmten Bahnhof hält;
– wann der Zug am Bestimmungsbahnhof ankommt;
– wo der Speisewagen ist;

– ab wann der Speisewagen geöffnet ist (zu arbeiten beginnt);
– welches die nächste größere Station ist.

**29.a** Übersetzen Sie:

У телефóна.

– Аллó, э́то Лари́са?
– Да, э́то я. Здрáвствуйте!
– Здрáвствуй, Лари́са! Э́то говори́т И́горь. Ты знаéшь, что Олéг éдет домóй, в Тбили́си?
– Знáю. Он говори́л, что éдет к роди́телям.
– Ты бýдешь на вокзáле?
– Бýду. Тóлько я не знáю, какóй пóезд и когдá он отхóдит.
– Пóезд нóмер три́дцать два Москвá-Тбили́си, вагóн три. Отхóдит в 23.15. И принеси́ Олéгу кни́ги, журнáлы и газéты. Он лю́бит читáть в пóезде.
– Хорошó. До свидáния.

В вагóне-ресторáне.

– Э́то мéсто свобóдно?
– Да, пожáлуйста!
– Что у вас есть на зáвтрак?
– Чай, молокó, какáо, сыр, мáсло, колбасá, икрá, – всё есть.
– Принеси́те, пожáлуйста, буты́лку молокá, сыр, мáсло и колбасý.
– А хлеб?
– И хлеб.
– Однý минýту.
– Спаси́бо.

**29.b** Lesen Sie vorstehende Dialoge laut!

**30.** Bestellen Sie beim Kellner im Speisewagen:

– eine Flasche Milch, Käse, Butter und Wurst;
– zwei Gläser Tee, ein Glas Kakao, Brot, Butter und Kaviar;
– ein Glas Milch für den Sohn, zwei Gläser Tee, einige Brötchen, Wurst, Käse und Butter!

**31.** Lesen Sie still:

В купе́.

– Ви́ктор, с на́ми в купе́ е́дет ещё оди́н пассажи́р.
– А, здра́вствуйте! Вы то́же до Суху́ми?
– Нет, я выхожу́ в Со́чи.
– Вы е́дете отдыха́ть?
– Нет, рабо́тать. Меня́ зову́т Па́вел Ива́нович.
– А меня́ Ви́ктор Андре́евич, а э́то – Светла́на. Мы инжене́ры. У нас о́тпуск.
– А я врач. Ви́дите, все е́дут в Со́чи отдыха́ть, а я там живу́ и рабо́таю.
– У вас и семья́ там? А де́ти есть?
– Да, Светла́на. У меня́ ма́ленький сын. Он лю́бит мо́ре.
– А ско́лько лет сы́ну?
– То́лько год. Он ещё не говори́т, но уже́ хо́дит.
– Тепе́рь, Па́вел Ива́нович, вы нас зна́ете. И сего́дня мы с ва́ми у́жинаем в ваго́не-рестора́не. Хорошо́?
– Большо́е спаси́бо, Ви́ктор Андре́евич!

**32.** Beantworten Sie folgende Fragen:

1. Где вы бы́ли в о́тпуске? 2. У кого́ вы бы́ли в о́тпуске? 3. С кем вы бы́ли в о́тпуске? 4. Куда́ вы е́дете отдыха́ть? 5. Вы е́дете по́ездом? 6. Ско́лько часо́в вы е́дете по́ездом в о́тпуск? 7. Э́то по́езд с ваго́ном-рестора́ном? 8. Вы лю́бите обе́дать и́ли у́жинать в ваго́не-рестора́не? 9. Вы лю́бите чита́ть в по́езде? 10. Что вы чита́ете?

## Ю́МОР

1. В метро́.

В метро́ е́дут мать, сын и ма́ленькая дочь. Мать чита́ет кни́гу. Сын спра́шивает: „Ма́ма, ты не зна́ешь, кака́я была́ ста́нция?“ „Не зна́ю, – отвеча́ет мать. – Ты ви́дишь, я чита́ю.“ „Жаль (1). А на́ша Мари́нка там вы́шла (2) из по́езда“.

2. Где на́ши биле́ты?

Па́вел говори́л Ири́не, что в о́тпуск они́ возьму́т то́лько оди́н чемода́н. Но Ири́на взяла́ (3) пять чемода́нов. Когда́ они́ уже́ стоя́ли на платфо́рме, у по́езда, Па́вел говори́т: „Жаль (1), что мы не взя́ли (4) и шкаф“. „Что? – спра́-

шивает Ири́на. „Да, шкаф, – отвеча́ет он. – В шкафу́ лежа́т на́ши биле́ты на по́езд“.

(1) жаль – schade

(2) вы́шла – ist ausgestiegen

(3) взяла́ – hat mitgenommen

(4) взя́ли – haben mitgenommen

## Деся́тый уро́к 10

**1.** Lesen Sie still! Erschließen Sie dabei die Bedeutung der neuen Wörter mit Hilfe im Deutschen ähnlich klingender oder bereits bekannter russischer Wörter sowie — soweit erforderlich—mit Hilfe des alphabetischen Wörterverzeichnisses

Вот центр го́рода. Э́то большо́й **проспе́кт**. **Сле́ва** и **спра́ва** стоя́т дома́. Здесь **высо́кое зда́ние**. В зда́нии больша́я **библиоте́ка**. А э́то **па́мятник** Ка́рлу Ма́рксу. Сле́ва **музе́й**. Э́то **интере́сный** музе́й. А здесь **река́**. У реки́ **парк культу́ры**. **По** па́рку **гуля́ют жи́тели** го́рода. В парк прихо́дят и **тури́сты**.

**2.a** Übersetzen Sie!

большо́й проспе́кт, на проспе́кте Ле́нина; сле́ва, спра́ва; высо́кий дом, высо́кая ко́мната, высо́кое зда́ние; входи́ть в зда́ние, выходи́ть из зда́ния; больша́я библиоте́ка, рабо́тать в библиоте́ке; па́мятник Ка́рлу Ма́рксу, па́мятник Пу́шкину; интере́сный музе́й, быть в музе́е; интере́сный журна́л, интере́сная кни́га, интере́сное ме́сто; больша́я река́, идти́ к реке́; парк культу́ры, входи́ть в парк; гуля́ть по па́рку, гуля́ть по це́нтру го́рода; тури́ст из Берли́на, пока́зывать тури́стам го́род; жи́тели го́рода, ско́лько жи́телей.

**2.b** Lesen Sie vorstehende Wörter und Wortverbindungen laut!

**3.** Ersetzen Sie die jeweils unterstrichenen Wörter nacheinander durch die in Klammern angegebenen:

1. Вот па́мятник Ка́рлу Ма́рксу. (Ле́нин, Пу́шкин, Фри́дрих Э́нгельс) 2. Мы гуля́ли по го́роду. (це́нтр, парк, проспе́кт Ле́нина, у́лица Пу́шкина) 3. Покажи́те, нам, пожа́луйста, парк культу́ры. (музе́й Ле́нина, па́мятник Пу́шкину, проспе́кт Ка́рла Ма́ркса, библиоте́ка) 4. Вы уже ви́дели музе́й? (библиоте́ка, парк культу́ры, рестора́н, река́, высо́кое зда́ние гости́ницы „Берли́н“).

**4.** Sagen Sie, was Sie bei der Besichtigung einer Stadt gesehen haben! Verwenden Sie dabei больши́е проспе́кты, но́вые у́лицы, интере́сные па́мятники, парк культу́ры, па́мятник Ле́нину, высо́кие зда́ния.

Muster: Мы ви́дели но́вый вокза́л.

**5.** Sagen Sie, wo Sie bei der Stadtbesichtigung waren. Verwenden Sie dabei в па́рке культу́ры, в музе́е, в библиоте́ке, на проспе́кте Ка́рла Ма́ркса, у реки́, у па́мятника Ле́нину.

Muster: Мы бы́ли в рестора́не „Ленингра́д“.

**6.** Prägen Sie sich folgende Wörter, Wortverbindungen und Sätze ein:

| | |
|---|---|
| проспе́кт | Prospekt, (breite) Straße |
| проспе́кт Ле́нина, на проспе́кте Ка́рла Ма́ркса | |
| сле́ва (от) | links (von) |
| спра́ва (от) | rechts (von) |
| спра́ва от вокза́ла, сле́ва от гости́ницы, от це́нтра до вокза́ла | |
| высо́кий | hoch, hochgewachsen |
| высо́кий дом, высо́кая студе́нтка | |

| | |
|---|---|
| зда́ние | Gebäude |
| высо́кое зда́ние, быть в зда́нии | |
| библиоте́ка | Bibliothek |
| па́мятник | Denkmal, Gedenkstätte |
| па́мятник Ле́нину, па́мятник Ка́рлу Ма́рксу | |
| интере́сный | interessant, spannend |
| интере́сный журна́л, интере́сная кни́га, интере́сное зда́ние | |
| музе́й | Museum |
| но́вое зда́ние музе́я, быть в музе́е | |
| река́ | Fluß |
| больша́я река́, сиде́ть у реки́ | |
| гуля́ть | spazierengehen |
| Я ча́сто гуля́ю по́сле рабо́ты. Мы гуля́ем ве́чером. | |
| по | über, durch, längs |
| гуля́ть по го́роду, ходи́ть по у́лицам | |
| парк | Park |
| парк культу́ры | Kulturpark |
| гулять по па́рку, отдыха́ть в па́рке культу́ры | |
| жи́тель | Einwohner, Bewohner |
| жи́тели го́рода. Ско́лько жи́телей в го́роде? | |
| тури́ст | Tourist |
| тури́ст из Ленингра́да, пока́зывать тури́стам го́род | |

**7.** Fordern Sie jemanden auf, Ihnen zu zeigen, wo sich bestimmte Einrichtungen in ciner Stadt befinden! Verwenden Sic dabel проспе́кт Ле́нина, у́лица Ка́рла Ма́ркса, гости́ница „Минск“, но́вая библиоте́ка, парк культу́ры, но́вое зда́ние музе́я, па́мятник Пу́шкину, кинотеа́тр „Интернациона́л“, ста́нция метро́.

Muster: Покажи́те нам, пожа́луйета, где рестора́н „Берли́н“.

**8.** Sagen Sie – unter Verwendung der Wortverbindungen aus Übung 7 –, wo sich die betreffende Einrichtung befindet!

Muster: Рестора́н „Берли́н“ в це́нтре го́рода.

**9.** Prägen Sie sich folgende Wendungen ein:

| | |
|---|---|
| Скажи́те, пожа́луйста, … | Sagen Sie, bitte, … |
| Прости́те, пожа́луйста, … | Entschuldigen Sie, bitte, …<br>Gestatten Sie, bitte, … |
| Как мне (нам) прое́хать к це́нтру? | Wie fahre ich (fahren wir) zum Zentrum? |
| Как мне (нам) пройти́ на вокза́л? | Wie komme ich (kommen wir) auf den Bahnhof? |

**10.** Ersetzen Sie die jeweils unterstrichenen Wörter bzw. Wortverbindungen nacheinander durch die in Klammern angegebenen:

1. Скажи́те, пожа́луйста, где вокза́л? (остано́вка трамва́я, ста́нция метро́, но́вый парк, па́мятник Ка́рлу Ма́рксу, Большо́й теа́тр) 2. Как мне прое́хать к центру? (парк культу́ры, рестора́н „Ленингра́д“, теа́тр, музе́й). 3. Как нам пройти́ на вокза́л? (но́вый заво́д, у́лица Ле́нина, проспе́кт Ка́рла Ма́ркса, пло́щадь Пу́шкина). 4. Прости́те, пожа́луйста, вы зна́ете, где рестора́н „Берли́н“? (гости́ница „Минск“, у́лица Гага́рина, кинотеа́тр „Интернациона́л“, проспе́кт Ка́рла Ма́ркса).

**11.** Erkundigen Sie sich russisch,

– wie man zum Bahnhof (Theater, Kino, Kulturpark, Restaurant) fahren kann;
– wie man (zu Fuß) zur Straßenbahnhaltestelle (zur Bushaltestelle, zum Museum, zum Stadtzentrum) gelangt;
– wo sich das neue Museumsgebäude (der Kulturpark, der Leninprospekt, die Gagarinstraße, der Bahnhof) befindet!

**12.a** Übersetzen Sie:

В це́нтре го́рода.

– Скажи́те, пожа́луйста, где мы е́дем?
– Э́то проспе́кт Ка́рла Ма́ркса.
– Како́е интере́сное зда́ние! Что здесь?
– Спра́ва? Это Большо́й теа́тр.
– А како́й па́мятник стои́т сле́ва?
– Э́то па́мятник Ка́рлу Ма́рксу.
– Да, да. Я ви́дел его́ в журна́ле. А э́то како́е зда́ние?
– Э́то ста́рое зда́ние университе́та. А там спра́ва – больша́я библиоте́ка.
– В го́роде мно́го музе́ев?
– О, да! Жи́тели города и тури́сты ча́сто хо́дят в музе́и.
– А мы куда́ тепе́рь е́дем?
– Вы ви́дели то́лько центр го́рода. Тепе́рь мы е́дем к реке́. У реки́ парк культу́ры. Здесь жи́тели отдыха́ют, гуля́ют, смо́трят фи́льмы, слу́шают му́зыку.

**12.b** Lesen Sie den vorstehenden Dialog laut!

**13.a** Vergleichen Sie die Deklination von что mit der Deklination von он und оно́:

| | | |
|---|---|---|
| N. | что | он/оно́ |
| G. | чего́ | его́ |
| D. | чему́ | ему́ |
| A. | что | его́ |
| I. | чем | им |
| P. | (о) чём | (о) нём |

**13.b** Prägen Sie sich die Deklination von он (bzw. оно́) ein! Beachten Sie dabei, daß bei Abhängigkeit des Personalpronomens von einer Präposition ein н eingeschoben wird; zum Beispiel: у **н**его́, к **н**ему́, с **н**им, о **н**ём.

**14.** Übersetzen Sie:

1. Мой оте́ц был в гостя́х в Ленингра́де у Ви́ктора. 2. С ним был и наш брат. 3. Ви́ктор пока́зывал ему́ го́род. 4. Он гуля́л с ни́м в це́нтре. 5. Ви́ктор спра́шивал его́,

ско́лько дней он бу́дет в го́роде. 6. Брат отвеча́л ему́, что они́ бу́дут в Ленингра́де две неде́ли. 7. Ве́чером они́ бы́ли у него́ в гостя́х. 8. До́ма они́ расска́зывали о нём.

**15.** Setzen Sie die erforderlichen Formen von он ein:

1. Покажи́те ..., пожа́луйста, где парк культу́ры. 2. Вы уже́ говори́ли с ... об о́тпуске? Нет, о ... мы ещё не говори́ли. 3. Вы бы́ли у ... в гостя́х? Нет, но я был с ... в рестора́не. 4. По́сле у́жина я гуля́л с ... в це́нтре го́рода. 5. Скажи́те ..., пожа́луйста, как пройти́ на вокза́л 7. Вы ви́дели ... в гости́нице? Нет, я ви́дел ... в кино́.

**16.a** Lesen Sie still:

Как пройти́?

– Скажи́те, пожа́луйста, где у́лица Гага́рина?
– Спра́ва от па́мятника.
– А где дом но́мер пять?
– Вот он! А вы к кому́?
– К Ви́ктору Петро́ву. Вы его зна́ете?
– Да. Я то́же живу́ там.

Как прое́хать?

– Скажи́те, пожа́луйста, как прое́хать к гости́нице „Берли́н"?
– Вот ви́дите сле́ва – высо́кий дом? Там ста́нция метро́. На метро́ три остано́вки до це́нтра. Пото́м ещё на авто́бусе и́ли тролле́йбусе – две остано́вки. От метро́ до гости́ницы идёт тролле́йбус но́мер 11 и авто́бус но́мер 24.
– Ско́лько сто́ит биле́т в метро́?
– Пассажи́ры не покупа́ют в метро́ биле́ты, но пла́тят 5 копе́ек.
– А ско́лько сто́ит биле́т на авто́бусе?
– То́же 5 копе́ек.

**16.b** Lesen Sie vorstehende Dialoge laut!

**17.** Die Deklination der Possesivpronomen мой, твой, наш, ваш stimmt im Maskulinum und Neutrum mit der von он überein:

| | | |
|---|---|---|
| N. | мой, твой, наш, ваш | моё, твоё, на́ше, ва́ше |
| G. | -его | -его |
| D. | -ему | -ему |
| A. | Unbelebt wie Nominativ, belebt wie Genitiv | -ё -е |
| I. | -им | -им |
| P. | (о) -ём -ем | (о) -ём -ем |

Die Deklinationsformen von мой (моё) und твой (твоё) sind endbetont, die von наш (на́ше) und ваш (ва́ше) stammbetont.

**18.** Ersetzen Sie die Personalpronomen jeweils nacheinander durch мой брат, твой оте́ц, наш това́рищ, ваш сын.

1. Мы бы́ли у него́ в гостя́х. 2. Покажи́те ему́ остано́вку тролле́йбуса. 3. Ва́ля ви́дела его́ в гости́нице. 4. Мы говори́ли с ним о тури́стах. 5. Ви́ктор расска́зывал о нём.

**19.** Beantworten Sie folgende Fragen, indem Sie nacheinander die Wortverbindungen мой оте́ц, твой това́рищ, наш ма́стер und ваш учи́тель verwenden:

1. Кто э́то? 2. У кого́ вы бы́ли в гостя́х? 3. К кому́ ты е́дешь? 4. Кого́ вы ви́дели в теа́тре? 5. С кем вы бы́ли у мо́ря? 6. О ком они́ говори́ли?

**20.** Vergleichen Sie die Deklination der Adjektive (mit hartem Stammauslaut) im Maskulinum und Neutrum mit der Deklination der Possessivpronomen:

| | | |
|---|---|---|
| N. | мой / моё | но́вый / но́вое |
| G. | -его́ | -ого |
| D. | -ему́ | -ому |
| A. | unbelebt wie Nominativ, | belebt wie Genitiv |
| I. | -и́м | -ым |
| P. | (о) -ём | (о) -ом |

Prägen Sie sich diese Deklinationsformen ein!

**21.** Ersetzen Sie die jeweils unterstrichenen Wörter nacheinander durch die in Klammern angegebenen:

1. Как мне проéхать к стáрому теáтру? (большóй, нóвый) 2. Простúте, пожáлуйста, вы знáете э́то высóкое здáние? (большóй, мáленький, стáрый, нóвый, интерéсный) 3. Ты знáешь стáрого товáрища? (молодóй, нóвый, высóкий) 4. Он расскáзывал о (об) нóвом пáрке культýры. (стáрый, интерéсный, большóй, мáленький) 5. Слéва от нóвого вокзáла пáмятник Пýшкину. (стáрый, большóй, мáленький) 6. Мы говорúли с (со) нóвым учúтелем. (стáрый, молодóй)

**22.а** Lesen Sie still:

В гóсти!

– Простúте, пожáлуйста, как пройтú на проспéкт Калúнина?
– Кудá вы идёте? В магазúн, в нóвый ресторáн úли в кинотеáтр? Вы ужé на проспéкте Калúнина.
– Да нет! Я идý в гóсти к нáшему товáрищу.
– Какóй у негó нóмер дóма?
– Дом 7.
– Э́то спрáва. Нóвое, высóкое здáние, слéва от магазúна, где продаю́т кнúги.

В теáтр!

– Я сегóдня идý в теáтр.
– В какóй теáтр ты идёшь?
– В Большóй. Как мне проéхать к цéнтру?
– Троллéйбусом нóмер 2.
– А скóлько минýт éхать?
– 15 минýт.
– А метрó?
– От стáнции метрó до теáтра ещё идтú 7 минýт, но éхать метрó тóлько 4 минýты.

На вокзáл!

– Простúте, как мне проéхать на вокзáл?
  Автóбус идёт до вокзáла?
– Нет, не идёт.

– А како́й тролле́йбус идёт к вокза́лу?
– Но́мер 5. Остано́вка тролле́йбуса сле́ва от па́мятника.
– А, ви́жу. Спаси́бо.

**22.b** Lesen Sie vorstehende Dialoge laut!

**23.** Geben Sie einem Ortsunkundigen Auskunft auf folgende Fragen:

1. Как пройти́ на проспе́кт Кали́нина? 2. Где но́вый рестора́н „Арба́т“? 3. Где дом но́мер 7? 4. Как прое́хать к це́нтру? 5. Како́й это но́мер тролле́йбуса? 6. Где остано́вка тролле́йбуса? 7. Как прое́хать на вокза́л?

**24.** Lesen Sie folgenden Dialog still. Erschließen Sie dabei die neuen Wörter aus dem Sinnzusammenhang und – soweit erforderlich – mit Hilfe des alphabetischen Wörterverzeichnisses:

– Прости́те, как прое́хать в но́вый **райо́н**?
– Авто́бусом но́мер 12.
– А где остано́вка?
– Там **пря́мо**, на **углу́**.
– А, ви́жу, сле́ва от **знамени́того** па́мятника Пу́шкину.
– Да.
– А каки́е зда́ния **стро́ят** спра́ва?
– Здесь стро́ят но́вые **жилы́е** дома́.
– А что э́то? Вот э́то **прекра́сное** зда́ние?
– Это но́вая библиоте́ка.

**25.a** Übersetzen Sie:

но́вый райо́н, жить в но́вом райо́не; идти́ пря́мо, е́хать пря́мо; идти́ до угла́, на углу́; знамени́тый па́мятник, знамени́тая кни́га; стро́ить но́вое зда́ние, стро́ить кинотеа́тр; жило́й дом, стро́ить жилы́е дома́; прекра́сный го́род, прекра́сная библиоте́ка, прекра́сное зда́ние.

**25.b** Lesen Sie vorstehende Wortverbindungen laut!

**26.** Bilden Sie möglichst viele sinnvolle Sätze:

| | | |
|---|---|---|
| здесь стро́ят | | но́вый райо́н |
| | | жилы́е дома́ |
| | | прекра́сное зда́ние |
| | | большо́й дом культу́ры |
| | трамва́я | сле́ва от знамени́того па́мятника |
| остано́вка | тролле́йбуса | пря́мо на углу́ |
| | авто́буса | спра́ва от па́рка |
| | | пря́мо, сле́ва от рестора́на |

**27.** Verbinden Sie die nachstehenden Adjektive mit den in Klammern angegebenen Substantiven:

знамени́тый (музе́й, райо́ны, па́мятник, библиоте́ка, теа́тры);
прекра́сный (кни́га, зда́ния, па́рки, го́род, проспе́кт Кали́нина, река́);
интере́сный (газе́та, журна́лы, кни́га, па́мятники, проспе́кт, музе́й).

**28.** Prägen Sie sich folgende Wörter, Wortverbindungen und Sätze ein:

| | |
|---|---|
| райо́н | Stadtbezirk |
| пря́мо | direkt, geradeaus |
| идти́ пря́мо, е́хать пря́мо на вокза́л | |
| знамени́тый | berühmt, weitbekannt |
| знамени́тый музе́й, знамени́тая библиоте́ка, знамени́тое зда́ние | |
| стро́ить | bauen |
| Здесь стро́ят ста́нцию метро́. Вы стро́ите но́вый рестора́н? | |
| жило́й | Wohn- (in Zusammensetzungen) |
| жило́й дом, жила́я пло́щадь | |
| у́гол | Ecke |

сказа́ть — sagen
Я вам скажу́. — Ich werde es Ihnen sagen.

**29.a** Die Bildung des Imperativs ist vom Stammauslaut des jeweiligen Verbs und dessen Betonung (in der 1. Person Singular) abhängig. Als Ausgangsform dient die 3. Person Plural (des Präsens).

| | | |
|---|---|---|
| — покупа́-ют | покупа́й<br>покупа́йте | -й<br>nach Vokal<br>(als Stammauslaut) |
| — смо́тр-ят<br>(я смотрю́) | смотри́<br>смотри́те | -и́<br>nach Konsonant<br>(als Stammauslaut)<br>und bei Endbetonung |
| — гото́в-ят<br>(я гото́влю) | гото́вь<br>гото́вьте | -ь<br>nach Konsonant<br>(als Stammauslaut)<br>und bei Stammbetonung |

Das -те kennzeichnet eine Aufforderung an mehrere Personen oder an eine Person, die man mit „Sie“ anspricht.

**29.b** Prägen Sie sich als Muster ein:

Покупа́й фру́кты! Покупа́йте проду́кты! Смотри́ фильм! Смотри́те на врача́! Гото́вь за́втрак! Гото́вьте обе́д!

**30.a** Bilden Sie die Imperativformen zu
де́лать, сиде́ть, рабо́тать, за́втракать, говори́ть, спра́шивать, плати́ть, пока́зывать, встава́ть, отдыха́ть, слу́шать, смотре́ть, приходи́ть, отвеча́ть, быть, выходи́ть, гуля́ть, входи́ть!

**30.b** Fordern Sie jemanden auf, eine bestimmte Handlung auszuführen! Verwenden Sie dabei плати́ть в ка́ссу, спра́шивать учи́теля, покупа́ть в но́вом магази́не, встава́ть всегда́ в 6 часо́в, слу́шать му́зыку, отдыха́ть в па́рке, смотре́ть но́вые фи́льмы, гото́вить у́жин, гуля́ть у мо́ря, выходи́ть здесь.

**31.a** Lesen Sie still:

В кино́!

– Скажи́те, пожа́луйста, как пройти́ к но́вому кинотеа́тру?
– Иди́те пря́мо до угла́, пото́м нале́во. Там, на пло́щади Пу́шкина спра́ва большо́е но́вое зда́ние. Э́то и есть кинотеа́тр?
– А что там идёт?
– Не зна́ю. Там всегда́ иду́т то́лько но́вые фи́льмы.

В университе́т!

– Това́рищ, авто́бус идёт к университе́ту?
– Да, да. Входи́те!
– Спаси́бо.
– До университе́та ещё не́сколько остано́вок.
– Возьми́те, пожа́луйста, пять копе́ек и да́йте мне биле́т.
– Пожа́луйста. Вы зна́ете, где выхо́дить?
– А кака́я сле́дующая остано́вка?
– Сле́дующая – университе́т.
– Како́й па́мятник стои́т у университе́та?
– Э́то па́мятник Ломоно́сову.
– Това́рищ, вы выхо́дите?
– Да, выхожу́.

В но́вом райо́не.

– Прости́те, вы здесь живёте?
– Да, то́лько два го́да.
– Э́то но́вый райо́н?
– Да. Здесь прекра́сные жилы́е дома́.
– А магази́ны есть?
– У нас мно́го магази́нов, рестора́н, большо́й теа́тр, поликли́ника, три шко́лы и две библиоте́ки.
– А кто здесь живёт?
– Рабо́чие и инжене́ры, врачи́, учителя́, студе́нты.
– А как прое́хать к це́нтру?
– К це́нтру иду́т авто́бусы и тролле́йбусы. И вот ста́нция метро́: до це́нтра не́сколько остано́вок.
– Ско́лько мину́т вы е́дете на рабо́ту?
– 5 мину́т, и иду́ де́сять до проспе́кта Кали́нина.
– Вы рабо́таете там в но́вом рестора́не?
– Нет, я стро́ю там. Я рабо́чий. Мы стро́или и высо́кие зда́ния на проспе́кте.

**31.b** Lesen Sie vorstehende Dialoge laut!

**32.** Erkundigen Sie sich, ob der Autobus (der O-Bus, die Straßenbahn, die U-Bahn) zur Universität (zum Kulturpark, zum Museum, zur Bibliothek, zum Stadtzentrum, zum Bahnhof) fährt!

Muster: Прости́те, това́рищ, авто́бус идёт к реке́?

**33.** Sagen Sie, daß man im neuen Stadtbezirk (im Stadtzentrum, am Fluß, hier) ein Museum (eine Bibliothek, Wohnhäuser ein großes Kino, eine Gedenkstätte) baut.

Muster: В на́шем го́роде стро́ят прекра́сные зда́ния.

**34.a** Fordern Sie jemanden (den Sie mit „Du" ansprechen), auf,

– zu Besuch zu kommen;
– sich am Meer zu erholen;
– sich die neuen Stadtbezirke anzuschauen;
– mit Ihnen spazierenzugehen;
– das Frühstück vorzubereiten;
– mit Ihnen im Kolchos zu arbeiten;
– einzusteigen (auszusteigen).

**34.b** Richten Sie die gleichen Aufforderungen an eine Person, die Sie mit „Sie" ansprechen!

Ю́мор

Оди́н тури́ст был в Ло́ндоне. Он поéхал на такси́ в гости́ницу. В гости́нице он отдыха́л в но́мере, за́втракал. Пото́м он гуля́л по го́роду, был на телегра́фе и дал домо́й телегра́мму. В телегра́мме он сообщи́л (1), где он живёт.
Днём он мно́го ходи́л по го́роду: был в музе́ях, магази́нах. А ве́чером он смотре́л бале́т в теа́тре. По́сле теа́тра он у́жинал в рестора́не, но не знал, где его́ гости́ница. Он не знал, кака́я э́то гости́ница. Что де́лать? Он поéхал такси́ на телегра́ф и дал домо́й ещё одну́ телегра́мму: „Телеграфи́руйте, где я живу́ в Ло́ндоне".

(1) он сообщи́л – er teilte mit

**1.** Lesen Sie still! Erschließen Sie dabei die Bedeutung der neuen Wörter aus dem Sinnzusammenhang sowie mit Hilfe ähnlich klingender deutscher Wörter und – soweit erforderlich – des alphabetischen Wörterverzeichnisses:

У семьи́ това́рища Петро́ва но́вая **кварти́ра**. Здесь ку́хня, **коридо́р**, **ва́нная** и три ко́мнаты. Кварти́ра на **пе́рвом этаже́**. Вот **столо́вая**, где семья́ за́втракает и у́жинает. А э́то **спа́льня** роди́телей. Вот две **крова́ти** и оди́н шкаф. Э́то **де́тская**. Здесь живу́т де́ти. Ко́мната **све́тлая**, **о́кна** высо́кие. В ко́мнате хоро́шая **ме́бель**. **А́дрес** кварти́ры: у́лица Гага́рина, дом 33. **За́втра** мы бу́дем в гостя́х у това́рища Петро́ва.

**2.a** Übersetzen Sie:

но́вая кварти́ра, плати́ть за кварти́ру; большо́й коридо́р, стоя́ть в коридо́ре; ма́ленькая ва́нная; пе́рвый эта́ж, жить на пе́рвом этаже́; больша́я столо́вая, спа́льня роди́телей; но́вая крова́ть, покупа́ть но́вые крова́ти; де́тская ко́мната, де́тская спа́льня, де́тские крова́ти; све́тлая кварти́ра, све́тлые ко́мнаты; высо́кое окно́, высо́кие о́кна, ско́лько о́кон; хоро́шая ме́бель, покупа́ть ме́бель; мой а́дрес, знать все адреса́. Где ты бу́дешь за́втра? За́втра я бу́ду в теа́тре.

**2.b** Lesen Sie vorstehende Wortverbindungen und Sätze laut!

**3.** Sagen Sie, was sich in der Wohnung befindet! Verwenden Sie dabei све́тлые ко́мнаты, болшо́й коридо́р, ма́ленькая ва́нная, больша́я столо́вая, ма́ленькая де́тская.

Muster: В кварти́ре хоро́шая ку́хня.

**4.** Prägen Sie sich folgende Wörter, Wortverbindungen und Sätze ein:

| | |
|---|---|
| квартира | Wohnung |
| новая квартира, светлая квартира | |
| **коридор** | **Korridor, Diele** |
| ванная | Badezimmer |
| этаж | Etage, Stockwerk |
| первый этаж | Erdgeschoß |
| Мы живём на первом этаже. | Wir wohnen im Erdgeschoß. |
| столовая | Eßzimmer, Speisesaal, Kantine |
| спальня | Schlafzimmer |
| кровать | Bett |
| новая кровать, хорошие кровати | |
| детская (комната) | Kinderzimmer |
| детский | Kinder- (in Zusammensetzungen) |
| детский журнал, детская спальня, детские кровати | |
| светлый | hell, licht |
| светлый дом, светлая квартира, светлые комнаты | |
| окно | Fenster; Schalter (z. B. auf der Post) |
| высокое окно, высокие окна, сколько окон | |
| мебель (nur im Singular) | Möbel |
| хорошая мебель, покупать мебель | |
| адрес | Adresse |
| мой адрес, знать их адреса | |
| завтра | morgen |
| Где вы будете завтра? Завтра мы будем в театре. | |

**5.a** Mit den Überschriften zu den einzelnen Lektionen wurden bisher folgende Ordnungszahlwörter eingeführt:

| | | | |
|---|---|---|---|
| 1 пе́рвый | 4 четвёртый | 7 седьмо́й | 10 деся́тый |
| 2 второ́й | 5 пя́тый | 8 восьмо́й | 11 оди́ннадцатый |
| 3 тре́тий | 6 шесто́й | 9 девя́тый | |

**5.b** Die weiteren Ordnungszahlwörter werden ähnlich gebildet.
Prägen Sie sich ein:

| | |
|---|---|
| 12 двена́дцатый | 21 два́дцать пе́рвый |
| 13 трина́дцатый | 22 два́дцать второ́й |
| 14 четы́рнадцатый | 23 два́дцать тре́тий |
| 15 пятна́дцатый | 30 тридца́тый |
| 20 двадца́тый | 40 сороково́й |

**5.c** Die meisten Ordnungszahlwörter enden im Maskulinum auf **-ый**; sie werden wie Adjektive dekliniert; zum Beispiel:

Мы живём на пя́том этаже́. Это четвёртая остано́вка. Иди́те до шесто́го до́ма спра́ва.

**6.** Ersetzen Sie die Ordnungszahlwörter jeweils nacheinander durch die in Klammern angegebenen:
1. Мы живём на пе́рвом (2, 4, 5, 7) этаже́. 2. Я е́ду на рабо́ту восьмы́м (2, 5, 6, 12) авто́бусом. 3. Э́то втора́я (4, 7, 9, 11) остано́вка от вокза́ла. 4. Вот идёт тре́тий (4, 7, 9, 12, 21) трамва́й. 5. Его́ кварти́ра в четвёртом (5, 7, 8, 10) до́ме от угла́.

**7.a** Lesen Sie folgenden Dialog still:
Но́вая кварти́ра.
– Здра́вствуй, Лари́са!
– А, э́то ты, И́горь! Здра́вствуй!
– Зна́ешь, у нас тепе́рь но́вая кварти́ра.
– О, где вы тепе́рь живёте?
– В но́вом райо́не.
– Э́то там, где твой заво́д?
– Да. У ста́нции метро́. Приходи́те к нам сего́дня ве́чером.
– Сего́дня? Не зна́ю, как Оле́г. А что де́лаете за́втра?

– Приходи́те за́втра.
– А ско́лько ко́мнат в кварти́ре?
– Три: столо́вая, спа́льня и де́тская. Пото́м у нас больша́я ку́хня и ва́нная.
– А о́кна высо́кие?
– Да. Кварти́ра све́тлая и хоро́шая.
– На како́м этаже́?
– На пя́том. А в до́ме 12 этаже́й.
– Как к вам прое́хать? Скажи́ мне а́дрес.
– От вас идёт метро́ до ста́нции „Со́кол", пото́м шесты́м авто́бусом 4 остано́вки. У остано́вки авто́буса спра́ва большо́й дом. В нём магази́н. Э́то наш дом. У́лица Гага́рина 12, кварти́ра 38.
– Спаси́бо. До за́втра.
– До за́втра, Лари́са!

**7.b** Lesen Sie vorstehenden Dialog laut!

**8.** Beantworten Sie folgende Fragen:

1. Кака́я у вас кварти́ра? 2. На како́м этаже́ вы живёте? 3. Ско́лько этаже́й в до́ме? 4. Како́й ваш а́дрес? 5. Ско́лько ко́мнат в кварти́ре? 6. В кварти́ре есть ва́нная? 7. Кака́я у вас столо́вая? 8. Ва́ша кварти́ра све́тлая? 9. Куда́ выхо́дят о́кна? 10. Кака́я ме́бель в кварти́ре?

**9.** Sagen Sie russisch,

– daß Sie eine neue (alte, große, kleine) Wohnung haben;
– wieviel Zimmer zur Wohnung gehören;
– um welche Zimmer es sich handelt;
– welches Möbel Sie besitzen;
– in welchem Stockwerk Sie wohnen;
– wie Ihre Adresse lautet!

**10.** Lesen Sie still! Erschließen Sie dabei die Bedeutung der neuen Wörter aus dem Sinnzusammenhang und – soweit erforderlich – mit Hilfe des alphabetischen Wörterverzeichnisses:

Мы **получи́ли** кварти́ру в но́вом райо́не го́рода. Э́то **о́чень** хоро́шая кварти́ра с **телефо́ном**. **Пе́ред** на́шим до́мом большо́й парк. У нас столо́вая, спа́льня роди́-

телей, де́тская, где **спят** и **игра́ют** на́ши де́ти, ку́хня и коридо́р. Кварти́ра **совреме́нная** и све́тлая. У нас хоро́шая и **удо́бная** ме́бель. Мы покупа́ли ме́бель и но́вый **ковёр** в це́нтре. Вчера́ у нас бы́ли пе́рвые го́сти: на́ши **знако́мые** Ви́ктор и Лари́са. Мы пока́зывали го́стям все ко́мнаты и **разгова́ривали** о но́вой кварти́ре.

**11.a** Übersetzen Sie:

получи́ть кварти́ру, получи́ть биле́ты в теа́тр; о́чень интере́сный фильм, о́чень хоро́шая ме́бель; получи́ть телефо́н, говори́ть по телефо́ну; пе́ред до́мом, пе́ред гости́ницей, пе́ред ста́нцией метро́; спать в крова́ти, спать на дива́не; игра́ть в па́рке, игра́ть пе́ред до́мом; совреме́нный райо́н, совреме́нная кварти́ра, совреме́нное зда́ние; удо́бный дива́н, удо́бная ме́бель, удо́бное кре́сло; но́вый ковёр, лежа́ть на ковре́; наш знако́мый, твоя́ знако́мая, знако́мый студе́нт, знако́мое вам ме́сто; разгова́ривать об о́тпуске.

**11.b** Lesen Sie vorstehende Wortverbindungen laut!

**12.** Verbinden Sie die nachstehenden Adjektive mit den jeweils in Klammern angegebenen Substantiven:

знако́мый (студе́нт, учи́тельница, райо́ны, проспе́кт, библиоте́ка);
совреме́нный (центр го́рода, гости́ница, кварти́ра, зда́ния, кино́);
удо́бный (ме́бель, сту́лья, кре́сло, дива́н, ме́сто);
све́тлый (кварти́ра, ко́мнаты, зда́ние, ме́бель, столо́вая).

**13.** Ersetzen Sie die jeweils unterstrichenen Wörter nacheinander durch die in Klammern angegebenen:

1. У вас в кварти́ре есть <u>телефо́н</u>? (столо́вая, коридо́р, ва́нная, ковёр, де́тская) 2. Куда́ выхо́дят о́кна <u>кварти́ры</u>? (ку́хня, спа́льня) 3. Где спят <u>де́ти</u>? (роди́тели, сёстры, бра́тья) 4. Когда́ вы получи́ли <u>кварти́ру</u>? (телефо́н, ковёр, его́ а́дрес) 5. <u>Хоро́шая</u> у вас ме́бель? (совреме́нный, све́тлый, удо́бный) 6. С кем вы разгова́ривали об

о́тпуске? ([о] кварти́ра, [о] его́ а́дрес) 7. Ва́ши де́ти игра́ют в па́рке? (пе́ред до́мом, в кварти́ре, в коридо́ре, до́ма)

**14.** Prägen Sie sich folgende Wörter, Wortverbindungen und Sätze ein:

| | |
|---|---|
| получи́ть | erhalten, bekommen |
| Я получу́ кварти́ру. | Ich werde eine Wohnung bekommen. |
| Когда́ вы полу́чите кварти́ру? | |
| о́чень | sehr |
| о́чень интере́сный фильм, о́чень высо́кое зда́ние | |
| телефо́н | Telefon |
| говори́ть по телефо́ну | telefonieren |
| пе́ред | vor |
| пе́ред до́мом, пе́ред библиоте́кой, пе́ред зда́нием, пе́ред обе́дом | |
| спать | schlafen |
| Я сплю на дива́не. Где ты спи́шь? | |
| игра́ть | spielen |
| Де́ти игра́ют в па́рке. | |
| совреме́нный | modern, zeitgemäß |
| совреме́нный райо́н, совреме́нное зда́ние | |
| удо́бный | bequem |
| удо́бный дива́н, удо́бная ме́бель, удо́бное кре́сло | |
| знако́мый | bekannt |
| знако́мый студе́нт, знако́мая нам гости́ница | |
| знако́мый | (ein) Bekannter |
| знако́мая | (eine) Bekannte |
| мой знако́мый, твоя́ знако́мая, на́ши знако́мые | |

| | |
|---|---|
| ковёр | Teppich |
| но́вый ковёр, лежа́ть на ковре́ | |
| разгова́ривать | sich unterhalten, ein Gespräch führen |
| С кем ты разгова́риваешь? Я разгова́риваю с ним по телефо́ну. | |

**15.** Vergleichen Sie die Deklination der Possessivpronomen im Femininum mit der von она́:

| | | | |
|---|---|---|---|
| Nominativ | она́ | моя́, твоя́ | на́ша, ва́ша |
| Genitiv | её | -е́й | -ей |
| Dativ | ей | -е́й | -ей |
| Akkusativ | её | -ю́ | -у |
| Instrumental | ей | -е́й | -ей |
| Präpositiv | (о) ней | (о) -е́й | (о) -ей |

Wie im Maskulinum und Neutrum sind auch im Femininum die Deklinationsformen von мой und твой endbetont, die von наш und ваш stammbetont. Prägen Sie sich diese Deklinationsformen ein!

**16.** Ersetzen Sie die Personalpronomen nacheinander durch моя́ сестра́, твоя́ учи́тельница, на́ша студе́нтка:

1. Я был у неё в гостя́х. 2. Мы е́хали к ней. 3. Ты ви́дела её в па́рке? 4. Мы говори́ли с ней по телефо́ну. 5. Кто расска́зывал о ней?

**17.** Beantworten Sie folgende Fragen, indem Sie nacheinander моя́ сестра́ und ва́ша учи́тельница verwenden:

1. Кто был у вас в гостя́х? 2. От кого́ вы получи́ли а́дрес? 3. К кому́ ты идёшь? 4. Кого́ вы ви́дели в рестора́не? 5. С кем вы разгова́ривали? 6. О ком они́ говори́ли?

**18.** Vergleichen Sie die Deklination der Adjektive (mit hartem Stammauslaut) im Femininum mit der Deklination der Possessivpronomen:

| | | |
|---|---|---|
| Nominativ<br>Genitiv<br>Dativ<br>Akkusativ<br>Instrumental<br>Präpositiv | моя́<br>-е́й<br>-е́й<br>-ю́<br>-е́й<br>(о) -е́й | но́вая<br>-ой<br>-ой<br>-ую<br>-ой<br>(о) -ой |

Prägen Sie sich die Deklinationsformen ein!

**19.** Ersetzen Sie die unterstrichenen Wörter jeweils nacheinander durch die in Klammern angegebenen:

1. Как мне прое́хать к но́вой гости́нице? (ста́рый, большо́й, ма́ленький) 2. Вы зна́ете но́вую учи́тельницу? (ста́рый, молодо́й) 3. Они́ живу́т в ста́рой кварти́ре. (но́вый, ма́ленький, совреме́нный, удо́бный, све́тлый) 4. Когда́ вы получи́ли но́вую кварти́ру? (ма́ленький, удо́бный, бо́льшо́й) 5. Сле́ва от ста́рой библиоте́ки остано́вка тролле́йбуса. (но́вый, знамени́тый)

**20.a** Lesen Sie still:

1. Мы за́втракаем, обе́даем и у́жинаем в столо́вой. 2. Де́ти игра́ют в де́тской. 3. Иди́те в ва́нную. 4. Мы бы́ли в гостя́х у моего́ знако́мого. 5. У знако́мой моего́ бра́та но́вая кварти́ра. 6. Вы разгова́ривали с рабо́чим?

**20.b** Substantivierte Adjektive werden wie Adjektive dekliniert.

**21.a** Übersetzen Sie:

В гостя́х в но́вой кварти́ре
– Здра́вствуй, Па́вел!
– А, здра́вствуйте, входи́те, пожа́луйста!
– Прекра́сный дом! И райо́н хоро́ший – пря́мо у метро́. Но покажи́ нам ва́шу кварти́ру!

– Здесь де́тская. Ви́дите, вот крова́ть на́шей Та́ни, ма́ленький стол и шкаф.
– О́чень совреме́нная, удо́бная ме́бель и ко́мната све́тлая.
– Да, ма́ленькая. Та́ня игра́ет здесь и чита́ет.
– А где у вас телеви́зор?
– Телеви́зор в столо́вой.
– Вы покупа́ли и но́вую ме́бель?
– То́лько ковёр. Он лежи́т в спа́льне, у крова́ти.
– А куда́ выхо́дят о́кна?
– О́кна спа́льни выхо́дят в парк, а о́кна де́тской и столо́вой – на пло́щадь Ле́нина.
– А в столо́вой что стои́т?
– Дива́н, кре́сла, стол, но мы за́втракаем и у́жинаем в ку́хне.
– Как мно́го у вас по́лок с кни́гами!
– Да, у нас мно́го книг не то́лько на по́лках, но и в шкафа́х.

По телефо́ну.

– Ири́на, зна́ешь, Оле́г Па́влов получи́л но́вую кварти́ру? Я разгова́ривала с ним по телефо́ну.
– В но́вом до́ме?
– Да. На четвёртом этаже́.
– Он уже́ живёт в ней?
– Да, уже́ неде́лю.
– Расскажи́, как к нему́ прое́хать.
– Слу́шай: ты е́дешь до це́нтра пя́тым авто́бусом, а пото́м метро́ до ста́нции „Университе́т“, выхо́дишь из метро́. Там ви́дишь большо́й дом, а пе́ред до́мом, на углу́ кио́ск, где продаю́т газе́ты.
– А а́дрес како́й?
– Проспе́кт Менделе́ева, дом 2, кварти́ра 28.
– Да, э́то знако́мый а́дрес! Там тепе́рь живёт и моя́ сестра́. Я уже́ была́ у неё.

**21.b** Lesen Sie vorstehende Dialoge laut!

**22.** Beantworten Sie folgende Fragen:

1. Где ва́ша кварти́ра? 2. Ско́лько ко́мнат в ва́шей квар-

ти́ре? 3. Каки́е ко́мнаты сле́ва (спра́ва) по коридо́ру? 4. Кака́я у вас ме́бель? 5. Кака́я ме́бель стои́т в столо́вой (спа́льне, де́тской, ку́хне)? 6. Где у вас стои́т телеви́зор (ра́дио)? 7. Куда́ выхо́дят о́кна столо́вой (спа́льни, де́тской, ку́хни)? 8. В како́й ко́мнате вы за́втракаете (у́жинаете)?

**23.** Erklären Sie einem Besucher Ihre Wohnung! Verwenden Sie dabei folgende Muster:

– Входи́те в коридо́р.
– Сле́ва столо́вая.
– Спра́ва де́тская.
– Здесь живёт на́ша Та́ня.
– Ви́дите, вот крова́ть, стол, сту́лья и ма́ленький шкаф.
– Столо́вая о́чень све́тлая но ма́ленькая.
– О́кна на́шей спа́льни выхо́дят в парк.
– Телеви́зор стои́т в столо́вой.
– Мы за́втракаем и у́жинаем в ку́хне.

**24.** Die Deklination von э́тот, э́та, э́то (dieser, diese, dieses) stimmt in den meisten Kasusformen mit der Deklination der Adjektive (mit hartem Stammauslaut) überein. Prägen Sie sich diese Deklination ein:

| | | |
|---|---|---|
| Nominativ | э́тот э́то | э́та |
| Genitiv | -ого | -ой |
| Dativ | -ому | -ой |
| Akkusativ | Unbelebt wie Nominativ, belebt wie Genitiv | -у |
| Instrumental | -им | -ой |
| Präpositiv | (об) -ом | -ой |

**25.** Fügen Sie die jeweils erforderlichen Deklinationsformen von э́тот (э́та, э́то) ein:

1. Вы уже́ бы́ли в ... музе́е? 2. Кто живёт в ... ко́мнате. 3. Я не зна́ю ... това́рища. 4. Мы разгова́ривали с ... тури́стом. 5. Когда́ вы получи́ли ... кварти́ру? 6. В ... де́тской живу́т на́ши до́чери. 7. За́втра мы бу́дем в го-

стя́х у ... това́рища. 8. Я получи́л биле́ты от ... проводника́. 9. Плати́те в ... ка́ссу. 10. ... а́дрес я получи́л от Ви́ктора.

**26.** Übersetzen Sie:

Незнако́мый а́дрес.

– Скажи́те, пожа́луйста, где живёт Па́вел Андре́евич Петро́в? Э́то мой ста́рый знако́мый.
– В на́шем го́роде мно́го жи́телей с э́той фами́лией. Ско́лько ему́ лет?
– 27.
– Кем и где он рабо́тает?
– Он рабо́чий. Он рабо́тал на большо́м заво́де у вокза́ла.
– Мину́тку. Вы мно́го лет не ви́дели това́рища Петро́ва?
– Да, 5–6 лет.
– У нас есть а́дрес Па́вла Андре́евича Петро́ва, но он инжене́р и рабо́тает на заво́де у вокза́ла. Э́то не ваш Петро́в?
– Мой, мой!
– Вот вам а́дрес: у́лица Пу́шкина 5, кварти́ра 7. Е́хать пя́тым авто́бусом и́ли вторы́м тролле́йбусом.
– Большо́е спаси́бо.

Ме́бель для но́вой кварти́ры.

– Скажи́те, пожа́луйста, у вас есть шкафы́ для книг?
– Да, пожа́луйста. Вам большо́й и́ли ма́ленький?
– Большо́й. Вот э́тот све́тлый.
– Пожа́луйста. Он сто́ит 40 рубле́й.
– А кре́сла?
– У нас есть и кре́сла.
– Мы возьмём ещё 4 кре́сла. И покажи́те, пожа́луйста, э́тот дива́н.
– Э́то не то́лько удо́бный дива́н, но и крова́ть.
– О́чень хорошо́. В де́тской бу́дет и дива́н-крова́ть.
– А ме́бель для ку́хни у вас есть?
– Да, о́чень совреме́нная. Она́ стои́т в э́той ко́мнате. Пожа́луйста.

**27.** Formulieren Sie Fragen, die im Dialog zu den nachstehenden Antworten passen:

– ...? – Да, И́горь получи́л но́вую кварти́ру.
– ...? – Нет, в це́нтре, у па́мятника Пу́шкину.
– ...? – Кварти́ра больша́я, све́тлая и совреме́нная.
– ...? – Да, вчера́ я была́ в э́той кварти́ре.
– ...? – Да, но́вая. И́горь лю́бит совреме́нную ме́бель.
– ...? – О́чень ма́ло. Они́ пла́тят за кварти́ру то́лько 8 рубле́й 34 копе́йки.
– ...? – Его́ а́дрес: у́лица Пу́шкина, дом 38.
– ...? – Да. Но́мер телефо́на: 5-37-89.

**28.** Erkundigen Sie sich russisch,

– ob Ihr Bekannter die neue Wohnung schon bekommen hat;
– wo sich die Wohnung befindet;
– wie die Adresse lautet;
– ob die Familie Telefon hat;
– wie die Telefonnummer lautet;
– wieviel sie für die Wohnung bezahlen;
– ob sie sich neue (moderne) Möbel kaufen.

**29.** Erzählen Sie von Ihrer Wohnung! Geben Sie eine Beschreibung der Größe, der Zahl und Art der Räume, der Möbel und anderer Einrichtungsgegenstände! Nennen Sie Adresse und Telefonnummer!

## Ю́мор

Ве́чером.

9 часо́в ве́чера, но ма́ленький Андре́й лежи́т в де́тской в крова́ти и не спит. Мать говори́т ему́: „Уже́ 9 часо́в, а ты ещё не спишь. Что ска́жет (1) оте́ц, когда́ он придёт (2) домо́й?“. – Он ска́жет (1): „У́жинать, у́жинать! Что сего́дня на у́жин?“.

(1) ска́жет – wird sagen (2) придёт – kommt

**1.** Lesen Sie still! Erschließen Sie dabei die Bedeutung der neuen Wörter mit Hilfe des alphabetischen Wörterverzeichnisses:
В це́нтре го́рода **ря́дом** с гости́ницей большо́й **универма́г**. В универма́ге **ра́зные отде́лы**. В э́том отде́ле продаю́т **пла́тья** и **блу́зки**. А здесь большо́й **вы́бор костю́мов** и **пальто́**. Вот продаю́т **руба́шки**. Вчера́ мы здесь **купи́ли** руба́шку для сы́на. Э́то не то́лько хоро́ший, э́то **лу́чший** универма́г в на́шем го́роде.

**2.a** Übersetzen Sie:
ря́дом с вокза́лом, ря́дом с гости́ницей, ря́дом с музе́ем; большо́й универма́г, идти́ в универма́г; ра́зные дома́, ра́зные това́рищи; отде́л костю́мов, рабо́тать в э́том отде́ле; но́вое пла́тье, ра́зные пла́тья, не́сколько пла́тьев; хоро́шая блу́зка, но́вые блу́зки, мно́го блу́зок; большо́й вы́бор, хоро́ший вы́бор пла́тьев; покупа́ть костю́м, удо́бный костю́м; но́вое пальто́, де́тские пальто́; руба́шка для сы́на, покупа́ть не́сколько руба́шек; купи́ть проду́кты, купи́ть де́тское пла́тье; лу́чший универма́г, лу́чшая студе́нтка.

**2.b** Lesen Sie die vorstehenden Wortverbindungen laut!

**3.** Sagen Sie, was Sie im Warenhaus gekauft haben! Verwenden Sie dabei: хоро́шее пла́тье, де́тское пальто́, руба́шка для сы́на, прекра́сный костю́м, све́тлая блу́зка.
Muster: В универма́ге я купи́л(а) све́тлое пла́тье.

**4.** Fragen Sie, in welcher Abteilung bestimmte Kleidungsstücke verkauft werden! Verwenden Sie dabei: костю́м, руба́шка, блу́зка, пальто́.
Muster: В како́м отде́ле продаю́т пла́тья?

**5.** Fragen Sie unter Verwendung der Wörter aus Übung 4, ob es eine große Auswahl der betreffenden Kleidungsstücke gibt!
Muster: У вас большо́й вы́бор пла́тьев?

**6.** Lassen Sie sich verschiedene Kleidungsstücke zeigen!
Muster: Покажи́те, пожа́луйста, не́сколько пла́тьев.

**7.** Prägen Sie sich folgende Wörter, Wortverbindungen und Sätze ein:

| | |
|---|---|
| ря́дом (с) | neben, daneben |
| ря́дом с вокза́лом, ря́дом с гости́ницей, стоя́ть ря́дом | |
| универма́г | Warenhaus, Kaufhaus |
| большо́й универма́г | |
| ра́зный | verschieden |
| ра́зные това́рищи, ра́зные проду́кты | |
| отде́л | Abteilung, Abschnitt |
| отде́л ме́бели, ра́зные отде́лы | |
| пла́тье | Kleid, Kleidung |
| све́тлое пла́тье, не́сколько пла́тьев, де́тское пла́тье | |
| блу́зка | Bluse |
| хоро́шая блу́зка, мно́го блу́зок | |
| вы́бор | Auswahl, Wahl |
| большо́й вы́бор пла́тьев | |
| костю́м | Kostüm, Anzug |
| све́тлый костю́м, де́тские костю́мы | |
| пальто́ (unveränderlich) | Mantel |
| но́вое пальто́, ра́зные пальто́, мно́го пальто́ | |
| руба́шка | Hemd |
| удо́бная руба́шка, не́сколько руба́шек | |
| купи́ть | kaufen |
| Я куплю́ пальто́. | Ich werde einen Mantel kaufen. |
| Что ты ку́пишь в универма́ге? | |

| | |
|---|---|
| лу́чший | besserer, bester |
| лу́чше | besser |

лу́чший ма́стер, лу́чшая студе́нтка, лу́чшие рабо́чие.
Тепе́рь он рабо́тает лу́чше.

**8.** Prägen Sie sich die Konjugation von хоте́ть (wollen) und мочь (können, dürfen) ein:

| хоте́ть | мочь |
|---|---|
| я хочу́<br>ты хо́чешь<br>он<br>она́ хо́чет<br>мы хоти́м<br>вы хоти́те<br>они хотя́т | я могу́<br>ты мо́жешь<br>он<br>она́ мо́жет<br>мы мо́жем<br>вы мо́жете<br>они мо́гут |

Das Präteritum von мочь lautet unregelmäßig я, ты, он мог, я, ты, она́ могла́, мы (вы, они́) могли́.

**9.** Sagen Sie, was Sie tun wollen! Verwenden Sie dabei рабо́тать до́ма, за́втракать с роди́телями, обе́дать на рабо́те, у́жинать в рестора́не, разгова́ривать с ма́стером, игра́ть в па́рке, получи́ть но́вую кварти́ру, купи́ть руба́шку.

Beispiel 1: Я хочу́ жить в Ленингра́де.
Beispiel 2: Мы хоти́м жить в Ки́еве.

**10.** Fügen Sie in die folgenden Sätze die jeweils erforderliche Präsensform von мочь ein:

1. Вы всегда́ ... приходи́ть к нам. 2. Де́ти ... обе́дать в столо́вой? 3. Ты ... получи́ть но́вую кварти́ру? 4. Я ... купи́ть э́ту кни́гу. 5. Мы ... идти́ в го́сти. 6. Он ... игра́ть в па́рке.

**11.** Sagen Sie, was Sie im Warenhaus kaufen wollen. Verwenden Sie dazu alle bisher bekannten Bezeichnungen für Kleidungsstücke und Möbel!

M u s t e r: Я хочу́ купи́ть пальто́ в универма́ге.

**12.** Sagen Sie einem Kind, was es nicht tun darf! Verwenden Sie dabei игра́ть на у́лице, игра́ть на проспе́кте, идти́ в парк, выходи́ть из до́ма, слу́шать ра́дио, смотре́ть телеви́зор, чита́ть э́тот журна́л.

B e i s p i e l: Ты не мо́жешь смотре́ть э́тот фильм.

**13.a** Lesen Sie still:

В универма́г!

– Ири́на, ты куда́?
– В центр, в универма́г.
– А что ты там хо́чешь купи́ть?
– Но́вое пла́тье. У нас в институ́те на э́той неде́ле большо́й ве́чер.
– Зна́ешь, в универма́ге ря́дом с университе́том прекра́сный вы́бор пла́тьев. Я была́ там вчера́.
– Большо́е спаси́бо. А ты не е́дешь сего́дня в университе́т?
– Е́ду.
– Ну, я е́ду с тобо́й до университе́та.

Как прое́хать к универма́гу?

– Скажи́те, пожа́луйста, как прое́хать к большо́му универма́гу?
– Что вы хоти́те купи́ть?
– Костю́м и блу́зку для до́чери, руба́шки для сы́на.
– Вот спра́ва на углу́ остано́вка четвёртого тролле́йбуса. Он идёт до универма́га.
– А там есть и отде́л ме́бели?
– Там есть ра́зные отде́лы. Э́то наш лу́чший универма́г.
– Спаси́бо.

**13.b** Lesen Sie vorstehende Dialoge laut!

**14.** Lesen Sie still! Erschließen Sie dabei dic Bedeutung der neuen Wörter aus dem Sinnzusammenhang und – soweit erforderlich – mit Hilfe des alphabetischen Wörterverzeichnisses:

Вчера́ мы бы́ли в универма́ге. Там всегда́ большо́й

вы́бор ра́зных **това́ров**. Мы хоте́ли купи́ть но́вое пла́тье для мое́й сестры́ Лари́сы. У неё **разме́р** 42. На второ́м этаже́ продаю́т пла́тья ра́зного цве́та: **кра́сные**, **чёрные**, **бе́лые**. Продаю́т **дороги́е** и **дешёвые** пла́тья. Лари́са лю́бит **коро́ткие** пла́тья. Ей о́чень **нра́вятся таки́е** пла́тья. Но мать хоте́ла купи́ть **дли́нное** кра́сное пла́тье. Все тепе́рь **но́сят** таки́е дли́нные пла́тья.

**15.** Verbinden Sie die Adjektive jeweils nacheinander mit den in Klammern angegebenen Substantiven:
чёрный (хлеб, мо́ре, маши́на, пальто́);
бе́лый (блу́зка, пла́тье, руба́шка, хлеб, зда́ние);
кра́сный (пальто́, блу́зка, пла́тье, маши́на, цвет);
коро́ткий (у́лица, пальто́, пла́тье, костю́м, фильм);
дли́нный (пла́тье, по́езд, ко́мната, пальто́, проспе́кт);
дорого́й (гость, това́ры, но́мер, ме́бель, биле́ты);
дешёвый (блу́зка, пальто́, пла́тья, това́ры, костю́м).

**16.** Ersetzen Sie die jeweils unterstrichenen Wörter nacheinander durch die in Klammern angegebenen:
1. Я хочу́ купи́ть э́то <u>кра́сное</u> пла́тье. (чёрный, све́тлый, бе́лый, коро́ткий, дли́нный) 2. Вам нра́вится э́та <u>кра́сная</u> блу́зка? (бе́лый, све́тлый, чёрный, дешёвый, дорого́й) 3. У вас есть пла́тья <u>ра́зного</u> цве́та? (кра́сный, чёрный, бе́лый) 4. Покажи́те нам, пожа́луйста, <u>бе́лые</u> руба́шки. (кра́сный, све́тлый, дешёвый) 5. Како́го разме́ра <u>костю́мы</u> вы но́сите? (пла́тье, пальто́, блу́зка, руба́шка)

**17.** Prägen Sie sich folgende Wörter, Wortverbindungen und Sätze ein:

| | |
|---|---|
| това́р | Ware |
| ра́зные това́ры, плати́ть за това́р | |
| цвет | Farbe |
| Како́го цве́та блу́зку вы купи́ли? Прекра́сный цвет, ра́зные цвета́ | |
| кра́сный | rot |
| кра́сный костю́м, кра́сная маши́на, кра́сное пла́тье | |

| | |
|---|---|
| чёрный | schwarz |
| чёрный хлеб, Чёрное мо́ре | |
| бе́лый | weiß |
| бе́лый хлеб, бе́лая блу́зка, бе́лое зда́ние | |
| дорого́й | teuer, lieb |
| дорого́й гость, дорога́я маши́на, дороги́е това́ры | |
| дешёвый | billig |
| дешёвый костю́м, дешёвая кварти́ра, дешёвые проду́кты | |
| носи́ть | tragen |
| Я всегда́ ношу́ бе́лые руба́шки. Ты но́сишь коро́ткие пла́тья? | |
| коро́ткий | kurz |
| коро́ткий день, коро́ткая у́лица | |
| дли́нный | lang |
| дли́нный проспе́кт, дли́нное пла́тье | |
| нра́виться | gefallen |
| Э́та блу́зка мне о́чень нра́вится. Вам нра́вятся дли́нные пла́тья? | |
| тако́й | (ein) solcher, so ein |
| тако́й ковёр, така́я кварти́ра, тако́е пальто́ | |
| разме́р | Größe(nmaß) |
| Како́го разме́ра пла́тья вы но́сите? Како́й у вас разме́р руба́шки? | |

**18.a** Lesen Sie still:

1. Роди́телей не́ было до́ма. 2. Костю́мов э́того разме́ра нет. 3. В це́нтре э́того го́рода нет теа́тра. 4. Биле́тов на э́тот по́езд не́ было. 5. В э́том райо́не не бу́дет гости́ницы.

**18.b** In einem Satz mit нет in der Bedeutung „... ist nicht“ bzw. „... gibt nicht“, (dem Präteritum) не бы́ло oder (dem Futur) не бу́дет steht das verneinte Satzglied (im Deutschen das Subjekt) im Genitiv.

**18.c** Verneinen Sie:

1. В э́той кварти́ре есть телефо́н. 2. В на́шем райо́не бу́дет гости́ница. 3. Здесь был теа́тр. 4. В на́шей кварти́ре есть ва́нная. 5. В э́том универма́ге есть отде́л ме́бели. 6. Ря́дом с па́мятником был жило́й дом. 7. В це́нтре райо́на бу́дет универма́г.

**19.a** Нет, не бы́ло, не бу́дет können auch als verneinte Form von „haben (besitzen)" verwendet werden.

**19.b** Übersetzen Sie:

1. У меня́ нет маши́ны. 2. У моего́ сы́на нет телеви́зора. 3. У вас биле́тов нет? 4. Ве́чером у нас не бу́дет госте́й. 5. У нас нет чёрного хле́ба. 6. У Ви́ктора нет дете́й. 7. У вас нет бра́тьев и́ли сестёр? 8. У тебя́ э́той кни́ги нет?

**19.c** Setzen Sie die Beispiele ins Präteritum!

**20.** Beantworten Sie folgende Fragen verneinend:

1. В ва́шей кварти́ре есть телефо́н? 2. В це́нтре э́того го́рода есть универма́г? 3. В э́том райо́не есть гости́ница? 4. В э́той ко́мнате есть ковёр? 5. На ва́шем заво́де есть столо́вая? 6. Здесь была́ остано́вка авто́буса?

Muster: – Здесь есть телефо́н?
– Нет. Здесь нет телефо́на.

**21.** Beantworten Sie folgende Fragen bejahend und verneinend:

1. У вас есть маши́на? 2. У тебя́ есть телеви́зор? 3. У Ви́ктора есть де́ти? 4. У вас есть руба́шки э́того разме́ра? 5. У роди́телей есть в го́роде кварти́ра? 6. У Ва́ли есть биле́ты на э́тот по́езд?

**22.a** Übersetzen Sie:

Де́тский костю́м.

– Скажи́те, пожа́луйста, где здесь продаю́т де́тские костю́мы?
– На второ́м этаже́, спра́ва – де́тские това́ры.
– А разме́р 6 есть?

– На 13 лет? Нет, э́того разме́ра нет.
– Вы не зна́ете, когда́ бу́дет?
– По́сле обе́да.
– А где я могу́ купи́ть пла́тье?
– На тре́тьем этаже́ сле́ва. У нас сего́дня в э́том отде́ле большо́й вы́бор това́ров.
– Спаси́бо.

Но́вое пла́тье.
– Покажи́те, пожа́луйста, э́то пла́тье.
– Како́е? Э́то све́тлое?
– Да, бе́лое.
– Како́й у вас разме́р?
– 44.
– Пожа́луйста. Вы тако́е хоте́ли?
– Оно́ о́чень коро́ткое.
– А э́то?
– Тако́е у меня́ уже́ есть. Лу́чше вот э́то кра́сное. Оно́ мне нра́вится. Ско́лько оно́ сто́ит?
– 17 рубле́й.
– Прекра́сно. Я его́ возьму́.
– Пожа́луйста! Ка́сса спра́ва.

**22.b** Lesen Sie vorstehende Dialoge laut!

**23.** Fragen Sie, wo bestimmte Waren verkauft werden! Verwenden Sie dabei ме́бель, руба́шки, де́тское пла́тье, блу́зки, проду́кты, пальто́, костю́мы.

Muster: Где продаю́т пла́тья?

**24.** Sagen Sie, daß Sie ein Kleidungsstück einer bestimmten Größe kaufen wollen. Verwenden Sie dabei блу́зка, пла́тье, руба́шка, костю́м, пальто́.

Muster: Я хочу́ купи́ть де́тское пла́тье три́дцать второ́го разме́ра.

**25.** Sagen Sie, daß Ihnen etwas (sehr) gefällt. Verwenden Sie dabei кра́спос пла́тье, дли́нное пальто́, све́тлая блу́зка, бе́лая руба́шка, совреме́нная ме́бель, чёрный костю́м, тако́е пальто́.

Muster: Это коро́ткое пла́тье мне (о́чень) нра́вится.

**26.** Lesen Sie still! Erschließen Sie dabei die Bedeutung der neuen Wörter – soweit erforderlich – mit Hilfe des alphabetischen Wörterverzeichnisses:

– Э́то пла́тье вам **идёт**.
– Да, оно́ мне то́же нра́вится. **Ско́лько с меня́**?
– С вас 22 рубля́.
– О, у меня́ ма́ло **де́нег**. **Пло́хо**, что у меня́ то́лько 15 рубле́й.
– **Ничего́**. Наш отде́л конча́ет рабо́тать в 19 часо́в. Принеси́те де́ньги до э́того.
– Большо́е спаси́бо.

**27.** Prägen Sie sich folgende Wörter, Wortverbindungen und Sätze ein:

| | |
|---|---|
| Э́то пальто́ вам идёт. | Dieser Mantel steht Ihnen gut. |
| Ско́лько с меня́? | Wieviel bekommen Sie von mir? |
| плохо́й | schlecht |
| плохо́й студе́нт, плоха́я у́лица, плохо́е ме́сто | |
| де́ньги | Geld |
| У вас есть де́ньги? | |
| У меня́ нет де́нег. | |
| ничего́ | nichts, (das) macht nichts |

**28.** Sagen Sie jemandem, daß ihm ein bestimmtes Kleidungsstück gut steht! Verwenden Sie dabei бе́лая блу́зка, чёрный костю́м, све́тлая руба́шка, удо́бное пальто́, но́вое пла́тье.

Muster: Э́то кра́сное пла́тье вам (тебе́) идёт.

**29.** Lesen Sie still:

В магази́не.

– Скажи́те, пожа́луйста, когда́ конча́ет рабо́тать ваш магази́н?
– В 8 часо́в ве́чера. А что?
– Зна́ете, я хочу́ купи́ть пла́тье, но у меня́ здесь ма́ло де́нег. Оно́ сто́ит 17 рубле́й, а у меня́ то́лько 12.

– Хорошо́. Скажи́те об э́том продавщи́це и принеси́те де́ньги в 7 часо́в ве́чера.
– Большо́е спаси́бо.
В отде́ле де́тского пла́тья.
– Покажи́те, пожа́луйста, э́тот костю́м.
– Ско́лько лет ва́шему сы́ну?
– 8.
– Вот, пожа́луйста! У нас сего́дня хоро́шие дешёвые де́тские костю́мы.
– Спаси́бо. Я возьму́ э́тот све́тлый. У вас есть и пальто́?
– Для кого́? Для вас? У нас отде́л де́тских това́ров. Пальто́ для вас вы мо́жете купи́ть на тре́тьем этаже́.
– Нет, для сестры́. Ей то́лько 12 лет.
– А, пожа́луйста! У нас есть ра́зные пальто́: бе́лые, кра́сные, чёрные. Како́е вы хоти́те?
– Лу́чше бе́лое.
– Вы не зна́ете, како́й разме́р но́сит ва́ша сестра́. Она́ высо́кая и́ли ма́ленькая?
– Вот така́я!
– Возьми́те лу́чше э́то кра́сное пальто́.
– А оно́ не о́чень коро́ткое?
– Нет, э́то её разме́р: на 12–13 лет.
– Спаси́бо. Ско́лько с меня́ за всё?
– 35 рубле́й. В ка́ссу, пожа́луйста!

**30.a** Lesen Sie still:

1. Миха́ил — хоро́ший ма́стер. Он всегда́ рабо́тает хорошо́. 2. Э́то плохо́й продаве́ц. Он пло́хо рабо́тает. 3. Вся на́ша кварти́ра све́тлая. И в мое́й ко́мнате светло́. 4. О́тпуск на Чёрном мо́ре был интере́сным. Влади́мир интере́сно расска́зывает об э́том о́тпуске.

**30.b** Adverbien haben meist die Endung -o.

**31.** Beantworten Sie folgende Fragen unter Verwendung der jeweils in Klammern stehenden Adverbien:

1. Как он рабо́тает? (хорошо́, пло́хо) 2. Ско́лько сто́ит э́то пальто́? (до́рого, дёшево) 3. Как вы живёте? (хорошо́, непло́хо, прекра́сно) 4. Как расска́зывает ваш

но́вый учи́тель? (интере́сно, о́чень хорошо́) 5. Как она́ говори́т? (хорошо́, пло́хо)

**32.a** Übersetzen Sie:

Дли́нные и́ли коро́ткие пла́тья?

– Светла́на, зна́ешь, я была́ в но́вом универма́ге. Что я там ви́дела!
– В како́м? В но́вом райо́не?
– Да. На проспе́кте Кали́нина. Там таки́е прекра́сные пла́тья! Дли́нные, как в журна́ле.
– Вот и пло́хо! Мне не нра́вятся о́чень дли́нные пла́тья. Я люблю́ коро́ткие.
– Но все их тепе́рь но́сят. У меня́ уже́ то́же есть дли́нное чёрное пла́тье для теа́тра. Ты мо́жешь купи́ть тако́е в э́том магази́не.
– Я вчера́ хоте́ла купи́ть его́ в це́нтре, но там не́ было моего́ разме́ра. И пото́м я ви́жу, что оно́ мне не идёт.
– Ну, как хо́чешь!

**32.b** Lesen Sie vorstehenden Dialog laut!

**33.** Fragen Sie russisch,

– wo Anzüge (Mäntel, Blusen, Kleider) verkauft werden;
– ob Ihnen das neue Kleid (der neue Anzug, der neue Mantel, die neue Bluse) gut steht;
– wieviel Sie für den Mantel (den Anzug, das Kleid, das Hemd) zu bezahlen haben.

Ю́мор

– Не зна́ю, что купи́ть мое́й жене́ (1) к Но́вому го́ду.
– А ты спра́шивал у неё?
– Что ты! Где я могу́ взять (2) так мно́го де́нег?!

(1) жена́ – (Ehe-)Frau (2) взять – hernehmen

**1.a** Lesen Sie still! Erschließen Sie die Bedeutung der neuen Wörter aus dem Sinnzusammenhang, mit Hilfe ähnlich klingender deutscher oder bereits bekannter russischer Wörter:

Мой брат лю́бит смотре́ть фи́льмы, ходи́ть в теа́тры, смотре́ть **бале́ты**, слу́шать **о́перы** и **конце́рты**. Ему́ о́чень нра́вятся **спекта́кли** в Большо́м теа́тре. Там игра́ют лу́чшие **арти́сты Сове́тского Сою́за**. А вчера́ мы с ним бы́ли в кинотеа́тре „Метропо́ль". Там идёт но́вый **цветно́й** фильм. **Я слы́шал** о нём, когда́ был в гостя́х у Михаи́ла и Ва́ли. Мы **заказа́ли** биле́ты по телефо́ну на пе́рвый **сеа́нс**. В э́том кино́ три **за́ла**. Мы бы́ли в кра́сном **зри́тельном** за́ле. Сиде́ли в деся́том **ряду́**.

**1.b** Prüfen Sie mit Hilfe der Übung 6, ob Sie die Bedeutung der neuen Wörter richtig erfaßt haben!

**2.a** Übersetzen Sie:

но́вый спекта́кль, смотре́ть спекта́кль; хоро́ший бале́т, ходи́ть на бале́ты; слу́шать конце́рт, быть на конце́рте; хоро́ший арти́ст, лу́чшие арти́сты, молода́я арти́стка; Сове́тский Сою́з, сове́тская газе́та, сове́тские фи́льмы; но́вая о́пера, слу́шать о́перу; цветно́й фильм, цветны́е руба́шки; хорошо́ слы́шать, слы́шать о но́вом фи́льме; заказа́ть биле́ты, зака́зывать по телефо́ну, зака́зывать но́мер; пе́рвый сеа́нс, биле́ты на сле́дующий сеа́нс; большо́й зал, зри́тельный зал, сиде́ть в зри́тельном за́ле; пе́рвый ряд, сиде́ть в пя́том ряду́.

**2.b** Lesen Sie vorstehende Wortverbindungen laut!

**3.** Ersetzen Sie die jeweils unterstrichenen Wörter nacheinander durch die in Klammern angegebenen:

1. У вас есть биле́ты на э́тот <u>сеа́нс</u>? (спекта́кль, конце́рт, бале́т, фильм) 2. Они́ нам расска́зывали о <u>конце́рте</u>.

(бале́т, спекта́кль, фильм, о́пера) 3. Вы уже́ бы́ли на э́том спекта́кле? (конце́рт, бале́т) 4. Ты уже́ слы́шал об э́том но́вом фи́льме? (сове́тский, де́тский, цветно́й) 5. Он слы́шит хорошо́. (пло́хо, непло́хо, нехорошо́) 6. Мы заказа́ли биле́ты по телефо́ну. (но́мер, проду́кты)

**4.** Fügen Sie die Wortverbindung Сове́тский Сою́з in der jeweils erforderlichen Form ein:

1. Вы уже́ бы́ли в ...? 2. Что ты зна́ешь о ...? 3. Они́ прово́дят о́тпуск в ... 4. Э́ти газе́ты и журна́лы мы получи́ли из ... 5. Он интере́сно расска́зывает о ... 6. Э́тот по́езд идёт в ... 7. Э́ти това́ры вы получи́ли из ...?

**5.**. Verbinden Sie die Adjektive mit den in Klammern angegebenen Substantiven:

сове́тский (фи́льмы, газе́та, сою́з, о́пера, бале́ты); цветно́й (фильм, руба́шки, блу́зка, ковёр); интере́сный (спекта́кль, о́пера, бале́т, конце́рты, му́зыка, фи́льмы).

**6.** Prägen Sie sich folgende Wörter, Wortverbindungen und Sätze ein:

| | |
|---|---|
| спекта́кль | Vorstellung, (Theater-) Aufführung |
| хоро́ший спекта́кль, смотре́ть спекта́кли | |
| бале́т | Ballett |
| но́вый бале́т, ходи́ть на бале́т | |
| о́пера | Oper |
| слу́шать о́перу | |
| конце́рт | Konzert |
| идти́ на конце́рт, быть на конце́рте | |
| арти́ст | Künstler, Artist |
| арти́стка | Künstlerin, Artistin |
| хоро́ший арти́ст, лу́чшие арти́сты, молода́я арти́стка | |

| | |
|---|---|
| сове́тский | sowjetisch |
| сою́з | Union, Bund |
| Сове́тский Сою́з, сове́тская му́зыка, сове́тские журна́лы | |
| цветно́й | farbig, bunt |
| цветно́й фильм | |
| слы́шать | hören |
| Я слы́шу хорошо́. Он слы́шит пло́хо. | |
| зака́зывать/заказа́ть | bestellen |
| Я зака́зываю биле́ты по телефо́ну. | |
| Я закажу́ но́мер. | Ich werde ein Zimmer bestellen. |
| сеа́нс | Vorstellung (im Kino) |
| пе́рвый сеа́нс, биле́ты на э́тот сеа́нс | |
| зал | Saal |
| зри́тельный зал | Zuschauerraum |
| большо́й зал, сиде́ть в зри́тельном за́ле | |
| ряд | Reihe |
| пе́рвый ряд, в пя́том ряду́ | |

**7.a** Übersetzen Sie:

В кино́.

– И́горь, ты смотре́л но́вый фильм о ру́сском бале́те?
– Цветно́й?
– Да, э́то фильм – конце́рт с лу́чшими арти́стами бале́та.
– А где он идёт? Я слы́шал о нём, когда́ был у моего́ бра́та в гостя́х.
– В кинотеа́тре „Метропо́ль“. Там всегда́ иду́т но́вые фи́льмы. Я хочу́ заказа́ть биле́ты.
– А с кем ты идёшь?
– С Ири́ной и её бра́том. Э́то на́ши знако́мые.
– Когда́ вы хоти́те идти́?

– Я закажу́ биле́ты по телефо́ну на за́втра на 7 часо́в ве́чера. Как ты?
– В 7 я могу́. Спаси́бо. В како́м зри́тельном за́ле он идёт? В „Метропо́ле" 3 за́ла.
– Да, да. Я зна́ю. В кра́сном.
– Спаси́бо. Ну, до за́втра.

В ка́ссе кинотеа́тра.
– Скажи́те, пожа́луйста, у вас есть четы́ре биле́та на сле́дующий сеа́нс?
– Вы зака́зывали биле́ты по телефо́ну?
– А что, уже́ нет биле́тов?
– На э́тот сеа́нс все биле́ты купи́л заво́д. Хоти́те на 9 ве́чера?
– Что де́лать! А места́ хоро́шие?
– У нас в кинотеа́тре все места́ удо́бные.
– Ну, хорошо́! Дайте, пожа́луйста, 4 биле́та по 50 копе́ек.
– Пожа́луйста. Четы́рнадцатый ряд, места́ деся́тое, оди́ннадцатое, двена́дцатое, трина́дцатое. С вас два рубля́.
– Прекра́сные места́! Спаси́бо большо́е!

**7.b** Lesen Sie vorstehende Dialoge laut!

**8.** Sagen Sie, daß Sie Karten für ein bestimmtes kulturelles Ereignis bestellt haben! Verwenden Sie dabei сове́тский бале́т, де́тская о́пера, конце́рт, но́вый спекта́кль, цветно́й фильм.

Muster: Я заказа́л(а) биле́ты на но́вый фильм.

**9.** Sagen Sie – unter Verwendung der Wortverbindungen aus Übung 8 –, daß Sie von einem bestimmten Kulturereignis gehört haben!

Muster: Я слы́шал о но́вом фи́льме.

**10.** Sagen Sie, daß Sie in einer bestimmten Reihe auf einem bestimmten Platz gesessen haben!

Muster: Я сиде́л(а) в деся́том ряду́ на восьмо́м ме́сте.

**11.** Prägen Sie sich die Bezeichnungen für die Wochentage ein:

| | |
|---|---|
| понеде́льник | Montag |
| в понеде́льник | am Montag |
| по понеде́льникам | montags, an den Montagen |
| вто́рник | Dienstag |
| во вто́рник | |
| среда́ | Mittwoch |
| в сре́ду | |
| четве́рг | Donnerstag |
| по четверга́м | donnerstags |
| пя́тница | Freitag |
| суббо́та | Sonnabend |
| воскресе́нье | Sonntag |

**12.a** Übersetzen Sie:

1. Вто́рник – э́то второ́й день неде́ли. 2. Сего́дня воскресе́нье; все отдыха́ют. 3. Вчера́ была́ суббо́та; мы не рабо́тали. 4. Четве́рг – э́то четвёртый день неде́ли. 5. А пя́тый день – э́то пя́тница. 6. За́втра понеде́льник; мы начина́ем рабо́ту. 7. В сре́ду мы бы́ли на конце́рте.

**12.b** Lesen Sie vorstehende Sätze laut!

**13.** Bilden Sie möglichst viele sinnvolle Sätze:

| | |
|---|---|
| в понеде́льник | мы бы́ли в кино́ |
| во вто́рник | мы отдыха́ли до́ма |
| в сре́ду | я смотре́л спекта́кль |
| в четве́рг | у нас бы́ли го́сти |
| в пя́тницу | мы слу́шали конце́рт |
| в суббо́ту | я смотре́ла бале́т |
| в воскресе́нье | мы гуля́ли по го́роду |

**14. Beantworten Sie folgende Fragen, die auf einen bestimmten Wochentag bezogen sind:**

1. В како́й день неде́ли вы смотре́ли но́вый цветно́й фильм? 2. В како́й день неде́ли вы отдыха́ли до́ма? 3. В каки́е дни неде́ли вы рабо́таете? 4. В како́й день неде́ли вы бы́ли на конце́рте? 5. В каки́е дни неде́ли вы смотре́ли телеви́зор? 6. В како́й день неде́ли вы гуля́ли?

**15.** Sagen Sie, an welchen Wochentagen Sie regelmäßig oder häufig eine bestimmte Tätigkeit ausüben! Verwenden Sie dabei отдыха́ть до́ма, рабо́тать на заво́де, гуля́ть по па́рку, смотре́ть телеви́зор, ходи́ть в го́сти, слу́шать му́зыку, у́жинать в рестора́не.

Beispiel: По воскресе́ньям мы гуля́ем по го́роду.

**16.** Fügen Sie die betreffenden Wochentage ein! Verwenden Sie dabei – je nach dem Sinnzusammenhang – den Typ в понеде́льник oder по понеде́льникам:

1. ... мы всегда́ отдыха́ем. 2. ... я был на конце́рте. 3. ... роди́тели ча́сто гуля́ют. 4. ... мы купи́ли но́вую ме́бель. 5. ... я е́ду в о́тпуск. 6. ... мы начина́ем рабо́ту. 7. ... мы бу́дем в гостя́х у на́ших знако́мых.

**17.** Vergleichen Sie die Deklination der Possessivpronomen im Plural mit der von они́ und э́ти:

| | | | | | | | |
|---|---|---|---|---|---|---|---|
| Nominativ | | они́ | | мои | на́ши | | э́ти |
| Genitiv | | их | | -и́х | -их | | -их |
| Dativ | | им | | -и́м | -им | | -им |
| Akkusativ | | их | Unbelebt wie Nominativ, belebt wie Genitiv | | | | |
| Instrumental | | и́ми | | -и́ми | -ими | | -ими |
| Präpositiv | (о) | них | (о) | -и́х | -их | (об) | -их |

Prägen Sie sich diese Deklinationsformen ein!

**18.a** Übersetzen Sie:
1. Вы уже́ зна́ете их? 2. С ни́ми мы бы́ли вчера́ на конце́рте. 3. Скажи́те им, пожа́луйста, когда́ идёт но́вый фильм. 4. Что вы получи́ли от них? 5. Ви́ктор и Лари́са разгова́ривали о них.

**18.b** Setzen Sie an die Stelle des Personalpronomens die jeweils erforderlichen Formen von мои́ студе́нты, на́ши роди́тели, э́ти това́рищи!

**19.a** Bei der Pluraldeklination der Adjektive (mit hartem Stammauslaut) tritt an die Stelle des -и- in der Endung ein -ы-: нóвые, нóвых, нóвым, нóвые (нóвых), нóвыми, нóвых.

**19.b** Übersetzen Sie:

1. Э́то нáши нóвые знакóмые? 2. Вы ужé знáете нáших знакóмых? 3. Вы слы́шали о нóвых цветны́х фи́льмах? 4. Ты смотрéла э́ти интерéсные спектáкли? 5. Вчерá мы бы́ли в гостя́х у э́тих товáрищей. 6. В э́том отдéле большóй вы́бор рáзных плáтьев. 7. У меня́ нет дли́нных плáтьев. 8. В э́тих отдéлах продаю́т плáтья, блу́зки и пальтó. 9. Дáйте э́тим товáрищам нáши билéты. 10. Вы ужé говори́ли с э́тими рабóчими?

**20.** Beantworten Sie folgende Fragen, indem Sie nacheinander мои́ роди́тели, э́ти товáрищи, молоды́е рабóчие verwenden:

1. От когó вы получи́ли билéты? 2. К кому́ вы идёте в гóсти? 3. Когó вы ви́дели на концéрте? 4. С кем вы разговáривали? 5. О ком онá расскáзывала?

**21.** Lesen Sie still! Erschließen Sie dabei die Bedeutung der neuen Wörter aus dem Sinnzusammenhang und – soweit erforderlich – mit Hilfe des alphabetischen Wörterverzeichnisses:

– Знáешь, на э́той недéле в нáшем кинó я смотрéл фильм на **немéцком языкé**.
– **Знáчит**, ты говори́шь **по-немéцки**?
– Я говорю́ по-немéцки не **осóбенно** хорошó, но **понимáю** всё.
– Ты в пéрвый **раз** был на такóм фи́льме?
– Нет, ужé вторóй.
– Ты **оди́н** был?
– Нет, с мои́м **дру́гом** И́горем и егó **подру́гой** Светлáной.
– А в нáшем райóне, **к сожалéнию**, иду́т фи́льмы тóлько на **ру́сском** языкé.

**22.a** Übersetzen Sie:

немéцкий язы́к, немéцкие товáрищи, фильм на немéцком языкé; говори́ть по-немéцки, читáть по-немéцки; осóбенно хорошó, осóбенно интерéсный журнáл; понима́ть всё, понима́ть по-неме́цки; пе́рвый раз, два ра́за, не́сколько раз; я оди́н, он оди́н; мой друг, на́ши друзья́, мно́го друзе́й; твоя́ подру́га; ру́сский язы́к, ру́сские това́рищи, говори́ть по-ру́сски. Я оди́н был в кино́. К сожале́нию, мой друг не ходи́л со мной. Я его́, к сожале́нию, не зна́ю. Что э́то зна́чит?

**22.b** Lesen Sie vorstehende Wortverbindungen und Sätze laut!

**23.** Ersetzen Sie die unterstrichenen Wörter jeweils nacheinander durch die in Klammern angegebenen:
1. Ты <u>говори́шь</u> по-ру́сски? (чита́ть, понима́ть) 2. Он <u>говори́т</u> по-неме́цки не осо́бенно хорошо́. (чита́ть, понима́ть, разгова́ривать) 3. Э́то <u>фильм</u> на ру́сском языке́? (кни́га, газе́та, спекта́кль, журна́л) 4. От неме́цких това́рищей мы получи́ли <u>кни́ги</u> на неме́цком языке́. (газе́та, журна́л, фильм)

**24.** Prägen Sie sich folgende Wörter, Wortverbindungen und Sätze ein:

| | |
|---|---|
| неме́цкий | deutsch |
| неме́цкий фильм, неме́цкие това́рищи; говори́ть по-неме́цки | |
| язы́к | Sprache, Zunge |
| неме́цкий язы́к, журна́л на неме́цком языке́ | |
| осо́бенно | besonders |
| осо́бенно хорошо́, осо́бенно интере́сная кни́га | |
| раз | Mal, einmal |
| пе́рвый раз, три ра́за, не́сколько раз | |
| понима́ть | verstehen |
| Вы меня́ понима́ете? Я понима́ю по-ру́сски. | |
| оди́н (одна́, одно́, одни́) | allein |
| Ты оди́н был на конце́рте? | |

| | |
|---|---|
| друг<br>  мой друг, на́ши друзья́,<br>  мно́го друзе́й | Freund |
| подру́га<br>  твоя́ подру́га | Freundin |
| к сожале́нию | leider, bedauerlicherweise |
| зна́чит | also; es (das) bedeutet, das heißt |

**25.** Beantworten Sie folgende Fragen:

1. Вы говори́те (понима́ете, чита́ете) по-ру́сски? 2. Вы чита́ете кни́ги, журна́лы и́ли газе́ты на ру́сском языке́? 3. Вы лю́бите ру́сский язы́к? 4. Вы лю́бите смотре́ть фи́льмы на ру́сском языке́? 5. Кто из ва́шей семьи́ говори́т по-ру́сски? 6. У вас есть друг и́ли подру́га (знако́мые) в Сове́тском Сою́зе? 7. Кто из ва́ших друзе́й понима́ет по-ру́сски? 8. Вы лю́бите ходи́ть в теа́тры и на конце́рты? 9. Каки́е спекта́кли вам осо́бенно нра́вятся? 10. Вы уже́ слу́шали конце́рт О́йстраха?

**26.a** Lesen Sie still:

По́сле фи́льма.

– Вы выхо́дите на сле́дующей остано́вке?
– Да, Па́вел, э́то ты? Здра́вствуй!
– Здра́вствуй, Оле́г! А я тебя́ и не ви́дел!
– Ты где был?
– В кино́. Смотре́л но́вый фильм о студе́нтах.
– А, ты был в кинотеа́тре „Интернациона́л“. Там идёт неме́цкий фильм.
– Да, но он на ру́сском языке́.
– Интере́сный?
– О́чень. Мне осо́бенно нра́вится, что фильм хорошо́ пока́зывает, как живу́т совреме́нные студе́нты. И арти́сты игра́ют хорошо́.
– Когда́ там начина́ются сеа́нсы?
– Ве́чером? В 17, 19 и 21. Но э́тот фильм в воскресе́нье идёт в кинотеа́тре ря́дом с твои́м до́мом.
– О́чень удо́бно! Зна́чит, в воскресе́нье мы с Лари́сой идём в кино́.

**26.b** Lesen Sie vorstehenden Dialog laut!

**27.** Sagen Sie russisch, daß Sie
– oft ins Theater (zum Konzert) gehen;
– gern Filme sehen (Opern hören, moderne Aufführungen sehen);
– Bücher in russischer Sprache (deutscher Sprache) lesen;
– Ihnen russische (sowjetische) Musik besonders gefällt.

**28.a** Bei vielen russischen Verben wird das Futur durch Zusammensetzungen von быть (я бу́ду, ты бу́дешь) mit dem Infinitiv gebildet.

**28.b** Prägen Sie sich als Muster ein:

Я ча́сто бу́ду ходи́ть в теа́тры. Ка́ждый ве́чер мы бу́дем смотре́ть телеви́зор. Вы бу́дете рабо́тать весь день?

**29.** Sagen Sie – unter Verwendung der Wortverbindungen рабо́тать ка́ждый день, ходи́ть на конце́рты не́сколько раз, ча́сто отдыха́ть у мо́ря, чита́ть мно́го книг, всегда́ говори́ть по-ру́сски –, was Sie im Urlaub tun werden.
Beispiel 1: Я бу́ду гуля́ть ка́ждый день.
Beispiel 2: Мы бу́дем ча́сто смотре́ть но́вые фи́льмы.

**30.** Beantworten Sie folgende Fragen zu Ihrem künftigen Urlaub:

1. Что вы бу́дете де́лать у мо́ря? 2. Где вы бу́дете проводи́ть вечера́? 3. Что вы бу́дете де́лать по воскресе́ньям? 4. Вы бу́дете чита́ть кни́ги, журна́лы и газе́ты? 5. На како́м языке́ вы бу́дете чита́ть? 6. Кто бу́дет с ва́ми проводи́ть о́тпуск?

**31.** Übersetzen Sie:

В Ленингра́де.

– И́горь, ско́лько дней ты бу́дешь в Ленингра́де?
– 5 дней. Днём я бу́ду на заво́де, а ве́чером хочу́ ходи́ть в теа́тры и на конце́рты, смотре́ть но́вые спекта́кли.
– Оди́н?
– Нет, у меня́ здесь есть знако́мая.
– Ну, хорошо́. В како́й теа́тр ты хо́чешь?

– Я люблю́ бале́т и о́перу.
– Зна́чит, я возьму́ для тебя́ на заво́де два биле́та на сре́ду на бале́т, а на четве́рг – на „Бори́са Году-но́ва“. Ты зна́ешь э́ту о́перу?
– Да, я слу́шал её оди́н раз у нас в го́роде, но э́то ни-чего́. А биле́ты недороги́е?
– Нет, 2–3 рубля́ биле́т. А что ты бу́дешь де́лать в суббо́ту? Зна́ешь что? В суббо́ту у нас в Теа́тре о́пе-ры и бале́та большо́й конце́рт. Я с подру́гой иду́ на конце́рт. Заказа́ть для тебя́ то́же два биле́та? Бу́дем сиде́ть ря́дом.
– О́чень хорошо́! Спаси́бо.

**32.** Lesen Sie folgende Dialoge still:

„А́нна Каре́нина“.

– У вас есть биле́ты на но́вый спекта́кль?
– На „А́нну Каре́нину“? На како́й день? На за́втра би-ле́тов нет.
– На пя́тницу. Да, а кто игра́ет А́нну в пя́тницу?
– Татья́на Доро́нина. Есть два биле́та, но места́ не о́чень удо́бные: пятна́дцатый ряд, сле́ва.
– Ничего́. Я возьму́ их. Доро́нина не ча́сто игра́ет, а я о́чень люблю́ э́ту арти́стку.
– Пожа́луйста. С вас 3 рубля́ 60 копе́ек.
– Спаси́бо. Вы не ска́жете, когда́ конча́ется спекта́кль?
– В 10.30 ве́чера.

По́сле спекта́кля.

– Како́й интере́сный спекта́кль, Та́ня!
– Да, а я ещё не хоте́ла идти́! Прекра́сные арти́сты. Я чита́ла об э́том.
– И му́зыка хоро́шая! Как фами́лия э́того арти́ста, ко-то́рый игра́ет молодо́го инжене́ра?
– Улья́нов. Ты ви́дела его́ в фи́льмах?
– Да, да. Э́то знамени́тый киноарти́ст.
– Нет, он арти́ст теа́тра, но игра́ет ча́сто в фи́льмах. Он мне то́же нра́вится.

– Брат говори́л, что за́втра ве́чером по телеви́зору идёт фильм, в кото́ром он игра́ет. Приходи́ к нам смотре́ть.
– Спаси́бо, Лари́са. До за́втра.

**33**. Sagen Sie russisch, daß
– Ihnen der Film (die Aufführung, die Oper, das Konzert, das Ballett) besonders gefällt;
– ob Ihnen ein bestimmter Künstler (eine Künstlerin) gefällt oder nicht gefällt;
– Sie Karten für einen bestimmten Film (eine Aufführung, ein Ballett, eine Oper, ein Konzert) bestellt haben.

**34.** Fragen Sie russisch,
– wie Ihrem Partner eine bestimmte Veranstaltung gefällt;
– wie der Name des Künstlers lautet, der eine bestimmte Rolle spielt;
– wo Karten für eine bestimmte Veranstaltung verkauft werden;
– ob Ihr Partner schon Karten bestellt hat;
– für welche Reihe es noch Karten gibt.

Ю́мор

Па́вел был в теа́тре. Ря́дом с ним сиде́ли две да́мы и гро́мко (1) разгова́ривали. Они́ так гро́мко разгова́ривали, что он не слы́шал, что говори́ли арти́сты. Пото́м он сказа́л им: „Прости́те, но я ничего́ не слы́шу“. „Вам и нельзя́ (2) слу́шать. Мы говори́м о на́ших дела́х,“ (3) – сказа́ла одна́ из них.

(1) гро́мко – laut (2) нельзя́ – dürfen nicht
(3) де́ло – Angelegenheit

**1.** Lesen Sie still! Erschließen Sie dabei die Bedeutung der neuen Wörter aus dem Sinnzusammenhang und – soweit erforderlich – mit Hilfe des alphabetischen Wörterverzeichnisses:

Эти тури́сты из **ФРГ** пе́рвый раз в **Москве́, в столи́це** Сове́тского Сою́за. На вокза́ле их **встре́тил** экскурсово́д. Тури́сты бу́дут жить в но́вой гости́нице. Вот **вестибю́ль**. Здесь рабо́тает **администра́тор**. Тепе́рь они́ иду́т к **ли́фту**. **Дежу́рная** по этажу́ даёт тури́стам **ключи́** от номеро́в. Всё но́вое о́чень **интересу́ет** тури́стов. **При** гости́нице есть **по́чта** и **парикма́херская**. Несколько тури́стов за́втракают в **буфе́те**. А други́е тури́сты иду́т за́втракать в рестора́н. Он **нахо́дится** на второ́м этаже́. В э́той гости́нице живу́т и тури́сты из **ГДР**, из **А́встрии** и **Швейца́рии**.

**2.a** Übersetzen Sie:

Москва́ – столи́ца Сове́тского Сою́за. Берли́н – столи́ца ГДР. Бонн – столи́ца ФРГ. Жить в Москве́, е́хать в Москву́; встре́тить тури́стов на вокза́ле; вестибю́ль гости́ницы, большо́й вестибю́ль; ста́рый администра́тор, рабо́тать администра́тором; но́вый лифт, идти́ к ли́фту; дежу́рный врач, дежу́рная медсестра́, дежу́рная по этажу́; ключ от но́мера, ключ от ко́мнаты; при гости́нице, при музе́е; но́вая по́чта, идти́ на по́чту; хоро́шая парикма́херская, идти́ в парикма́херскую, быть в парикма́херской; большо́й буфе́т, за́втракать в буфе́те; друго́й тури́ст, друга́я ко́мната, друго́е ме́сто, други́е това́рищи, тури́ст из А́встрии; жить в Швейца́рии, Федерати́вная Респу́блика Герма́ния; Герма́нская Демократи́ческая Респу́блика. Что вас интересу́ет? Меня́ интересу́ют все э́ти журналы. Рестора́н нахо́дится на второ́м этаже́. Кио́ски нахо́дятся в вестибю́ле.

**2.b** Lesen Sie die vorstehenden Wortverbindungen und Sätze laut!

**3.** Ersetzen Sie die jeweils unterstrichenen Wörter nacheinander durch die in Klammern angegebenen:

1. На вокзáле мы встрéтили турúстов из ФРГ. (нáши друзья́, товáрищи из Москвы́, турúсты из ГДР) 2. При гостúнице есть и ресторáн. (буфéт, пóчта, парикмáхерская) 3. Дай мне, пожáлуйста, ключ от нóмера. (кóмната, шкаф, столóвая, чемодáн) 4. Меня́ óчень интересу́ет нóвая Москвá. (э́тот завóд, концéрт Óйстраха, ру́сский язы́к) 5. На какóм этажé нахóдится ресторáн? (буфéт, парикмáхерская, пóчта) 6. Вы ужé бы́ли в Москвé? (столúца ГДР, столúца Áвстрии, Швейцáрия) 7. Идúте к администрáтору. (дежу́рная по этажу́, дежу́рный врач, дежу́рная медсестрá)

**4.** Erkundigen Sie sich, wo sich eine bestimmte Einrichtung im Hotel befindet! Verwenden Sie dabei парикмáхерская, буфéт, магазúн, кинотеáтр, пóчта.

Muster: Скажúте, пожáлуйста, где нахóдится ресторáн!

**5.** Erkundigen Sie sich unter Verwendung des Sprachmaterials aus Übung 4, ob das Hotel über eine bestimmte Einrichtung verfügt:

Muster: При гостúнице есть ресторáн?

**6.** Lassen Sie sich eine bestimmte Einrichtung bzw. Person zeigen! Verwenden Sie dabei парикмáхерская, дежу́рная по этажу́, администрáтор, дежу́рный по ресторáну, вестибю́ль, пóчта.

Muster: Покажúте, пожáлуйста, где буфéт?

**7.** Sagen Sie, welches Kulturereignis Sie besonders interessiert! Verwenden Sie dabei цветнóй фильм о Москвé, нóвый спектáкль, концéрт Óйстраха, совремéнный балéт, нóвая óпера.

Muster: Э́тот фильм о столúце Совéтского Сою́за меня́ осóбенно интересу́ет.

**8.** Prägen Sie sich folgende Wörter, Wortverbindungen und Sätze ein:

| | |
|---|---|
| А́встрия | Österreich |
| Швейца́рия | Schweiz |
| ФРГ (Федерати́вная Респу́блика Герма́ния) | BRD (Bundesrepublik Deutschland) |
| ГДР (Герма́нская Демократи́ческая Респу́блика) | DDR (Deutsche Demokratische Republik) |
| Москва́ | Moskau |
| жить в Москве́, е́хать в Москву́ | |
| столи́ца | Hauptstadt |
| Москва́ – столи́ца Сове́тского Сою́за. | |
| встре́тить | (zufällig) treffen, begegnen, in Empfang nehmen |
| Я встре́чу их за́втра. | Ich werde sie morgen in Empfang nehmen. |
| экскурсово́д | Reiseleiter |
| администра́тор | Empfangschef, Verwalter |
| рабо́тать администра́тором, спра́шивать у администра́тора | |
| лифт | Aufzug, Lift |
| идти́ к ли́фту, е́хать ли́фтом | |
| вестибю́ль | Vorhalle, Vestibül |
| большо́й вестибю́ль | |
| дежу́рный (-ая) | der (die) Diensthabende, diensttuend |
| дежу́рный врач, дежу́рная по этажу́, дежу́рный магази́н | |
| ключ | Schlüssel |
| ключ от но́мера, ключ от шка́фа | |
| интересова́ть | interessieren |
| Э́то вас интересу́ет? | |
| при | bei, an, (zugehörig) zu |

при заво́де, при гости́нице

| | |
|---|---|
| по́чта | Post(amt) |
| идти́ на по́чту, быть на по́чте | |
| парикма́херская | Frisiersalon |
| идти́ в парикма́херскую, рабо́тать в парик-ма́херской | |
| буфе́т | Büfett, Erfrischungsraum |
| за́втракать в буфе́те | |
| друго́й | (ein) anderer |
| друго́й но́мер, друга́я гости́ница, друго́е ме́сто, други́е това́рищи | |
| находи́ться | sich befinden |
| Здесь нахо́дится буфе́т. Где нахо́дятся кио́ски? | |
| коне́чно | natürlich |
| с удово́льствием | gern, mit Vergnügen |
| Мы с удово́льствием смотре́ли э́тот фильм. | |

**9.** Beantworten Sie folgende Fragen:

1. Вы уже́ бы́ли в друго́м го́роде? 2. Кто вас встре́тил на вокза́ле? 3. В како́й гости́нице вы жи́ли? 4. Вас встре́тил администра́тор в вестибю́ле? 5. У кого́ вы получи́ли ключ от ва́шего но́мера? 6. На како́м этаже́ был ваш но́мер? 7. При э́той гости́нице есть парикма́херская? 8. Вы за́втракали в рестора́не или в буфе́те? 9. Что вас осо́бенно интересова́ло в э́том го́роде?

**10.a** Übersetzen Sie:

У администра́тора.

– Здра́вствуйте. Для меня́ зака́зывали но́мер. Моя́ фами́лия Фёдоров.
– Па́вел Андре́евич? Одну́ мину́ту! Да, для вас есть но́мер. Там одно́ ме́сто.
– Одно́? Но я не оди́н.
– Друго́й но́мер бу́дет свобо́ден то́лько по́сле обе́да.
– А куда́ выхо́дят о́кна э́того но́мера?
– На Кра́сную пло́щадь.
– Прекра́сно! В но́мере есть телефо́н?

– Коне́чно! Телефо́н, ра́дио, телеви́зор, ва́нная. О́чень удо́бный но́мер.
– А на како́м он этаже́?
– На девя́том. Э́то но́мер де́вять – со́рок во́семь. У нас, коне́чно, несколько ли́фтов.
– Ско́лько сто́ит э́тот но́мер? До́рого?
– Три рубля́ в день. Но за телефо́н, ра́дио и телеви́зор у нас не пла́тят. Вы э́то зна́ете?
– Да. А когда́ плати́ть за но́мер?
– Когда́ хоти́те. Ско́лько дней вы бу́дете жить у нас?
– Неде́лю.
– Из како́го вы го́рода?
– Из Ха́рькова.
– Приходи́те в 12 часо́в. Дежу́рная на девя́том этаже́ встре́тит вас. У неё вы полу́чите ключ от ва́шего но́мера.
– Спаси́бо.

**10.b** Lesen Sie vorstehenden Dialog laut!

**11.** Erkundigen Sie sich beim Empfangschef
– nach Ihrem Hotelzimmer;
– ob das ein Zimmer mit Bad ist;
– in welchem Stockwerk Sie wohnen;
– wohin die Fenster Ihres Zimmers gehen;
– wieviel das Zimmer kostet;
– von wem Sie den Zimmerschlüssel bekommen;
– ob das Zimmer Telefon, Radio und Fernsehen hat;
– ob das Hotel über einen Frisiersalon verfügt.

**12.a** Lesen Sie still:

У дежу́рной по этажу́.
– Скажи́те, пожа́луйста, где но́мер 9 – 48?
– Пожа́луйста спра́ва по коридо́ру тре́тья ко́мната от ли́фта. Вот вам ключ.
– Спаси́бо. А где я бу́ду за́втракать и у́жинать?
– В буфе́те и́ли рестора́не. У нас на ка́ждом этаже́ есть буфе́т, а на второ́м этаже́ не́сколько за́лов рестора́на.
– Когда́ рабо́тает буфе́т?

– Начина́ет рабо́тать в 7 часо́в утра́ и конча́ет в 9 ве́чера. Вы мо́жете, коне́чно, заказа́ть у́жин и за́втрак по телефо́ну.
– Спаси́бо!

У кио́ска.
– Скажи́те, пожа́луйста, у вас есть но́вые журна́лы?
– Каки́е журна́лы вас интересу́ют? У нас есть газе́ты и журна́лы на ра́зных языка́х.
– Да́йте, пожа́луйста, журна́л „Сове́тский Сою́з". Мне он о́чень нра́вится.
– На како́м языке́?
– На ру́сском и на неме́цком. Я возьму́ оди́н журна́л для своего́ дру́га из Берли́на, а он ещё пло́хо понима́ет по-ру́сски.
– Пожа́луйста.
– А у вас есть и газе́ты из ГДР и́ли ФРГ и́ли А́встрии?
– Есть.
– Да́йте мне, пожа́луйста, вот э́ти газе́ты. Ско́лько с меня́ за всё?
– С вас 70 копе́ек за журна́л и газе́ты.
– Вот де́ньги.
– Спаси́бо.

**12.b** Lesen Sie vorstehende Dialoge laut!

**13.** Lesen Sie folgenden Dialog still! Erschließen Sie dabei die Bedeutung der neuen Wörter aus dem Sinnzusammenhang und – soweit erforderlich – mit Hilfe des alphabetischen Wörterverzeichnisses:

– **До́брый** день!
– Здра́вствуйте! А, вы **опя́ть** к нам в Москву́.
– Да, я **прие́хал** ещё **ра́но** у́тром.
– Вы здесь бу́дете отдыха́ть?
– Нет, на э́тот раз бу́ду рабо́тать в Москве́.
– А что вы бу́дете де́лать в свобо́дное **вре́мя**?
– Хочу́ **уви́деться** с до́брыми знако́мыми.
– Вы уже́ **познако́мились** с но́вым теа́тром на́шего го́рода?

– Нет, но **ду́маю**, что мои́ знако́мые уже́ купи́ли мне биле́ты на интере́сные спекта́кли. А где нахо́дится э́тот теа́тр?
– **Недалеко́** от на́шей гости́ницы на у́лице Пу́шкина.

**14.a** Übersetzen Sie:

до́брый день, до́брый ве́чер, до́брое у́тро; опя́ть прие́хать в Москву́, прие́хать домо́й; ра́но у́тром, встава́ть ра́но; свобо́дное вре́мя, ма́ло вре́мени; уви́деть ста́нцию метро́, уви́деться со знако́мыми; знако́миться с го́родом, познако́миться с но́выми това́рищами; ду́мать о Москве́, ду́мать о роди́телях; недалеко́ от це́нтра, недалеко́ от гости́ницы, далеко́ от го́рода, далеко́ от ста́нции метро́.

**14.b** Lesen Sie vorstehende Wortverbindungen laut!

**15.** Ersetzen Sie die jeweils unterstrichenen Wörter nacheinander durch die in Klammern angegebenen:

1. Он прие́хал в Берли́н. (Москва́, столи́ца, гости́ница) 2. Я уви́дел отца́. (брат, сестра́, хоро́шая знако́мая, ста́рые друзья́, подру́га) 3. Мы хоти́м познако́миться с Москво́й. (Сове́тский Сою́з, А́встрия, Швейца́рия) 4. В свобо́дное вре́мя я знако́мился с го́родом. (Парк культу́ры, но́вая библиоте́ка, Москва́ ва́ша столи́ца) 5. Мы ча́сто ду́маем о Москве́. (Сове́тский Сою́з, о́тпуск на Чёрном мо́ре, Большо́й теа́тр) 6. Остано́вка нахо́дится далеко́ от гости́ницы? (по́чта, парикма́херская, па́мятник Пу́шкину, музе́й, библиоте́ка) 7. Лифт нахо́дится недалеко́ от вестибю́ля. (буфе́т, рестора́н, кио́ск, администра́тор)

**16.** Sagen Sie – unter Verwendung von ста́рая знако́мая, хоро́шие друзья́, на́ши дороги́е го́сти, наш экскурсово́д, э́ти сове́тские това́рищи –, wen Sie gesehen haben.

Muster: Я уви́дел(а) подру́гу.

**17.** Prägen Sie sich folgende Wörter, Wortverbindungen und Sätze ein:

| | |
|---|---|
| до́брый | gut |
| до́брый день, до́брый ве́чер, до́брое у́тро, до́брые друзья́ | |
| Бу́дьте добры́ … | Seien Sie so gut … |
| опя́ть | wieder |
| прие́хать | ankommen, eintreffen, angefahren kommen |
| Я прие́ду за́втра. | Ich werde morgen eintreffen. |
| Когда́ ты прие́дешь? Вы опя́ть прие́хали? Он прие́хал в Москву́. | |
| ра́но | früh |
| ра́но у́тром, встава́ть ра́но | |
| вре́мя | Zeit |
| свобо́дное вре́мя, ма́ло вре́мени. | |
| У меня́ нет вре́мени. | |
| уви́деть | sehen |
| Я уви́жу вас за́втра. | Ich werde Sie morgen sehen. |
| знако́миться/познако́миться | sich bekannt machen, Bekanntschaft schließen |
| Вы уже́ познако́мились с э́тим това́рищем? | |
| ду́мать | denken, glauben, annehmen |
| Я ду́маю о Москве́. Как вы ду́маете? | |
| (не)далеко́ от | (un)weit von, fern von |
| недалеко́ от гости́ницы, далеко́ от го́рода | |

**18.a** Reflexive Verben werden gebildet, indem (nach Konsonanten) -ся und (nach Vokalen) -сь angefügt werden.

**18.b** Übersetzen Sie:

1. Я хочу́ встре́титься с экскурсово́дом. 2. Когда́ мы уви́димся?

3. Вы уже́ гото́витесь к но́вой рабо́те? 4. Где нахо́дится лифт? 5. Я интересу́юсь му́зыкой. 6. Где вы познако́мились с э́тими това́рищами?

**19.** Sagen Sie, womit Sie sich in Ihrer Freizeit bekanntmachen! Verwenden Sie dabei но́вые фи́льмы, кни́ги из Сове́тского Сою́за, теа́тры столи́цы, но́вые кни́ги, интере́сные спекта́кли!

Muster: В свобо́дное вре́мя я знако́млюсь со столи́цей Сове́тского Сою́за.

**20.** Sagen Sie, wofür Sie sich interessieren. Verwenden Sie dabei бале́т, о́пера, хоро́шие конце́рты, но́вые спекта́кли, кни́ги из Сове́тского Сою́за, журна́лы из ГДР, газе́ты из ФРГ, кни́ги из А́встрии.

Muster: Я интересу́юсь му́зыкой.

**21.** Sagen Sie, worauf Sie sich vorbereiten. Verwenden Sie dabei о́тпуск в ГДР, рабо́та, конце́рт, спекта́кль, у́жин, за́втрак.

Muster: Мы гото́вимся к обе́ду.

**22.** Beantworten Sie folgende Fragen:

1. Когда́ вы встре́тились с экскурсово́дом? 2. С кем вы встре́титесь в воскресе́нье? 3. Вы гото́витесь к о́тпуску? 4. Когда́ вы увидитесь с роди́телями? 5. Где нахо́дится ва́ша кварти́ра? 6. Чем вы интересу́етесь? 7. Вы уже́ познако́мились с но́выми фи́льмами? 8. Вы хоти́те познако́миться с Москво́й?

**23.** Übersetzen Sie:

По телефо́ну.

– Алло́! Оле́г, здра́вствуй! Ты зна́ешь, кто с тобо́й говори́т?
– И́горь! Ты? Когда́ ты прие́хал? Я ду́мал, что ты прие́дешь в понеде́льник. Хоте́л тебя́ встре́тить.
– Сего́дня, ра́но у́тром.
– А где ты живёшь?
– В гости́нице „Москва́“, на девя́том этаже́.
– Э́то недалеко́ от меня́. А как но́мер? Хоро́ший?

– О́чень! Све́тлый, с совреме́нной ме́белью. Уви́димся ве́чером?
– С удово́льствием! Прие́дешь к нам?
– Зна́ешь что? Встре́тимся в вестибю́ле гости́ницы, у администра́тора: я пло́хо зна́ю Москву́. Ска́жем в 7 часо́в ве́чера.
– Хорошо́! Ну, до ве́чера!

У ка́ссы.

– Скажи́те, пожа́луйста, ско́лько с меня́ за но́мер?
– В како́м но́мере вы живёте?
– 9–48.
– Вы прие́хали в воскресе́нье? Зна́чит, за 7 дней. Пожа́луйста, 21 рубль.
– А за телеви́зор, телефо́н и ра́дио?
– Вы разгова́ривали по телефо́ну с други́ми города́ми? У меня́ об э́том ничего́ нет.
– Нет. То́лько с друзья́ми в Москве́.
– В Сове́тском Сою́зе не пла́тят в гости́ницах за телеви́зор, телефо́н и ра́дио. Мо́жете разгова́ривать по телефо́ну, ско́лько хоти́те. Смотре́ть телеви́зор то́же.
– О́чень хорошо́! Пожа́луйста, вот де́ньги. А где я могу́ заказа́ть биле́т?
– Каки́е биле́ты вас интересу́ют? На по́езд? В теа́тр? На конце́рт?
– И на по́езд и в теа́тр.
– Биле́ты в теа́тр зака́зывают в вестибю́ле у администра́тора, а биле́ты на по́езд у меня́. На како́й по́езд вы хоти́те?
– На по́езд Москва́–Берли́н.
– На Берли́н есть не́сколько поездо́в. Когда́ вы хоти́те е́хать? Днём и́ли ве́чером? Ве́чером по́езд отхо́дит в 19 часо́в.
– Лу́чше ве́чером. Два ме́ста, пожа́луйста. В э́том по́езде есть и ваго́н-рестора́н?
– Да. А у проводника́ вы полу́чите чай, кака́о, хлеб, сыр. У́тром мо́жете за́втракать и на вокза́ле в Бре́сте. С вас 26 рубле́й. Биле́ты бу́дут в 5 часо́в ве́чера.
– Спаси́бо.

**24.** Fragen Sie russisch,
– wieviel Ihr Hotelzimmer kostet;
– wieviel Sie für Telefongespräche bezahlen müssen;
– wo Sie Fahrkarten für den Zug nach Leningrad bestellen können;
– wann Züge nach Leningrad abfahren;
– wo Sie Theaterkarten bestellen können.

**25.** Beantworten Sie folgende Fragen an der Hotelkasse:

1. В како́м но́мере вы живёте? 2. Ско́лько дней вы у нас жи́ли? 3. Вы разгова́ривали по телефо́ну с други́ми города́ми? 4. С каки́м го́родом вы говори́ли? 5. На како́й по́езд вы хоти́те заказа́ть биле́ты? 6. Ско́лько биле́тов?

**26.a** Bezieht sich ein Possessivpronomen auf das Subjekt des betreffenden Satzes, so werden „mein, dein, sein, ihr, unser, euer, ihr" in der Regel mit den entsprechenden Formen von свой wiedergegeben.

**26.b** Übersetzen Sie:

1. Ви́ктор разгова́ривает со свои́м бра́том. 2. Лари́са нахо́дится в своём но́мере. 3. Где вы встре́титесь со свои́ми знако́мыми? 4. Он ча́сто ду́мает о свои́х роди́телях. 5. Когда́ вы уви́дитесь со свое́й сестро́й? 6. Мы бы́ли со свои́м отцо́м в Москве́. 7. Он даёт мне ключ от своего́ но́мера. 8. Она́ живёт со свои́м бра́том в но́вой кварти́ре. 9. Вы прие́хали оди́н и́ли со свое́й семьёй?

**26.c** Свой wird wie мой und твой dekliniert.

**26.d** Setzen Sie die erforderlichen Formen von свой ein:

1. Когда́ ты встре́тишься со … дру́гом? 2. Где вы уви́дитесь со … подру́гой? 3. У кого́ он получи́л ключ от … но́мера. 4. Вчера́ мы познако́мились с ... но́вым экскурсово́дом 5. Он ча́сто расска́зывает о ... рабо́те. 6. Они́ купи́ли … маши́ну в э́том году́. 7. Я покупа́ю … костю́мы и пла́тья в но́вом универма́ге. 8. Она́ пока́зывала нам … но́вую кварти́ру.

**27.** Fügen Sie das jeweils erforderliche Personalpronomen ein! Unterscheiden Sie dabei – je nach dem Sinnzusammenhang – zwischen его́, её, их und свой:

Ви́ктор и Ва́ля живу́т в Москве́. ... кварти́ра нахо́дится в но́вом до́ме. Ви́ктор ча́сто расска́зывает о ... но́вой кварти́ре. ... кварти́ра мне о́чень нра́вится. Вчера́ мы бы́ли в гостя́х у ... знако́мых. Ви́ктор пока́зывал нам ... кварти́ру. ... оте́ц рабо́тает в гости́нице администра́тором. Он лю́бит ... рабо́ту.

**28.a** Übersetzen Sie:

По телефо́ну.

– Алло́! Э́то буфе́т? Здра́вствуйте! Принеси́те, пожа́луйста, мне за́втрак в но́мер.
– Здра́вствуйте! Вы опя́ть о́чень ра́но. Мы начина́ем рабо́тать в 7 часо́в утра́. Ещё 15 мину́т.
– Но у меня́ нет вре́мени.
– Ну, хорошо́. Что вы хоти́те на за́втрак?
– А что у вас есть?
– Икра́, колбаса́, сыр, ма́сло, ры́ба, мя́со. У нас хоро́шая ку́хня.
– Пожа́луйста, колбасу́, сыр и ма́сло.
– И всё? А чай и́ли молоко́. Хоти́те фру́кты?
– Лу́чше два стака́на ча́я.
– И хлеб, коне́чно? В како́м но́мере вы живёте, това́рищ?
– В 9-48.
– Хорошо́, я иду́ к вам.

**28.b** Lesen Sie vorstehenden Dialog laut!

**29.** Lesen Sie still:

Се́рвис.

– Това́рищ администра́тор, где здесь парикма́херская?
– Дежу́рная не сказа́ла вам? Ви́дите ко́мнату там, спра́ва? Э́то на́ша парикма́херская, а по коридо́ру сле́ва – по́чта.
– А где я могу́ заказа́ть биле́ты в теа́тр?
– У меня́. В како́й теа́тр вы хоти́те?
– В Большо́й.

– Что вас интересу́ет: бале́т и́ли о́пера?
– Я люблю́ бале́т.
– У меня́ есть два биле́та в Большо́й теа́тр на за́втра, на у́тро.
– На у́тро? А что там идёт?
– Сове́тский бале́т „Спарта́к“.
– Не зна́ю, что де́лать. У́тром ...
– Ну и что? Э́то прекра́сный бале́т! И места́ хоро́шие: второ́й ряд. На́ши го́сти всегда́ интересу́ются э́тим бале́том.
– Хорошо́, я возьму́ биле́ты.
– С вас 6 рубле́й.
– Пожа́луйста. А на сего́дня есть биле́ты в кино́?
– Мину́ту. На како́й фильм?
– Я ви́дел недалеко́ от гости́ницы кинотеа́тр. Там идёт но́вый неме́цкий фильм.
– На како́й сеа́нс вы хоти́те?
– На 21 час.
– Хорошо́, я закажу́ для вас биле́ты в кинотеа́тр „Метропо́ль“. Э́то кинотеа́тр при гости́нице. А свои́ биле́ты полу́чите там в ка́ссе пе́ред сеа́нсом.
– Спаси́бо. И ещё, прости́те, где я могу́ купи́ть пальто́ для сестры́.
– Това́рищ, вы живёте в це́нтре столи́цы. Здесь о́чень мно́го магази́нов. Ря́дом с на́ми два лу́чших универма́га: оди́н на Кра́сной пло́щади, а друго́й – спра́ва от гости́ницы, на углу́. Там есть всё, что хоти́те.
– Большо́е спаси́бо.

**30.** Erkundigen Sie sich beim Hotelservice
– nach dem Frisiersalon;
– nach der Hotelpost;
– nach Eintrittskarten für das Theater (die Oper, das Ballett);
– nach Kinokarten;
– nach Einkaufsmöglichkeiten für Zeitungen und Zeitschriften (Bekleidung);
– nach den Öffnungszeiten des Hotelrestaurants (des Erfrischungsraumes).

**31.** Beantworten Sie folgende Fragen:

1. У вас есть свобо́дное вре́мя? 2. Что вы де́лаете в свобо́дное вре́мя? 3. Вы лю́бите ходи́ть в теа́тры? 4. Где в ва́шем го́роде нахо́дятся теа́тры? 5. В ва́шем го́роде есть но́вая гости́ница? 6. Где она́ нахо́дится? 7. Что есть при э́той гости́нице? 8. Где вы рабо́таете? 9. Чем вы интересу́етесь в свобо́дное вре́мя?

Ю́мор

Кто здесь говори́т на ра́зных языка́х?

Оди́н тури́ст был в ма́леньком го́роде, недалеко́ от Ло́ндона. На дверя́х (1) гости́ницы он ви́дит на́дпись. (2) „Здесь говоря́т на всех языка́х". Он вхо́дит в гости́ницу и спра́шивает по-неме́цки": „У вас есть свобо́дный но́мер?" Хозя́ин (3) гости́ницы не понима́ет его́ и не отвеча́ет. Тури́ст спра́шивает по-ру́сски: „Могу́ я получи́ть но́мер?" Хозя́ин (3) опя́ть не отвеча́ет. Пото́м он спра́шивает по-англи́йски: (4) „Прости́те, кто здесь говори́т на всех языка́х?" Хозя́ин (3) отвеча́ет: „Тури́сты, коне́чно!"

(1) дверь – Tür (2) на́дпись – Aufschrift
(3) хозя́ин – Wirt (4) по-англи́йски – englisch

## Пятна́дцатый уро́к 15

**1.** Lesen Sie still! Erschließen Sie dabei die Bedeutung der neuen Wörter aus dem Sinnzusammenhang und – soweit erforderlich – mit Hilfe des alphabetischen Wörterverzeichnisses:

По вечера́м Татья́на и Михаи́л **иногда́** хо́дят в рестора́н. Осо́бенно им нра́вится но́вый рестора́н „Арба́т" на проспе́кте Кали́нина. Здесь прекра́сная ку́хня, гото́вят о́чень **вку́сно**, рабо́тают хоро́шие **официа́нты** и официа́нтки. В рестора́не большо́й вы́бор **заку́сок** и **вин**. На столе́ лежи́т **меню́**. Андре́й чита́ет меню́. Прихо́дит **официа́нт**. Из заку́сок он **предлага́ет** ры́бу, икру́ и́ли **сала́т**. На пéрвое Андрéй закáзывает однý **пóрцию солянки** и оди́н **борщ**. А на вторóе: оди́н **шашлы́к** и **пельмéни** для Татья́ны. Они́ **пьют пи́во** и **минерáльную вóду**. Пóсле у́жина они́ закáзывают буты́лку **шампáнского**. А потóм они́ бу́дут пить **кóфе**.

**2.a** Übersetzen Sie:

вку́сный зáвтрак, вку́сные блю́да, готóвить вку́сно; нóвый официáнт, рабóтать официáнтом, молодáя официáнтка; вку́сная закýска, взять на закýску; бéлое винó, крáсные ви́на, буты́лка винá; хорóшее меню́; предлагáть на пéрвое, предлагáть нóвую рабóту: заказáть салáт; однá пóрция, две пóрции салáта; вку́сная соля́нка; вку́сный борщ, два борщá; хорóший шашлы́к; вку́сные пельмéни, тарéлка пельмéней; пить молокó, вы́пить стакáн воды́; минерáльная водá, буты́лка минерáльной воды́; немéцкое пи́во, буты́лка пи́ва; Совéтское шампáнское, буты́лка шампáнского; чёрный кóфе, два кóфе. Иногдá он хóдит в рестáран. Онá иногдá прихóдит к нам в гóсти.

**2.b** Lesen Sie vorstehende Wortverbindungen und Sätze laut!

**3.** Ersetzen Sie die jeweils unterstrichenen Wörter nacheinander durch die in Klammern angegebenen:

1. Принеси́те, пожáлуйста, буты́лку шампáнского. (крáсное винó, бéлое винó, минерáльная водá, молокó, немéцкое пи́во) 2. Из закýсок я возьмý чёрную икрý (ры́ба, салáт, сыр с мáслом, колбасá) 3. На пéрвое я иногдá закáзываю соля́нку. (борщ, борщ с мя́сом) 4. На вторóе я предлагáю взять шашлы́к. (пельмéни, э́то блю́до) 5. Шашлы́к мне óчень нрáвится. (борщ, соля́нка, салáт) 6. Пóсле у́жина мы бу́дем пить шампáнское. (бéлое винó, немéцкое пи́во, крáсное винó, минерáльная водá) 7. Э́то óчень вку́сная ры́ба. (икрá, соля́нка, колбасá, минерáльная водá) 8. Принеси́те две пóрции шашлыкá. (соля́нка, борщ, пельмéни, салáт)

**4.** Beantworten Sie folgende Fragen:

1. Вы лю́бите ру́сские блю́да? 2. Что вы возьмёте из заку́сок: икру́, ры́бу и́ли сала́т? 3. Что вы предлага́ете на пе́рвое: соля́нку и́ли борщ? 4. Что вы возьмёте на второ́е: шашлы́к и́ли пельме́ни? 5. Что вы бу́дете пить по́сле у́жина: кра́сное и́ли бе́лое вино́ и́ли шампа́нское? 6. Что вы возьмёте на у́жин: пи́во и́ли минера́льную во́ду?

**5.** Sagen Sie, daß Sie sich für die Bestellung eines bestimmten Getränkes entschlossen haben. Verwenden Sie dabei буты́лка шампа́нского, стака́н ча́я, буты́лка бе́лого вина́, стака́н молока́, буты́лка минера́льной воды́!

Muster: Я возьму́ буты́лку кра́сного вина́.

**6.** Fordern Sie – unter Verwendung des Sprachmaterials aus Übung 5 – den Kellner auf, Ihnen ein bestimmtes Getränk zu bringen!

Muster: Принеси́те, пожа́луйста, буты́лку кра́сного вина́.

**7.** Prägen Sie sich folgende Wörter, Wortverbindungen und Sätze ein:

| | |
|---|---|
| иногда́ | manchmal, bisweilen |
| Иногда́ мы у́жинаем в рестора́не. | |
| вку́сный | schmackhaft, wohlschmeckend |
| вку́сный хлеб, вку́сная ры́ба, вку́сное блю́до. Здесь гото́вят о́чень вку́сно. | |
| официа́нт(ка) | Kellner(in) |
| но́вый официа́нт, рабо́тать официа́нтом, молода́я официа́нтка | |
| заку́ска | Vorspeise, Vorgericht |
| вку́сная заку́ска | |

| | |
|---|---|
| вино́ | Wein |
| бе́лое вино́, буты́лка кра́сного вина́, хоро́шие ви́на | |
| предлага́ть/ предложи́ть | vorschlagen |
| Я предлага́ю взять икру́. Что вы предлага́ете на пе́рвое? | |
| сала́т | Salat |
| по́рция | Portion |
| одна́ по́рция сала́та, две по́рции икры́ | |
| меню́ (unveränderlich) | Speisekarte |
| Принеси́те меню́. | |
| соля́нка | Soljanka |
| борщ | Borstsch |
| два борща́ | |
| шашлы́к | Schaschlyk |
| три шашлыка́ | |
| пельме́ни | Pelmeni, Quarktaschen |
| вку́сные пельме́ни, таре́лка пельме́ней | |
| пить/ вы́пить | trinken |
| Я пью молоко́. А что ты пьёшь? За что вы предлага́ете вы́пить? Мы вы́пьем за госте́й. | |
| пи́во | Bier |
| неме́цкое пи́во, буты́лка пи́ва | |
| (минера́льная) вода́ | (Mineral-)Wasser |
| стака́н минера́льной воды́ | |
| шампа́нское | Sekt, Champagner |
| Сове́тское шампа́нское, буты́лка шампа́нского | |
| ко́фе (unveränderlich) | Kaffee |
| чёрный ко́фе, два ра́за ко́фе | |

**8.a** Übersetzen Sie:

В рестора́н!

– Вы уже́ обе́дали? Идёте в столо́вую?
– Нет, сего́дня я обе́даю в рестора́не.
– Я то́же иду́ в рестора́н.
– А в како́й?
– Ду́маю, в рестора́н „Москва́". Там хоро́шая ку́хня и он недалеко́. Я иногда́ там и у́жинаю.
– Да, там о́чень вку́сно гото́вят и всегда́ большо́й вы́бор ра́зных заку́сок и вин.
– Ну, идём?
– С удово́льствием.

Где свобо́дные места́?

– Скажи́те, бу́дьте добры́, э́то свобо́дный стол?
– Да, пожа́луйста. Вы оди́н?
– Нет, я с подру́гой. Вот она́ идёт. Да́йте, пожа́луйста, меню́.
– Пожа́луйста, возьми́те!
– Та́ня, тебе́ нра́вятся э́ти места́?
– Коне́чно, здесь удо́бно.
– Не хо́чешь сиде́ть у окна́?
– Нет, спаси́бо, здесь лу́чше.

**8.b** Lesen Sie vorstehende Dialoge laut!

**9.** Sagen Sie, daß etwas (sehr) gut schmeckt! Verwenden Sie dabei борщ, пельме́ни, ры́ба, мя́со, шашлы́к, сала́т, икра́, фру́кты, заку́ска.

Muster: Э́та соля́нка (о́чень) вку́сная.

**10.** Sagen Sie, was Sie als Vorspeise essen! Verwenden Sie dabei сала́т из фру́ктов, хлеб с колбасо́й, кра́сная икра́, сыр с ма́слом, чёрная икра́, ры́ба.

Muster: Из заку́сок я возьму́ сала́т.

**11.** Schlagen Sie jemandem etwas für den ersten oder zweiten Gang vor. Verwenden Sie dabei шашлы́к, борщ, пельме́ни, соля́нка.

Muster: На пе́рвое я предлага́ю борщ с мя́сом.

**12.** Vervollständigen Sie folgende Sätze! Suchen Sie jeweils mehrere Lösungen!

1. Гость зака́зывает ... 2. По́сле обе́да мы пьём ... 3. Това́рищ официа́нт, принеси́те, пожа́луйста, ... 4. В э́том рестора́не большо́й вы́бор ... 5. Что вы предлага́ете взять на ...? 6. Вы́пьем за ...

**13.** Prägen Sie sich die Konjugation des Verbs есть (= essen) ein:

| | | |
|---|---|---|
| я ем | | мы еди́м |
| ты ешь | | вы еди́те |
| он/она́ ест | | они́ едя́т |
| он ел | – она́ е́ла | – они́ е́ли |

**14.** Fügen Sie die jeweils erforderliche Präsensform von есть ein:

1. Что ты ... на обе́д? 2. Иногда́ я ... ру́сские блю́да. 3. Из заку́сок мы ... сала́т. 4. На пе́рвое мы ... соля́нку. 5. Что вы ... на второ́е? 6. С понеде́льника до суббо́ты рабо́чие ... в столо́вой заво́да. 7. Мой брат ча́сто ... пельме́ни.

**15.** Beantworten Sie folgende Fragen:

1. Что вы еди́те на у́жин? 2. Вы иногда́ еди́те ру́сские блю́да? 3. Что вы еди́те на за́втрак? 4. Вы ча́сто е́ли в рестора́не соля́нку и́ли борщ? 5. Что ест ва́ша семья́ на за́втрак? 6. По воскресе́ньям вы еди́те до́ма?

**16.a** Übersetzen Sie:

В рестора́не.

– Здра́вствуйте! Что вы бу́дете зака́зывать?
– Здра́вствуйте! Мы тури́сты. Нас интересу́ет ру́сская ку́хня.
– Пожа́луйста! У нас большо́й вы́бор блюд.
– Ну, а что вы предлага́ете?
– Из заку́сок: ры́бу или икру́.
– А сала́т есть?
– Есть ра́зные сала́ты. Из них лу́чший „Москва́“.
– А на пе́рвое?

– На пéрвое? Вы лю́бите соля́нку и́ли борщ с мя́сом?
– Лу́чше соля́нку. А на второ́е пельмéни с мáслом?
– К сожалéнию, пельмéней сего́дня нет. А шашлы́к не хоти́те? У нас его́ вку́сно гото́вят.
– Хорошо́! Пожáлуйста, принеси́те оди́н салáт „Москвá“, одну́ по́рцию чёрной икры́, две соля́нки и два шашлыкá.
– А что вы бу́дете пить?
– Буты́лку шампáнского и буты́лку минерáльной воды́.
– Всё?
– Да, товáрищ официáнт, ещё два рáза ко́фе. Но э́то пото́м!

**16.b** Lesen Sie vorstehenden Dialog laut!

**17.** Sagen Sie russisch,
– was Sie gern essen;
– was Sie gern trinken;
– ob Ihnen die russische Küche gefällt;
– was Sie als Vorspeise (als ersten und zweiten Gang) bestellen wollen;
– ob es Ihnen schmeckt!

**18.a** Prägen Sie sich folgende Grundzahlwörter ein:

| | |
|---|---|
| 50 пятьдеся́т | 500 пятьсо́т |
| 60 шестьдеся́т | 600 шестьсо́т |
| 70 сéмьдесят | 700 семьсо́т |
| 80 во́семьдесят | 800 восемьсо́т |
| 90 девяно́сто | 900 девятьсо́т |
| 100 сто | 1000 ты́сяча |
| 200 двéсти | Million миллио́н |
| 300 три́ста | Milliarde миллиáрд |
| 400 четы́реста | |

**18.b** Lesen Sie folgende Zahlen russisch:

57, 83, 98, 120, 245, 571, 867, 1400, 1972, 2500.

**19.** Ersetzen Sie die Zahlen durch die jeweils in Klammern stehenden und lesen Sie die so gebildeten Sätze laut!

1. В э́том университéте 800 студéнтов. (950, 1750, 3500,

6400) 2. В на́шем райо́не 4300 жи́телей. (7600, 9700, 12000) 3. На заво́де рабо́тают 700 рабо́чих. (420, 330, 580, 2000) 3. В го́роде два миллио́на жи́телей. (3 милл., 4 милл., 8 милл.) 5. Э́тому го́роду 400 лет. (550, 620, 710)

**20.** Lesen Sie still! Erschließen Sie dabei die Bedeutung der neuen Wörter aus dem Sinnzusammenhang und – soweit erforderlich – mit Hilfe des alphabetischen Wörterverzeichnisses:

– Что ты хо́чешь ещё заказа́ть?
– **Мо́жет быть**, мы ещё возьмём **моро́женое**?
– Прекра́сно! Това́рищ официа́нт, принеси́те, пожа́луйста, две по́рции моро́женого и ещё четы́реста **грамм** бе́лого вина́.
– Пожа́луйста!
– Мы ещё **до́лго** бу́дем здесь?
– Нет, лу́чше недо́лго. **За́втра** я ра́но начина́ю рабо́тать.
– Пожа́луйста, ва́ше моро́женое, два ра́за. **Прия́тного аппети́та**!
– Спаси́бо. Тогда́ да́йте нам **счёт**.
– Пожа́луйста, мину́ту!

**21.a** Übersetzen Sie:

мо́жет быть, за́втра; вку́сное моро́женое, по́рция моро́женого; три гра́мма, сто грамм, пятьсо́т грамм бе́лого вина́; до́лго рабо́тать, до́лго сиде́ть в рестора́не; прия́тный ве́чер, прия́тная му́зыка, прия́тного аппети́та. Принеси́те, пожа́луйста, счёт. Вот вам счёт. Тогда́ мы зака́жем ещё вина́?

**21.b** Lesen Sie vorstehende Wortverbindungen und Sätze laut!

**22.** Ersetzen Sie die jeweils unterstrichenen Wörter nacheinander durch die in Klammern angegebenen:
1. Вы до́лго разгова́ривали? (рабо́тать, сиде́ть в рестора́не, быть в о́тпуске, жить в гости́нице) 2. Принеси́те, пожа́луйста, 400 грамм фру́ктов. (моро́женое, шампа́нское, бе́лое вино́) 3. У него́ хоро́ший аппети́т. (плохо́й, прекра́сный)

**23.** Verbinden Sie die Adjektive mit den in Klammern angegebenen Substantiven:

прия́тный (ве́чер, му́зыка, рестора́н, вино́);
вку́сный (у́жин, соля́нка, моро́женое, блю́да, борщ, сала́т).

**24.** Prägen Sie sich folgende Wörter, Wortverbindungen und Sätze ein:

| | |
|---|---|
| мо́жет быть | vielleicht, kann sein |
| Мо́жет быть, он прие́дет за́втра. Э́того не мо́жет быть. | |
| есть / съесть | essen |
| С удово́льствием съем моро́женое. | Gern werde ich Eis essen. |
| моро́женое | (Speise-)Eis |
| вку́сное моро́женое, одна́ по́рция моро́женого | |
| гра́мм | Gramm |
| три гра́мма, сто грамм, три́ста грамм вина́ | |
| до́лго | lange |
| прия́тный | angenehm |
| прия́тный ве́чер, прия́тная му́зыка | |
| аппети́т | Appetit |
| У него́ хоро́ший аппети́т. Прия́тного аппети́та. | |
| тогда́ | dann, darauf |
| счёт | Rechnung; Ergebnis (eines Wettkampfes) |

**25.** Übersetzen Sie:

За что вы́пить?

– Ири́на, за что мы вы́пьем?
– За на́шего сы́на, коне́чно! Ему́ сего́дня 5 лет! За Оле́га!
– Тебе́ здесь нра́вится?
– О́чень! Прия́тного аппети́та!

– Вку́сно гото́вят? Шашлы́к прекра́сный!
– Да, и ры́ба то́же хоро́шая. А ты заказа́л моро́женое?
– Нет, я лу́чше вы́пью ещё вина́. А ты?
– С удово́льствием съем моро́женое. Сего́дня здесь игра́ет му́зыка?
– Как всегда́. Но ещё ра́но.
Я ду́маю, в 7 часо́в ве́чера бу́дет му́зыка.
– Па́вел, скажи́, пожа́луйста, официа́нту о фру́ктах. Вот он идёт.
– Но, к сожале́нию, я не ви́жу фру́ктов в меню́. Я уже́ интересова́лся э́тим. –
– Ну, ничего́. А здесь прия́тный рестора́н! Совреме́нный, све́тлый! И ку́хня прекра́сная!
О́чень удо́бно, что в меню́ все блю́да на ру́сском и неме́цком языка́х. Я расска́зывал об э́том своему́ дру́гу из Мю́нхена.
– А он что?
– Он спра́шивал о ру́сской ку́хне: что у нас едя́т на пе́рвое, на второ́е, на тре́тье и каки́е заку́ски я люблю́.
– Ты был с ним в рестора́не в Мю́нхене?
– Да, мы ходи́ли в рестора́н. Это был хоро́ший ве́чер. Ну, а тепе́рь вы́пьем за нас!

**26.a** Lesen Sie still!

Счёт, пожа́луйста!

– Да́йте, пожа́луйста, счёт!
– Вы зака́зывали две по́рции кра́сной икры́, соля́нку, борщ, пельме́ни, шашлы́к, две буты́лки пи́ва, ко́фе и моро́женое?
– И ещё буты́лку вина́ и фру́кты.
– Да, да. С вас 5 рубле́й 84 копе́йки.
– Полу́чите, пожа́луйста.
– Спаси́бо. До свида́ния!
– До свида́ния!

**26.b** Lesen Sie vorstehenden Dialog laut!

**27.** Fragen Sie den Kellner,
- nach einem freien Tisch;
- nach der Speisekarte;
- was er Ihnen als Vorspeise vorschlägt;
- was er Ihnen zu trinken vorschlägt;
- ob es Eis und Obst gibt;
- nach der Rechnung!

**28.** Bestellen Sie beim Kellner für zwei Personen Salat, Soljanka, Schaschlyk, Eis, eine Flasche Sekt und Obst!

**29.a** Lesen Sie die Speisekarte still!

| | | | |
|---|---|---|---|
| Блю́да | | | |
| Заку́ски | | | |
| Ма́сло | 0–08 | Сала́т „Москва́“ | 1–10 |
| Сарди́ны | 0–45 | Сала́т „Спу́тник“ | 1–22 |
| Шпро́ты | 0–48 | | |
| Колбаса́ | 0–25 | | |
| Су́пы | | | |
| Бульо́н | 0–25 | Борщ с мя́сом | 0–38 |
| Борщ украи́нский | 0–42 | Соля́нка | 0–38 |
| | | | |
| Горя́чие блю́да | | | |
| Шни́цель | 0–70 | Ромште́кс | 1–05 |
| Ростби́ф с гарниром | 0–82 | Котле́ты по ки́евски | 1–35 |
| Шашлы́к | 0–90 | Пельме́ни | 1–15 |
| | | | |
| Напи́тки | | | |
| Чай | 0–09 | Пи́во (буты́лка) | 0–52 |
| Ко́фе с молоко́м | 0–15 | Вино́ бе́лое (бут.) | 2–85 |
| Молоко́ | 0–07 | Вино́ кра́сное (бут.) | 2–92 |
| Кака́о | 0–22 | Шампа́нское (бут.) | 4–66 |
| | | | |
| Сла́дкие блю́да | | | |
| Компо́т | 0–18 | Моро́женое | 0–27 |
| Сала́т из фру́ктов | 0–39 | Конфе́ты | 0–55 |

**29.b** Stellen Sie mit Hilfe der Speisekarte ein Menü für 4 Personen (mit Vorspeise, erstem und zweitem Gang, Nachspeise und entsprechenden Getränken) zusammen!

**29.c** Bestellen Sie dieses Menü beim Kellner!

Ю́мор в Аме́рике

Два дру́га бы́ли в рестора́не.

— Ско́лько сто́ит хлеб? – спра́шивают они́ официа́нтку.
— Ничего́.
— А со́ус?
— То́же ничего́.
— Тогда́ да́йте нам хлеб с со́усом.

— Сего́дня у вас в рестора́не о́чень ма́ленькие по́рции. Вчера́ они́ бы́ли в два ра́за бо́льше (1).
— А где вы вчера́ сиде́ли?
— Там, у окна́.
— А, понима́ю. Мы всегда́ даём таки́е больши́е по́рции тем (2), кто сиди́т у окна́. Э́то рекла́ма.

(1) бо́льше – größer (2) тем – denen

## Шестна́дцатый уро́к 16

**1.** Lesen Sie still! Erschließen Sie dabei die Bedeutung der neuen Wörter mit Hilfe ähnlich klingender deutscher oder bereits bekannter russischer Wörter bzw. - soweit erforderlich – auch des alphabetischen Wörterverzeichnisses:

Ви́ктор идёт на по́чту. Он хо́чет дать **телегра́мму** и купи́ть **конве́рты**. В пе́рвом окне́ он покупа́ет конве́рты и **откры́тки с ви́дами** Москвы́. Э́ти откры́тки он хо́чет **посла́ть** свои́м друзья́м в ФРГ, в А́встрию и други́е **стра́ны**. Все откры́тки **за грани́цу** он посыла́ет **авиапо́чтой**. За ма́рки в **социалисти́ческие** стра́ны он пла́тит 4 копе́йки, а в **капиталисти́ческие** 27 копе́ек. А **сейча́с** он покупа́ет в пя́том окне́ ещё ра́зные **ма́рки**. Это бу́дет **пода́рок** для его́ сы́на.

**2.a** Übersetzen Sie:

дать дру́гу но́вый а́дрес, дать телегра́мму; купи́ть конве́рты, а́дрес на конве́рте; одна́ ма́рка, купи́ть ма́рки, не́сколько ма́рок, интересова́ться ма́рками; хоро́шая откры́тка; ра́зные откры́тки; прекра́сный вид на го́род, откры́тка с ви́дом, откры́тки с ви́дами Москвы́; посыла́ть телегра́мму, посла́ть откры́тки в ФРГ; хоро́шая страна́, други́е стра́ны; социалисти́ческий го́род, социалисти́ческая страна́, социалисти́ческие газе́ты; капиталисти́ческая страна́, тури́сты из капиталисти́ческих стран; жить за грани́цей, е́хать за грани́цу; посла́ть откры́тку авиапо́чтой; хоро́ший пода́рок, ра́зные пода́рки, получи́ть в пода́рок, дать ма́рки в пода́рок.

**2.b** Lesen Sie die vorstehenden Wortverbindungen laut!

**3.** Ersetzen Sie die jeweils unterstrichenen Wörter nacheinander durch die in Klammern angegebenen:

1. На по́чте он купи́л <u>конве́рты.</u> (ма́рка, откры́тка с ви́дом) 2. На по́чте я хочу́ <u>дать телегра́мму.</u> (купи́ть ра́зные ма́рки, купи́ть конве́рты, посла́ть откры́тки за грани́цу, купи́ть откры́тки с ви́дами) 3. Как вам нра́вятся э́ти откры́тки с ви́дами <u>Москвы́</u>? (Ки́ев, Ленингра́д, Чёрное мо́ре) 4. Э́ти <u>откры́тки</u> мы хоти́м посла́ть свои́м друзья́м за грани́цу. (ма́рки, откры́тки с ви́дами, пода́рки, телегра́ммы, конве́рты) 5. За грани́цей он жил в <u>ра́зных</u> стра́нах. (социалисти́ческий, капиталисти́ческий) 6. Вы <u>бы́ли</u> за грани́цей? (жить, рабо́тать, проводи́ть о́тпуск, отдыха́ть)

**4.** Sagen Sie, was Sie auf der Post machen wollen! Verwenden Sie dabei купи́ть ма́рки, дать телегра́мму, посла́ть откры́тки за грани́цу, купи́ть конве́рты!

Muster: На по́чте я хочу́ купи́ть откры́тки с ви́дами Москвы́.

**5.** Sagen Sie – unter Verwendung von роди́тели, оте́ц, брат, сестра́, друг, подру́га –, für wen Sie ein Geschenk gekauft haben!

Muster: Я купи́л(а) пода́рок для сы́на.

**6.** Prägen Sie sich die Futurformen von дать ein:

| | |
|---|---|
| я дам | мы дади́м |
| ты дашь | вы дади́те |
| он/она́ даст | они́ даду́т |

**7.** Fügen Sie die jeweils erforderliche Futurform von дать ein:

1. Я ... э́ту телегра́мму за́втра. 2. Когда́ вы ... мне а́дрес э́той семьи́? Мы ... его́ вам сего́дня ве́чером. 3. Кто ... телегра́ммы за грани́цу? Роди́тели ... их ещё сего́дня. 4. Ты ... друзья́м свой а́дрес?

**8.** Prägen Sie sich folgende Wörter, Wortverbindungen und Sätze ein:

| | |
|---|---|
| телегра́мма | Telegramm |
| дать телегра́мму, получи́ть телегра́мму | |
| конве́рт | (Brief-) Umschlag |
| ма́рка | (Brief-) Marke; Mark |
| Да́йте мне ра́зные ма́рки. | |
| Э́то сто́ит 20 ма́рок. | |
| откры́тка | (Post-) Karte |
| вид | Ansicht, Aussicht; Art |
| откры́тка с ви́дом | Ansichtskarte |
| откры́тки с ви́дами Москвы́, прекра́сный вид на Кра́сную пло́щадь; ра́зные ви́ды | |
| посыла́ть/посла́ть | schicken, senden |
| Я посыла́ю тебе́ откры́тку. | |
| Ты посыла́ешь её авиапо́чтой? | |

| | |
|---|---|
| Я вам зáвтра пошлю́ подáрок. | Ich werde Ihnen das Geschenk morgen schicken. |
| странá | Land |
| прекрáсная странá, éхать в другúе стрáны | |
| социалистúческий | sozialistisch |
| социалистúческая странá | |
| капиталистúческий | kapitalistisch |
| за гранúцей | im Ausland |
| за гранúцу | ins Ausland |
| из – за гранúцей | aus dem Ausland |
| рабóтать за гранúцей, éхать за гранúцу | |
| авиапóчта | Luftpost |
| посылáть откры́тки авиапóчтой | |
| сейчáс | jetzt, sogleich |
| подáрок | Geschenk |
| покупáть рáзные подáрки, | |

**9.a** Мóжно (= man kann) und нельзя́ (= man kann nicht; man darf nicht, man soll nicht) stehen zum Ausdruck der Möglichkeit (Unmöglichkeit) einer Handlung mit dem Infinitiv. Häufig drückt мóжно auch eine Erlaubnis, нельзя́ ein Verbot aus. Die Person, der etwas erlaubt (verboten usw.) wird, steht im Dativ.

**9.b** Übersetzen Sie:

1. Э́ту кнúгу мóжно купúть в магазúнах? 2. Где мóжно купúть рáзные мáрки? 3. В э́том окнé мóжно дать телегрáмму? 4. Э́тим автóбусом мóжно проéхать на вокзáл? 5. Вам нельзя́ вставáть. 6. Тебé ужé мóжно выходúть? 7. По э́той ýлице мóжно пройтú на пóчту? 8. Когдá мóжно получúть нáши билéты? 9. К сожалéнию, э́ти мáрки нельзя́ купúть сегóдня; пóчта не рабóтает.

**9.c** Lesen Sie still:

1. Здесь мóжно купи́ть откры́тки с ви́дами. 2. Тебé мóжно вставáть. 3. Врач сказáл, что вам мóжно встрéтиться со знакóмыми на слéдующей недéле. 4. Емý мóжно вы́пить ещё немнóго винá. 5. Тебé мóжно есть таки́е блю́да. 6. Э́тим трамвáем мóжно проéхать к пáрку культýры.

**9.d** Verneinen Sie die Sätze der Übung 9.c!

Beispiel: Здесь нельзя́ купи́ть откры́тки.

**10.** Beantworten Sie die folgenden Fragen bejahend und verneinend:

1. Здесь мóжно купи́ть билéты на пéрвый сеáнс? 2. Мóжно взять э́ту газéту? 3. Мóжно послáть откры́тки авиапóчтой? 4. В э́том окнé мóжно дать телегрáмму? 5. Мóжно познакóмиться с э́тими товáрищами? 6. У вас мóжно получи́ть ключ от нóмера?

Beispiel 1: Здесь мóжно заказáть билéты? Мóжно.
Beispiel 2: Здесь мóжно заказáть билéты? Нельзя́.

**11.** Übersetzen Sie:

Где пóчта?

– Скажи́те, пожáлуйста, где здесь пóчта?
– Иди́те пря́мо до углá, а потóм спрáва уви́дите большóй дом. Там пóчта.
– Онá ещё рабóтает?
– А котóрый час? О, ужé 9 часóв вéчера! Нет, пóчта кончáет рабóтать в 8 часóв.
– А где мóжно сейчáс дать телегрáмму?
– На плóщади Пýшкина. До плóщади троллéйбусом две останóвки. Там мóжете дать телегрáмму, когдá хоти́те.
– Спаси́бо.

На пóчте.

– Дáйте, пожáлуйста, дéсять конвéртов.
– С мáрками и́ли без мáрок?

– С ма́рками для авиапо́чты за грани́цу.
– В каку́ю страну́?
– В ФРГ. А почему́ вы об э́том спра́шиваете?
– Ма́рка для авиапо́чты в социалисти́ческие стра́ны сто́ит 6 копе́ек, а в капиталисти́ческие – 10 копе́ек. Ещё что?
– Три откры́тки с ви́дами Москвы́.
– Пожа́луйста, покажи́те, каки́е вам нра́вятся.
– Вот э́ти. А у вас есть но́вые сове́тские ма́рки?
– Коне́чно. О́чень большо́й вы́бор. Каки́е вас осо́бенно интересу́ют?
– Да́йте, пожа́луйста, ра́зные. Э́то бу́дет пода́рок для сы́на. Ско́лько с меня́?
– 2 рубля́ 85 копе́ек.
– Спаси́бо. А ско́лько дней идёт в Бонн откры́тка авиапо́чтой?
– 3–4 дня.
– А телегра́мма?
– 3–4 часа́.
– Спаси́бо.

**11.b** Lesen Sie vorstehende Dialoge laut!

**12.** Beantworten Sie folgende Fragen:

1. Ско́лько сто́ят ма́рки для откры́тки в социалисти́ческие стра́ны? 2. А ско́лько в капиталисти́ческие стра́ны? 3. Ско́лько дней идёт откры́тка из Москвы́ в Берли́н авиапо́чтой? 4. А ско́лько часо́в идёт телегра́мма? 5. Что мо́жно купи́ть на по́чте? 6. Что мо́жно де́лать на по́чте?

**13.** Lassen Sie sich am Schalter etwas geben! Verwenden Sie dabei де́сять конве́ртов, три откры́тки, пять откры́ток с ви́дами Ленингра́да, де́сять ма́рок по 6 копе́ек!

Muster: Да́йте, пожа́луйста, два́дцать конве́ртов.

**14.** Lesen Sie still! Erschließen Sie dabei die Bedeutung der neuen Wörter aus dem Sinnzusammenhang und – soweit erforderlich – mit Hilfe des alphabetischen Wörterverzeichnisses:

Ви́ктор и Лари́са – **муж** и **жена́**. **Че́рез** не́сколько дней у них бу́дут в гостя́х их знако́мые из ФРГ: Рольф и Мо́ника. Они́ ещё не зна́ют, когда́ прие́дут го́сти из-за грани́цы. На **про́шлой** неде́ле они́ получи́ли **письмо́**. Но в нём Ро́льф ничего́ не **писа́л** об э́том. **Почему́**? Мо́жет быть, он **забы́л**. Нет, э́того не мо́жет быть. Сего́дня Ви́ктор заказа́л **разгово́р** по телефо́ну с Га́мбургом. По телефо́ну неме́цкие друзья́ ска́жут, когда́ они́ прие́дут в Москву́ и ско́лько дней они́ бу́дут жить у Ви́ктора и Лари́сы.

**15.a** Übersetzen Sie:

её муж, пода́рок для му́жа; моя́ жена́, телегра́мма от жены́; про́шлая неде́ля, на про́шлой неде́ле, в про́шлом году́; ду́мать о про́шлом; коро́ткое письмо́, чита́ть э́ти пи́сьма, не́сколько пи́сем; писа́ть дру́гу, написа́ть письмо́; забыва́ть де́ньги, забы́ть биле́ты; разгово́р по телефо́ну, интере́сный разгово́р, разгово́р на неме́цком языке́. Почему́ вы нам не писа́ли? – Потому́ что у меня́ не́ было вре́мени.

**15.b** Lesen Sie vorstehende Wortverbindungen und Sätze laut!

**16.** Ersetzen Sie die jeweils unterstrichenen Wörter nacheinander durch die in Klammern angegebenen:

1. Он ча́сто пи́шет пи́сьма своему́ дру́гу. (своя́ подру́га, свои́ роди́тели, своя́ жена́) 2. Вы уже́ познако́мились с её му́жем? (его́ жена́, э́тот официа́нт, э́та официа́нтка) 4. Я, к сожале́нию, забы́л де́ньги. (биле́ты, ма́рки, пода́рок, телегра́мма) 5. Где вы бы́ли на про́шлой неде́ле? (в про́шлом году́, на э́тих днях) 6. Почему́ вы да́ли телегра́мму? (посла́ть откры́тку авиапо́чтой, забы́ть об

э́том, написа́ть э́то письмо́, заказа́ть разгово́р по телефо́ну)

**17.** Prägen Sie sich folgende Wörter, Wortverbindungen und Sätze ein:

| | |
|---|---|
| муж | (Ehe-) Mann |
| мой муж, познако́миться с му́жем | |
| жена́ | (Ehe-) Frau |
| его́ жена́, молода́я жена́ | |
| че́рез | in, innerhalb, nach, über, durch |
| че́рез два часа́, че́рез не́сколько дней; пройти́ че́рез у́лицу, прое́хать че́рез центр | |
| про́шлый | vergangen, vorig(er) |
| на про́шлой неде́ле, в про́шлом году́ | |
| про́шлое | Vergangenheit |
| ду́мать о про́шлом | |
| писа́ть/написа́ть | schreiben |
| Кому́ ты пи́шешь? Я пишу́ своему́ му́жу. | |
| Я вам напишу́ за́втра. | Ich werde Ihnen morgen schreiben. |
| почему́ | warum, weshalb |
| Почему́ вы не пи́шете? | |
| потому́ что | weil |
| Я не пишу́, потому́ что у меня́ нет вре́мени. | |
| забыва́ть/забы́ть | vergessen |
| Он ча́сто забыва́ет биле́ты. | |
| Не забыва́йте меня́! | |
| Я об э́том не забу́ду. | Ich werde das nicht vergessen |

Не забу́дь дать мне а́дрес.

разгово́р — Gespräch

коро́ткий разгово́р, разгово́р по телефо́ну

письмо́ — Brief

**18.** Fordern Sie jemanden auf, etwas nicht zu vergessen! Verwenden Sie dabei купи́ть биле́ты, дать телегра́мму в ГДР, заказа́ть разгово́р с Берли́ном, встре́тить това́рищей из А́встрии, написа́ть письмо́ в Швейца́рию!

Beispiel: Не забу́дь(те) купи́ть ма́рки.

**19.** Beantworten Sie folgende Fragen:

1. Где мо́жно дать телегра́мму? 2. Кому́ мо́жно писа́ть пи́сьма? 3. Что нельзя́ забы́ть? 4. Куда́ мо́жно заказа́ть разгово́р по телефо́ну? 5. Кому́ мо́жно посла́ть пода́рок? 6. Что мо́жно де́лать в рестора́не? 7. Кого́ нельзя́ забы́ть?

**20.a** На́до und ну́жно werden in der Bedeutung „man muß" mit dem Infinitiv verbunden.

**20.b** Übersetzen Sie:

1. На конве́рте на́до написа́ть а́дрес. 2. Э́то письмо́ в Швейца́рию на́до посла́ть авиапо́чтой. 3. На́до всегда́ хорошо́ рабо́тать. 4. На вокза́л ну́жно е́хать тролле́йбусом. 5. Ну́жно купи́ть пода́рок для жены́.

**20.c** Die Person, die etwas tun muß, steht in Konstruktionen mit на́до und ну́жно im Dativ.

**20.d** Übersetzen Sie:

1. Э́тому пассажи́ру на́до купи́ть биле́т. 2. Вам на́до всегда́ встава́ть в 6 часо́в. 3. Когда́ тебе́ на́до встава́ть по воскресе́ньям? 4. Нам на́до заказа́ть биле́ты на э́тот по́езд. 5. В по́езде нам на́до бы́ло у́жинать в купе́, потому́ что не́ было ваго́на-рестора́на. 6. За́втра вам на́до бу́дет заказа́ть разгово́р по телефо́ну с Берли́ном.

**21.** Ersetzen Sie die jeweils unterstrichenen Wörter nacheinander durch die in Klammern angegebenen:

1. Тебе́ на́до хорошо́ рабо́тать. (он, молодо́й ма́стер, мой брат, её му́ж) 2. Вам на́до бу́дет купи́ть ма́рки. (жена́, ты, ваш муж, твой друг) 3. Э́тим това́рищам на́до бы́ло дать телегра́мму. (мои́ друзья́, на́ши знако́мые)

**22.** Bilden Sie möglichst viele sinnvolle Sätze:

| | | |
|---|---|---|
| (мы) | | дать телегра́мму |
| (он) | на́до | заказа́ть разгово́р |
| (вы) | на́до бы́ло | купи́ть ма́рки |
| (ты) | на́до бу́дет | написа́ть письмо́ |
| (муж) | | посла́ть откры́тку авиапо́чтой |
| (жена́) | | |

**23.** Lesen Sie still:

Телегра́ммы.

– Мне на́до посла́ть телегра́ммы.
– За грани́цу?
– Одну́ в ГДР, а другу́ю – в Ленингра́д.
– В ГДР на неме́цком языке́?
– Да.
– Телегра́мму за грани́цу мо́жно дать в пя́том окне́, а в Ленингра́д здесь, у меня́.
– Ско́лько вре́мени идёт телегра́мма в Ленингра́д?
– 2–3 часа́.
– „Ленингра́д, Желя́бова 5, кварти́ра 3, ФЁДОРОВУ. Встреча́йте пя́того ма́рта, по́езд 33, ваго́н 2, Ди́тмар“. Хорошо́? Я пе́рвый раз пишу́ телегра́мму по-ру́сски.
– О́чень хорошо́! То́лько вы забы́ли написа́ть свой а́дрес. Вот здесь. С вас 1 рубль 80 копе́ек.
– Большо́е спаси́бо.
– Пожа́луйста. А пя́тое окно́ — спра́ва от вас.

Разгово́р с Га́мбургом.

– Мо́жно на за́втра заказа́ть разгово́р с Га́мбургом??
– На кото́рый час?
– На 8 ве́чера?

– Пожа́луйста, но́мер телефо́на в Га́мбурге?
– 21-15-84
– А како́й у вас но́мер телефо́на?
– 225-12-20
– Ско́лько мину́т бу́дете говори́ть?
– Пять ми́нут.
– Ва́ша фами́лия?
– Петро́в.
– Хорошо́. Зна́чит, бу́дете говори́ть за́втра в 8 часо́в ве́чера.
– Спаси́бо.

**24.** Sagen Sie, daß Sie auf der Post eine bestimmte Erledigung haben! Verwenden Sie dabei дать телегра́мму в ФРГ, купи́ть откры́тки и конве́рты, заказа́ть разгово́р с Ле́йпцигом, написа́ть письмо́ му́жу, посла́ть телегра́мму, в А́встрию,посла́ть письмо́ в ГДР авиапо́чтой!

Muster: На по́чте мне на́до купи́ть откры́тки с ви́дами.

**25.** Melden Sie ein Telefongespräch nach Dresden für 8 Uhr abends an: für die Dresdner Nummer 35976 unter Angabe Ihrer derzeitigen Moskauer Nummer (331-15-28) für die Dauer von 5 Minuten!

**26.a** Prägen Sie sich die Monatsnamen ein:

| | | | |
|---|---|---|---|
| янва́рь | – Januar | ию́ль | – Juli |
| февра́ль | – Februar | а́вгуст | – August |
| март | – März | сентя́брь | – September |
| апре́ль | – April | октя́брь | – Oktober |
| май | – Mai | ноя́брь | – November |
| ию́нь | – Juni | дека́брь | – Dezember |
| ме́сяц | – Monat | | |

**26.b** Lesen Sie still:

1. В январе́ начина́ется Но́вый год. 2. В феврале́ у нас бы́ли го́сти. 3. В ма́рте мы ча́сто ходи́ли в теа́тр. 4. В апре́ле мы бы́ли в Ки́еве. 5. Он бу́дет в ФРГ с ма́я до ию́ня. 6. В ию́ле роди́тели бы́ли на Чёрном мо́ре. 7. В а́вгусте мы проводи́ли о́тпуск в Ленингра́де. 7. С сен-

тября́ до ноября́ муж бу́дет рабо́тать за грани́цей. 8. В како́м ме́сяце вы бы́ли в о́тпуске в А́встрии?
Alle Monatsnamen sind Maskulina.
Die deklinierten Formen von сентя́брь bis февра́ль sind endbetont, die von март bis а́вгуст stammbetont.

**26.c** Lesen Sie die Übung 26.b laut!

**26.d** Fügen Sie passende Monatsnamen ein:

1. Закажи́те биле́ты в теа́тр на … 2. В … начина́ется Но́вый год. 3. В … День на́шей респу́блики. 4. В … я был в о́тпуске. 5 В … День дете́й. 6. В … я ча́сто ходи́л на конце́рты.

**27.a** Auf die Frage nach dem heutigen (gestrigen usw.) Datum – zum Beispiel Како́е сего́дня число́ – wird dieses durch den Nominativ der Ordnungszahl (Neutrum) und den Genitiv des Monatsnamens angegeben. Prägen Sie sich als Muster ein:

Како́е сего́дня число́?
Сего́дня пя́тое ма́рта.
Вчера́ бы́ло четвёртое ма́рта. За́втра бу́дет шесто́е ма́рта.

**27.b** Beantworten Sie die Frage – како́е сего́дня число́? – unter Verwendung folgender Daten: 2. Januar, 8. Februar, 5. März, 10. April, 1. Mai, 15. Juni, 7. Juli, 18. August, 22. September, 30. Oktober, 9. November, 31. Dezember.

**28.a** Auf die Frage когда́ wird das Datum durch den Genitiv der Ordnungszahl (im Neutrum) und den Genitiv des Monatsnamens angegeben. Prägen Sie sich als Muster ein:

Когда́ он бу́дет в Москве́? Второ́го апре́ля. Когда́ ты прие́дешь домо́й? Деся́того ма́я. Во вто́рник, двена́дцатого апре́ля. Пя́того ма́рта про́шлого го́да.

**28.b** Übersetzen Sie:

Am 1. Mai; am 10. Oktober; am 7. November; am 2. August; am 15. Juni; am Dienstag, dem 8. März; am Mittwoch, dem 8. August; am 10. Februar dieses Jahres; am 20. Juli vorigen Jahres, am 22. Januar nächsten Jahres.

**28.c** Fügen Sie passende Datumsangaben ein:

1. … начина́ется Но́вый год. 2. … конча́ется ста́рый год. 3. … начина́ется наш о́тпуск. 4. … я был на конце́рте. 5. … прие́хали на́ши го́сти.

**29.a** Übersetzen Sie:

Пода́рок за грани́цу.

– Скажи́те, пожа́луйста, где мо́жно посла́ть пода́рок за грани́цу?
– В тре́тьем окне́. Что вы хоти́те посла́ть?
– Кни́ги.
– А куда́?
– В Бонн. Ско́лько дней они́ бу́дут идти́?
– Че́рез неде́лю полу́чат.
– Сего́дня два́дцать седьмо́е сентября́. Зна́чит, четвёртого октября́ бу́дут в Бо́нне? Да?
– Коне́чно.

Телегра́мма му́жу.

– Зна́ешь, Ири́на, мне на́до дать телегра́мму му́жу. Мы говори́ли по телефо́ну, но я забы́ла сказа́ть, когда́ прие́ду.
– А ты ему́ писа́ла на про́шлой неде́ле? Ду́маешь, он не получи́л письма́?
– Я забы́ла, что е́ду не второ́го, а тре́тьего ма́я. Он зна́ет то́лько, каки́м по́ездом я хоте́ла е́хать.
– Ну, сего́дня то́лько два́дцать девя́тое апре́ля. За́втра дашь телегра́мму, е́сли ду́маешь, что откры́тка бу́дет идти́ не́сколько дней.

**29.b** Lesen Sie vorstehende Dialoge laut!

**30.** Beantworten Sie folgende Fragen:

1. Како́е сего́дня число́? 2. Како́е число́ бы́ло вчера́? 3. Како́е число́ бу́дет за́втра? 4. Когда́ начнётся ваш о́тпуск? 5. Когда́ вы бы́ли в теа́тре (на конце́рте, в кино́)? 6. В како́м ме́сяце вы не рабо́таете? 7. Что вы де́лали в про́шлом ме́сяце?

**31.** Fragen Sie russisch,
– was man auf der Post tun kann;
– wo man Briefmarken (Ansichtspostkarten, Umschläge) kaufen kann;
– wo man Kleider (Anzüge, Blusen, Hemden) kaufen kann;
– wo man Telegramme aufgeben kann;
– wo man Eintrittskarten für das Kino (Theater, Konzert, Ballett) kaufen kann!

**32.** Fordern Sie jemanden russisch auf,
– Ihnen oft zu schreiben;
– Sie nicht zu vergessen;
– auf der Post ein Ferngespräch nach Leningrad anzumelden;
– ein Geschenk für die Eltern zu kaufen;
– Eintrittskarten für das Ballett „Spartak“ zu bestellen;
– auf der Post Briefmarken und Ansichtskarten zu kaufen.

Ю́мор

На по́чте.

Одна́ же́нщина (1) сиди́т на по́чте и пи́шет письмо́. Пото́м она́ ви́дит, что у её стола́ стои́т мужчи́на (2) и чита́ет э́то письмо́. Тогда́ она́ пи́шет: „Я не могу́ писа́ть, потому́ что ря́дом со мной стои́т незнако́мый мужчи́на (2) и чита́ет моё письмо́“.

– „Нет, нет! – говори́т мужчи́на. (2) – Я не чита́ю!“

(1) же́нщина – Frau (2) мужчи́на – Mann

Тяжёлое (1) письмо́.

Один тури́ст прихо́дит на по́чту посла́ть письмо́. Ему́ говоря́т: „Ва́ше письмо́ о́чень тяжёлое. (1) Вам на́до накле́ить (2) ещё одну́ ма́рку“.

– „Почему́? – спра́шивает тури́ст. – Тогда́ письмо́ бу́дет ещё тяжеле́е.“ (3)

(1) тяжёлый – schwer (3) тяжеле́е – schwerer
(2) накле́ить – aufkleben

**1.a** Lesen Sie still! Erschließen Sie dabei die Bedeutung der neuen Wörter aus dem Sinnzusammenhang und – soweit erforderlich – mit Hilfe des alphabetischen Wörterverzeichnisses:

Вся на́ша семья́ **занима́ется спо́ртом**. Я о́чень люблю́ **лёгкую атле́тику**. Недалеко́ от на́шего до́ма нахо́дится большо́й **стадио́н. Туда** я **е́зжу** два – три ра́за в неде́лю. Я **член спорти́вного о́бщества**. На́шу **кома́нду трениру́ет** знамени́тый **спортсме́н**. А моя́ жена́ лю́бит **пла́вать**. Она́ ча́сто хо́дит в **пла́вательный бассе́йн**, кото́рый нахо́дится в це́нтре го́рода. Наш сын Андре́й игра́ет в **футбо́л**, а на́ша дочь Ири́на игра́ет в **волейбо́л**. По воскресе́ньям она́ ча́сто е́здит на **соревнова́ния** по воле́йболу.

**1.b** Vergleichen Sie die neuen Wörter mit bereits bekannten:

спорт – спортсме́н – спорти́вный; пла́вать – пла́вательный бассе́йн; футбо́л – волейбо́л; туда́ — куда́.

**2.a** Übersetzen Sie:

занима́ться му́зыкой, занима́ться ма́рками; люби́ть спорт, интересова́ться спо́ртом, занима́ться спо́ртом, ра́зные ви́ды спо́рта; лёгкий чемода́н, лёгкая атле́тика, лёгкое пальто́; большо́й стадио́н, идти́ на стадио́н, занима́ться спо́ртом на стадио́не; е́здить в колхо́з, ча́сто е́здить туда́; спорти́вный зал, спорти́вная площа́дка, спорти́вное о́бщество; социалисти́ческое о́бщество, капиталисти́ческое о́бщество, член э́того о́бщества; на́ша кома́нда, чле́ны э́той кома́нды; тренирова́ть э́ту кома́нду, тренирова́ть спортсме́нов; тренирова́ться на стадио́не, тренирова́ться на спорти́вной площа́дке; молодо́й спортсме́н, э́ти спортсме́ны; пла́вать в реке́, пла́вать в бассе́йне; пла́вательный бассе́йн, тренирова́ться в пла́вательном бассе́йне; игра́ть в футбо́л, интересова́ться футбо́лом; игра́ть в волейбо́л; социалисти́ческое соревнова́ние, спорти́вные соревнова́ния, соревнова́ния по волейбо́лу.

**2.b** Lesen Sie vorstehende Wortverbindungen laut!

**3.** Verbinden Sie die folgenden Adjektive mit den in Klammern angegebenen Substantiven:

спорти́вный (зал, площа́дка, о́бщество, соревнова́ния, кома́нда); лёгкий (атле́тика, пла́тье, чемода́н, пальто́, блу́зка).

**4.** Ersetzen Sie die jeweils unterstrichenen Wörter nacheinander durch die in Klammern angegebenen:

1. Вы интересу́етесь спо́ртом? (футбо́л, волейбо́л, лёгкая атле́тика) 2. Он ча́сто занима́ется му́зыкой. (спорт, ма́рки, лёгкая атле́тика) 3. Недалеко́ от на́шего до́ма нахо́дится парк культу́ры. (большо́й стадио́н, пла́вательный бассе́йн, спорти́вный зал, спорти́вная площа́дка) 4. Вы трениру́етесь на стадио́не? ([на] спорти́вная площа́дка, [в] пла́вательный бассе́йн, [в] спорти́вный зал) 5. Я ча́сто е́зжу на стадио́н. (спорти́вная площа́дка, заво́д, конце́рт) 6. Вы лю́бите занима́ться спо́ртом? (игра́ть в футбо́л, игра́ть в волейбо́л, занима́ться лёгкой атле́тикой) 7. Ваш сын член э́той кома́нды? (э́тот сою́з, спорти́вное о́бщество) 8. По воскресе́ньям они́ е́здят на соревнова́ния по футбо́лу. (волейбо́л, лёгкая атле́тика)

**5.** Beantworten Sie folgende Fragen, indem Sie nacheinander die in Klammern angegebenen Wörter und Wortverbindungen verwenden:

1. Где пла́вают э́ти спортсме́ны? (река́, бассе́йн, мо́ре, Чёрное мо́ре, пла́вательный бассе́йн) 2. Где трениру́ется э́та кома́нда? (стадио́н, парк, спорти́вная площа́дка, пла́вательный бассе́йн, спорти́вный зал) 3. Чем вы интересу́етесь? (футбо́л, волейбо́л, лёгкая атле́тика) 4. Кого́ трениру́ет знамени́тый спортсме́н? (чле́ны кома́нды, молоды́е спортсме́ны, э́та кома́нда)

**6.** Prägen Sie sich folgende Wörter, Wortverbindungen und Sätze ein:

| | |
|---|---|
| спорт | Sport |
| ра́зные ви́ды спо́рта, интересова́ться спо́ртом | |
| занима́ться | sich beschäftigen (mit), (etwas) treiben |
| Я занима́юсь спо́ртом. Ты занима́ешься му́зыкой? Чем вы занима́етесь по воскресе́ньям? | |
| атле́тика | Athletik |
| лёгкий (sprich: лё[х]кий) | leicht |
| лёгкий чемода́н, лёгкая атле́тика, лёгкое пальто́ | |
| стадио́н | Stadion |
| идти́ на стадио́н, быть на стадио́не | |
| е́здить | (hin und her) fahren |
| Я ча́сто е́зжу в Берли́н. Куда́ вы е́здите по воскресе́ньям? | |
| туда́ | dorthin |
| член | Mitglied |
| о́бщество | Gesellschaft, Gemeinschaft |
| социалисти́ческое о́бщество | |
| спорти́вный | sportlich, Sport- (in Zusammensetzungen) |
| спорти́вный зал, | Sporthalle, Turnhalle |
| спорти́вная площа́дка | Sportplatz |
| кома́нда | Mannschaft |
| чле́ны кома́нды | |
| тренирова́ть(ся) | trainieren, (sich) üben |
| Я трениру́юсь на стадио́не. Вы трениру́ете э́ту кома́нду? | |
| спортсме́н | Sportler |
| пла́вать | (hin und her) schwimmen |
| Он хорошо́ пла́вает. Ты пла́ваешь в мо́ре? | |

| | |
|---|---|
| бассе́йн | Becken, Bassin |
| пла́вательный бассе́йн | Schwimmbad |
| футбо́л | Fußball |
| игра́ть в футбо́л | |
| волейбо́л | Volleyball |
| игра́ть в волейбо́л | |
| соревнова́ние | Wettbewerb, Wettkampf |
| социалисти́ческое соревнова́ние, спорти́вные соревнова́ния, соревнова́ния по футбо́лу. | |

**7.** Sagen Sie, womit Sie sich gern beschäftigen! Verwenden Sie dabei лёгкая атле́тика, спорт, ма́рки, ра́зные ви́ды спо́рта, ру́сский язы́к.

Muster: Я люблю́ занима́ться неме́цким языко́м.

**8.** Sagen Sie – unter Verwendung des Sprachmaterials aus Übung 7 – wofür Sie sich interessieren!

Muster: Я интересу́юсь спорти́вными соревнова́ниями.

**9.** Beantworten Sie folgende Fragen:

1. Каки́ми ви́дами спо́рта вы интересу́етесь? 2. Вы занима́етесь спо́ртом? 3. Каки́ми ви́дами спо́рта занима́ются чле́ны ва́шей семьи́? 4. Каки́е стадио́ны, спорти́вные площа́дки и́ли пла́вательные бассе́йны есть в ва́шем го́роде? 5. Вы хо́дите туда́ на спорти́вные соревнова́ния? 6. Каки́х знамени́тых спортсме́нов вы зна́ете?

**10.** Prägen Sie sich die Bezeichnung der Jahreszeiten und deren charakteristische Verwendungsformen ein:

| | |
|---|---|
| весна́ | Frühling |
| Весно́й мы бы́ли в о́тпуске. | Im Frühling waren wir im Urlaub |
| ле́то | Sommer |
| про́шлым ле́том | im vorigen Sommer |
| о́сень | Herbst |
| о́сенью | im Herbst |

| | |
|---|---|
| зима́ | Winter |
| зимо́й | im Winter |

**11.a** Übersetzen Sie:

1. Где вы прово́дите ле́то? Ле́том мы бу́дем на Чёрном мо́ре. 2. Где вы бы́ли про́шлым ле́том? В Москве́. 3. А где вы бу́дете сле́дующим ле́том? – Ещё не зна́ем. 4. Зимо́й мы ча́сто бу́дем ходи́ть на конце́рты. 5. Весно́й я начина́ю тренирова́ться. 6. Ты и о́сенью занима́ешься спо́ртом? 7. Про́шлой о́сенью мы бы́ли за грани́цей. 8. Э́ти спорти́вные соревнова́ния бу́дут зимо́й.

**11.b** Lesen Sie vorstehende Sätze laut!

**12.a** Übersetzen Sie:

Спорт.

– Андре́й, ты занима́ешься спо́ртом?
– Коне́чно, зимо́й и ле́том, ка́ждый день.
– Ка́ждый день?
– Да, по утра́м я занима́юсь спо́ртом по ра́дио.
– Ну, э́то я то́же де́лаю. Я ду́мал, что ты член спорти́вного о́бщества.
– Все на́ши студе́нты чле́ны спорти́вного о́бщества. Два ра́за в неде́лю я хожу́ пла́вать: по понеде́льникам и сре́дам.
– А где нахо́дится бассе́йн?
– В Москве́ не́сколько пла́вательных бассе́йнов. И при университе́те есть бассе́йн. Но я люблю́ пла́вать в бассе́йне „Москва́", а он в це́нтре го́рода. Я е́зжу туда́ троллейбусом.
– А в футбо́л ты игра́ешь?
– Немно́го. У меня́ ма́ло вре́мени: в э́том году́ я конча́ю университе́т.
– А Лари́са?
– Жена́ лю́бит волейбо́л. Она́ член кома́нды своего́ заво́да. Их трениру́ет знамени́тый спортсме́н. Её кома́нда весно́й е́дет в Ленингра́д на соревнова́ния по волейбо́лу.
– А, э́то соревнова́ния кома́нд социалисти́ческих стран?
– Да.

– Она́ занима́ется и други́ми ви́дами спо́рта?
– Ещё в шко́ле ей нра́вилась лёгкая атле́тика. Она́ и пла́вает хорошо́.

**12.b** Lesen Sie vorstehenden Dialog laut!

**13.** Lesen Sie still! Erschließen Sie dabei die Bedeutung der neuen Wörter aus dem Sinnzusammenhang und – soweit erforderlich – mit Hilfe des alphabetischen Wörterverzeichnisses:

При на́шем институ́те есть спорти́вный **клуб**. В э́том клу́бе мо́жно игра́ть в волейбо́л и́ли в футбо́л, занима́ться лёгкой и́ли **тяжёлой** атле́тикой. **Ско́ро** у нас бу́дут соревнова́ния по ра́зным ви́дам спо́рта. Мы **жела́ем** спортсме́нам но́вых больши́х **успе́хов**. К сожале́нию, у меня́ не **так** мно́го вре́мени. Я то́лько иногда́ **бе́гаю** и пла́ваю. Но я о́чень люблю́ **води́ть** маши́ну и **лета́ть**.

**14.a** Übersetzen Sie:

спорти́вный клуб, чле́ны э́того клу́ба; тяжёлый чемода́н, тяжёлая атле́тика, тяжёлая рабо́та; ско́рый по́езд, ско́ро начина́ть рабо́ту, до ско́рого свида́ния; жела́ть прия́тного аппети́та, пожела́ть всего́ хоро́шего; большо́й успе́х, но́вые успе́хи, жела́ть но́вых успе́хов; води́ть маши́ну, води́ть авто́бус; ча́сто лета́ть, лета́ть в Москву́; бе́гать по па́рку, хорошо́ бе́гать.

**14.b** Lesen Sie vorstehende Wortverbindungen laut!

**15.** Ersetzen Sie die jeweils unterstrichenen Wörter nacheinander durch die in Klammern angegebenen:

1. Вы лю́бите <u>пла́вать?</u> (лета́ть, бе́гать, е́здить маши́ной, тренирова́ться, игра́ть в футбо́л, води́ть маши́ну, занима́ться тяжёлой атле́тикой) 2. Жела́ю вам <u>прия́тного аппети́та.</u> (всего́ хоро́шего, но́вых успе́хов, прия́тного ве́чера, больши́х успе́хов) 3. Э́тот спортсме́н <u>пла́вает</u> о́чень хорошо́. (бе́гать, лета́ть, води́ть маши́ну, игра́ть в футбо́л)

**16.** Prägen Sie sich folgende Wörter, Wortverbindungen und Sätze ein:

| | |
|---|---|
| клуб<br>спорти́вный клуб, чле́ны клу́ба | Klub |
| тяжёлый<br>тяжёлый чемода́н, тяжёлая атле́тика, тяжёлое пальто́, тяжёлая рабо́та | schwer; schwierig |
| ско́рый | schnell; baldig |
| ско́ро<br>ско́рый по́езд, е́хать ско́рым по́ездом; ско́ро прие́хать домо́й; до ско́рого свида́ния | bald |
| жела́ть/пожела́ть<br>Жела́ю прия́тного аппети́та.<br>Жела́ем тебе́ всего́ хоро́шего. | wünschen |
| успе́х<br>но́вые успе́хи, пожела́ть больши́х успе́хов | Erfolg |
| бе́гать<br>Он бе́гает пло́хо. | (hin und her) laufen |
| води́ть<br>Он хорошо́ во́дит маши́ну. | führen, steuern |
| лета́ть<br>Я люблю́ лета́ть. Он ча́сто лета́ет в Ки́ев. | (hin und her) fliegen |
| так | so |

**17.** Lesen Sie still:

На стадио́не!

– Ты сего́дня идёшь на спорти́вные соревнова́ния?
– А что там бу́дет?
– Соревнова́ния по ра́зным ви́дам спо́рта.
– Где они́ бу́дут?
– На ста́ром стадио́не.
– Меня́ осо́бенно интересу́ет лёгкая атле́тика. Где мо́жно купи́ть биле́ты на стадио́н?

– Для тебя́ есть биле́т. Мы получи́ли из спорти́вного клу́ба биле́ты на соревнова́ния по лёгкой атле́тике для всех чле́нов на́шей кома́нды.
– Вот хорошо́! А когда́ начина́ются соревнова́ния?
– В три часа́.
– Зна́чит, на стадио́не ну́жно быть в два часа́.
– Да, лу́чше в два. Встре́тимся в $13^{30}$ на остано́вке трамва́я?
– Хорошо́.

**18.** Sagen Sie, welche Sportart Sie besonders interessiert! Verwenden Sie dabei лёгкая атле́тика, футбо́л, тяжёлая атле́тика.

Muster: Меня́ осо́бенно интересу́ет волейбо́л.

**19.** Sagen Sie, wohin Sie sonntags häufig fahren! Verwenden Sie dabei стадио́н, спорти́вная площа́дка, парк культу́ры, пла́вательный бассе́йн, спорти́вный клуб.

Muster: По воскресе́ньям мы ча́сто е́здим в колхо́з.

**20.** Übersetzen Sie:

Спорти́вные соревнова́ния.

– И́горь, ты смотре́л вчера́ соревнова́ния по лёгкой атле́тике?
– По телеви́зору? Нет, я ходи́л на стадио́н.
– Ну и как?
– Как тебе́ сказа́ть? Я ду́мал, что Алекса́ндр Ивано́в бу́дет на пе́рвом ме́сте. Но, к сожале́нию, он пло́хо бежа́л в э́тот раз.
– Он на второ́м ме́сте?
– Нет, на пя́том! Как э́то ты не зна́ешь?
– Я сиде́л весь ве́чер у телеви́зора и смотре́л „большо́й футбо́л": игра́ли кома́нды ФРГ и Сове́тского Сою́за. В э́том году́ неме́цкая кома́нда игра́ла лу́чше, чем в про́шлом.
– А счёт како́й?
– 2: 2.

– Я о́чень люблю́ „Дина́мо“: там лу́чшие спортсме́ны. Ско́ро они́ е́дут игра́ть за грани́цу. Пожела́ем им успе́ха!

**21.a** Lesen Sie still und vergleichen Sie:

| | |
|---|---|
| 1. Лари́са ча́сто **хо́дит** по па́рку. | Сейча́с Та́ня **идёт** на стадио́н. |
| 2. По воскресе́ньям спортсме́ны **е́здят** на соревнова́ния. | Они **е́дут** в Ленингра́д. |
| 3. Ты хорошо́ **бе́гаешь.** | Куда́ ты **бежи́шь**? |

**21.b** In vorstehenden Beispielen wird die Fortbewegung jeweils durch zwei unterschiedliche Verben ausgedrückt. Das eine kennzeichnet sie als unbestimmt, mehrmalig oder nicht zielgerichtet (vgl. ходи́ть, е́здить, бе́гать).
Das andere charakterisiert die Fortbewegung als bestimmt, einmalig bzw. zielgerichtet (vgl. идти́, е́хать, бежа́ть).
Diese Verbpaare der Fortbewegung (denen im Deutschen jeweils ein Verb entspricht) bezeichnet man auch als Doppelzeitwörter. Unbestimmte Doppelzeitwörter charakterisieren die Handlung als in unbestimmter Richtung erfolgend, mehrmalig. Sie können auch die Fähigkeit zur Ausübung der Handlung ausdrücken. Bestimmte Doppelzeitwörter geben eine in bestimmter Richtung und mit einem bestimmten Ziel ausgeführte (einmalige) Fortbewegung wieder.

**21.c** Prägen Sie sich die wichtigsten Doppelzeitwörter ein:

| unbestimmt | | bestimmt |
|---|---|---|
| бе́гать | laufen, rennen | бежа́ть |
| води́ть | führen, steuern | вести́ |
| е́здить | fahren | е́хать |
| лета́ть | fliegen | лете́ть |
| носи́ть | tragen, bringen | нести́ |
| пла́вать | schwimmen | плыть |
| ходи́ть | gehen, fahren | идти́ |

**21.d** Die vorstehend neu eingeführten bestimmten Verben werden wie folgt konjugiert:

вести́: я веду́, ты ведёшь …
лете́ть: я лечу́, ты лети́шь …
нести́: я несу́, ты несёшь …
плыть: я плыву́, ты плывёшь …

**21.e** Übersetzen Sie:

1. Я несу́ кни́ги в библиоте́ку. 2. Мы лети́м в Ленингра́д. 3. Он ведёт дете́й че́рез у́лицу. 4. Они́ плыву́т че́рез ре́ку.

**22.** Beantworten Sie folgende Fragen! Verwenden Sie dabei nacheinander die in Klammern angegebenen Wörter und Wortverbindungen:

1. Куда́ он несёт э́ти пи́сьма? (по́чта, кварти́ра, туда́). 2. Что она́ но́сит ка́ждый день? (све́тлое пальто́, бе́лая блу́зка, лёгкое пальто́) 3. Где они́ ча́сто пла́вают? (бассе́йн, мо́ре, река́) 4. К кому́ он плывёт? (Ири́на, оте́ц) 5. Куда́ вы лети́те за́втра? (Москва́, Берли́н, Ленингра́д)

**23.** Fügen Sie das unbestimmte oder das bestimmte Verb in der jeweils erforderlichen Präsensform ein:

1. a) Ви́ктор ча́сто … в колхо́з. — е́здить / е́хать
   b) Сего́дня мы … в Ки́ев.
2. a) Он … на у́лицу. — бе́гать / бежа́ть
   b) Э́тот спортсме́н … хорошо́.
3. a) Вы … на по́чту? — ходи́ть / идти́
   b) Зимо́й я ча́сто … на конце́рты.
4. a) Я … письмо́ на по́чту. — носи́ть / нести́
   b) Она́ иногда́ … бе́лую блу́зку.
5. a) Ты хорошо́ … маши́ну. — води́ть / вести́
   b) Кто … дете́й че́рез у́лицу?
6. a) Мы ча́сто … в Берли́н. — лета́ть / лете́ть
   b) Я … в Ки́ев.
7. a) Ле́том я ка́ждый день … — пла́вать / плыть
   b) Он … к отцу́.

**24.** Fügen Sie das jeweils erforderliche Verb in der durch den Sinnzusammenhang gegebenen Form ein:

1. Ма́стер … но́вых рабо́чих по заво́ду. (führen) 2. Э́тот спортсме́н … о́чень хорошо́. (fliegen) 3. Кто … чемода́ны

к по́езду? (tragen) 4. Мы ча́сто ... по па́рку. (laufen) 5. По э́тим у́лицам весь день ... маши́ны. (fahren) 6. С кем ты ... в Со́чи? (fahren) 7. Роди́тели ... в Ленингра́д. (fliegen) 8. Ты ... и зимо́й? (schwimmen)

**25.a** Durch unbestimmte Verben kann auch eine Fortbewegung in zwei Richtungen (hin und zurück) im Präteritum ausgedrückt werden.

**25.b** Übersetzen Sie:

1. В суббо́ту мы ходи́ли на конце́рт. 2. В воскресе́нье семья́ е́здила в колхо́з. 3. Ка́ждый день она́ ходи́ла на рабо́ту в библиоте́ку. 4. Он лета́л в Герма́нскую Демократи́ческую Респу́блику. 5. Кома́нда е́здила на соревнова́ния в ФРГ. 6. В а́вгусте мы лета́ли в столи́цу А́встрии.

**26.** Geben Sie auf jede Frage mehrere Antworten:

1. Где мо́жно тренирова́ться? 2. Где мо́жно пла́вать? 3. Где мо́жно занима́ться спо́ртом? 4. Что мо́жно води́ть? 5. Каки́е соревнова́ния мо́жно проводи́ть? 6. Что мо́жно де́лать ле́том?

**27.** Übersetzen Sie:

Стадио́н и́мени Ле́нина.

– Скажи́те, пожа́луйста, где нахо́дится стадио́н?
– Како́й стадио́н вас интересу́ет? В на́шей столи́це 70 совреме́нных стадио́нов и о́чень мно́го спорти́вных площа́док: при ка́ждом заво́де, при ка́ждой шко́ле. Вы хоти́те ви́деть стадио́н и́мени Ле́нина?
– Да, а как туда́ прое́хать?
– От гости́ницы „Берли́н"? На метро́ до ста́нции „Спорти́вная" и́ли тролле́йбусом но́мер 11.
– А ско́лько мест на стадио́не?
– Здесь 103 ты́сячи мест. Но, зна́ете, когда́ игра́ют в футбо́л хоро́шие кома́нды, там нет свобо́дных мест.
– А пла́вательный бассе́йн есть в Москве́?
– Коне́чно, и не оди́н, а 19, но лу́чший - бассе́йн „Москва́": там пла́вают зимо́й и ле́том пря́мо в це́нтре го́рода.

– А где у вас занимáются тяжёлой и лёгкой атлéтикой?
– На стадиóнах и в спорти́вных зáлах. У нас в Москвé мнóго спорти́вных клýбов. Они́ провóдят соревновáния.
– Члéны клýбов мнóго плáтят за э́то?
– Что вы! Мóжет быть, рубль в год, но они́ мóгут тренировáться у знамени́тых спортсмéнов.

**28.** Erkundigen Sie sich, wo sich eine bestimmte Sportstätte befindet bzw. wie man dorthin gelangen kann! Verwenden Sie dabei стадиóн и́мени Лéнина, нóвая спорти́вная площа́дка, плáвательный бассéйн, нóвый стадиóн, спорти́вный зал при завóде, спорти́вный клуб „Динáмо“.

Muster 1: Скажи́те, пожáлуйста, где нахóдится спорти́вное óбщество „Спартáк“?
Muster 2: Как проéхать (пройти́) к спорти́вному óбществу „Спартáк“.

**29.** Erkundigen Sie sich, ob Ihr Gesprächspartner bestimmte Sportwettkämpfe gesehen hat! Verwenden Sie dabei соревновáния по волейбóлу, соревновáния по лёгкой атлéтике, соревновáния по тяжёлой атлéтике, соревновáния комáнд социалисти́ческих стран.

Muster: Вы смотрéли соревновáния по футбóлу?

**30.a** Нýжен (нужнá, нýжно, нýжны) wird in der Bedeutung „(etwas) brauchen“ verwendet. Нýжен stimmt in Genus und Numerus mit dem Subjekt des betreffenden Satzes überein. Die Sache, die gebraucht wird, steht im Nominativ (ist Subjekt), die Person, die sie braucht, steht im Dativ.

**30.b** Prägen Sie sich als Muster ein:

Мне нýжен нóвый костю́м. Женé нужнá былá нóвая блýзка. Нам нýжны бýдут билéты на э́тот пóезд.

**31.a** Übersetzen Sie:

1. Мне нýжен лёгкий чемодáн. 2. Что тебé нýжно на пóчте? 3. Нам нýжны дéньги. 4. Сестрé нýжно лёгкое

пальто́. 5. Роди́телям ну́жен о́тпуск. 6. Вам ну́жны биле́ты на э́тот конце́рт? 7. Кома́нде ну́жны но́вые чле́ны. 8. На́шему клу́бу нужна́ лу́чшая спорти́вная площа́дка.

**31.b** Setzen Sie vorstehende Mitteilungen nacheinander ins Präteritum und Futur:

Beispiel 1: Мне ну́жен был лёгкий чемода́н.
Beispiel 2: Мне ну́жен бу́дет лёгкий чемода́н.

**32.** Beantworten Sie folgende Fragen, indem Sie nacheinander die in Klammern angegebenen Wörter verwenden:
1. Что вам ну́жно бы́ло на по́чте? (ма́рки, откры́тки с ви́дами, де́ньги, конве́рты) 2. Что ну́жно пассажи́ру? (биле́т на по́езд, чемода́н, газе́ты, проду́кты, минера́льная вода́) 3. Что ну́жно бу́дет официа́нту? (меню́, де́ньги, свобо́дный стол)

**33.a** Fragen Sie Ihren Gesprächspartner russisch,
– was er braucht;
– was er brauchen wird;
– was er gebraucht hat.

**33.b** Sagen Sie russisch,
– was ein Reisender braucht;
– was ein Gast im Hotel braucht;
– welche Möbel Sie für die neue Wohnung brauchen werden (gebraucht haben).

Ю́мор

Когда́ у вас ле́то?

Оди́н тури́ст был в Ло́ндоне. Там всё вре́мя была́ плоха́я пого́да. (1) Он встре́тился со свои́ми знако́мыми и сказа́л:
– У вас в Ло́ндоне всегда́ така́я плоха́я пого́да? (1) Когда́ у вас ле́то?
– К сожале́нию, э́того я не могу́ сказа́ть. В про́шлом году́ ле́то бы́ло в сре́ду.

(1) пого́да – Wetter

Хоро́ший спортсме́н.

Оле́гу 11 лет. Он всё вре́мя говори́т, что он хоро́ший спортсме́н. Вчера́ в его́ шко́ле бы́ли соревнова́ния по лёгкой атле́тике. До́ма Оле́г расска́зывал роди́телям: „Вы зна́ете, когда́ мы бежа́ли, я был тре́тий!" Но он забы́л сказа́ть, что бежа́ли то́лько три ученика́. (1)

(1) учени́к – Schüler

---

## Восемна́дцатый уро́к 18

---

**1.a** Lesen Sie still! Erschließen Sie dabei die Bedeutung der neuen Wörter aus dem Sinnzusammenhang und mit Hilfe bereits bekannter Wörter bzw. – soweit erforderlich – mit Hilfe des alphabetischen Wörterverzeichnisses:

Из Фра́нкфурта на Ма́йне в Москву́ лета́ют ка́ждый день **самолёты** „Люфтга́нзы" и **„Аэрофло́та"**. Биле́ты продаю́т в **бюро́** „Люфтга́нзы". Самолёты **отправля́ются из аэропо́рта** Рейн-Ма́йн-флю́гхафен и **прибыва́ют** че́рез 3 часа́ 20–30 мину́т в аэропо́рт Москва́-Шереме́тьево. Зна́чит, они́ в **пути́ приблизи́тельно** 3 часа́ и пятна́дцать мину́т. **Во вре́мя полёта** пассажи́ры разгова́ривают, чита́ют газе́ты и́ли журна́лы, за́втракают и отдыха́ют. **Неда́вно** я лете́л по **маршру́ту** Берли́н–Москва́ на Ту-134. Наш самолёт отпра́вился из Берли́на в $8^{30}$ по **ме́стному** вре́мени и при́был в Шереме́тьево в $12^{50}$ по **моско́вскому** вре́мени. От э́того аэропо́рта мы лете́ли в центр го́рода **вертолётом.**

**1.b** Vergleichen Sie die neuen Wörter mit bereits bekannten:

самолёт – вертолёт – лета́ть – лете́ть – полёт; вре́мя – во вре́мя – совреме́нный; ме́стный – ме́сто; моско́вский – Москва́.

**2.a** Übersetzen Sie:

лете́ть самолётом, биле́т на самолёт, совреме́нные самолёты; бюро́ „Аэрофло́та", рабо́тать в бюро́; отправля́ться в Ки́ев, отпра́виться в Сове́тский Сою́з; прое́хать в аэропо́рт, встре́титься в аэропорту́; прибыва́ть в аэропо́рт, прибы́ть в Москву́; дли́нный путь, быть в пути́, каки́м путём, по пути́ в го́род; приблизи́тельно два ча́са, приблизи́тельно де́сять дней; во вре́мя рабо́ты, во вре́мя о́тпуска; пе́рвый полёт, во вре́мя полёта; маршру́т Берли́н – Москва́, лета́ть по э́тому маршру́ту; ме́стный клуб, ме́стное вре́мя, по ме́стному вре́мени; моско́вский жи́тель, моско́вская у́лица, моско́вское вре́мя, по моско́вскому вре́мени; лета́ть вертолётом, води́ть вертолёт, совреме́нные вертолёты.

**2.b** Lesen Sie vorstehende Wortverbindungen laut!

**3.** Ersetzen Sie die jeweils unterstrichenen Wörter und Wortverbindungen nacheinander durch die in Klammern angegebenen:

1. Мы отпра́вимся в Москву́ в сре́ду. (на э́той неде́ле, во вто́рник, в сле́дующем ме́сяце, за́втра, в суббо́ту) 2. Самолёт прибу́дет в Москву́ че́рез 2 часа́. (столи́ца, Берли́н, Ки́ев, Ленингра́д) 3. Мы уже́ бы́ли на пути́ в го́род. (клуб, парк культу́ры, библиоте́ка, пла́вательный бассе́йн) 4. Как вам нра́вится полёт? (аэропо́рт, самолёт, вертолёт) 5. Когда́ прибу́дет самолёт по ме́стному вре́мени? (моско́вский, наш) 6. Что вы де́лали во вре́мя полёта? (о́тпуск, обе́д, у́жин, рабо́та) 7. По како́му маршру́ту лети́т ИЛ-62? (ТУ-124, АН-10, ТУ-134, ТУ-154, э́тот самолёт, ваш вертолёт) 8. Когда́ отправля́ется самолёт в Ки́ев? (авто́бус в аэропо́рт, по́езд в Минск, вертолёт в центр)

**4.** Fügen Sie аэропо́рт in der jeweils erforderlichen Form ein:

1. Недалеко́ от го́рода нахо́дится совреме́нный … 2. Мы встре́тимся в … в $9^{30}$. 3. Как прое́хать в …? 4. Из како́го … вы отпра́витесь? 5. Недалеко́ от … стро́ят но́вую ста́нцию метро́. 6. Э́тим авто́бусом мы е́дем к …

**5.** Verbinden Sie die Adjektive mit den in Klammern angegebenen Substantiven:

ме́стный (вре́мя, клуб, жи́тели, спорти́вное о́бщество); моско́вский (вре́мя, ле́то, стадио́ны, метро́, аэропо́рты, това́рищ).

**6.** Prägen Sie sich folgende Wörter, Wortverbindungen und Sätze ein:

| | |
|---|---|
| самолёт | Flugzeug |
| совреме́нный самолёт, биле́ты на самолёт | |
| Аэрофло́т | Aeroflot (sowjetische Gesellschaft für Zivilluftfahrt) |
| бюро́ Аэрофло́та | |
| отправля́ться/отпра́виться | abfahren, abgehen, starten |
| По́езд отправля́ется в 10 часо́в. | |
| Когда́ отпра́вится самолёт? | Wann wird das Flugzeug starten? |
| аэропо́рт | Flughafen |
| прое́хать в аэропо́рт, встре́титься в аэропорту́ | |
| путь | Weg, Straße |
| в пути́ | unterwegs |
| дли́нный путь, на пути́ в го́род, каки́м путём | |
| приблизи́тельно | ungefähr, annähernd |
| во вре́мя | während |
| во́ время (sprich во́время) | rechtzeitig |
| во вре́мя о́тпуска, во вре́мя рабо́ты. Самолёт при́был во́ время. | |
| полёт | Flug |
| интере́сный полёт, во вре́мя полёта | |
| неда́вно | unlängst, vor kurzem |
| давно́ | seit langem, längst, lange |
| бюро́ (unveränderlich) | (Flug-)Büro |
| бюро́ Аэрофло́та, рабо́тать в бюро́ | |

| | |
|---|---|
| маршру́т | Reisestrecke, Route |
| По како́му маршру́ту лети́т ИЛ-62? | |
| прибыва́ть/ прибы́ть | ankommen, eintreffen |
| Самолёты прибыва́ют в аэропо́рт Шереме́тьево. | |
| Когда́ вы прибу́дете? | Wann werden Sie eintreffen? |
| ме́стный | örtlich, Orts- (in Zusammensetzungen) |
| ме́стное вре́мя, по ме́стному вре́мени | |
| моско́вский | Moskauer (Adjektiv) |
| моско́вское вре́мя, по моско́вскому вре́мени, моско́вские това́рищи | |

**7.** Fügen Sie nacheinander прибы́ть в Москву́ und отпра́виться из Ки́ева in der jeweils erforderlichen Form ein:

1. Когда́ вы ... 2. Я ещё не зна́ю, когда́ мы ... 3. Го́сти из-за грани́цы ... уже́ вчера́. 4. Мы ... сего́дня ве́чером. 5. Скажи́те, пожа́луйста, когда́ он ...

**8.** Beantworten Sie folgende Fragen:

1. Каки́е самолёты лета́ют из Фра́нкфурта в Москву́? 2. Из како́го аэропо́рта они́ отправля́ются? 3. В како́й аэропо́рт они прибыва́ют? 4. Ско́лько часо́в они́ в пути́? 5. Что мо́жно де́лать во вре́мя полёта? 6. Куда́ на́до прие́хать во́ время?

**9.a** Übersetzen Sie:

Зака́з биле́тов на самолёт по телефо́ну.

– Э́то ка́сса Аэрофло́та?
– Да.
– Мо́жно заказа́ть два биле́та на самолёт „Москва́-Берли́н" на пя́тое октября́?
– Пожа́луйста. Ваш а́дрес?
– Гости́ница „Национа́ль", номер 243.
– Скажи́те, пожа́луйста, ва́шу фами́лию и и́мя.

– Фёдоров Андре́й Па́влович. А когда́ отправля́ется самолёт?
– На Берли́н есть не́сколько самолётов, у́тром и ве́чером. Когда́ вы хоти́те лете́ть?
– Лу́чше у́тром.
– Хорошо́. Зна́чит, в 7 часо́в утра́ по моско́вскому вре́мени.
– Ско́лько вре́мени самолёт бу́дет в полёте?
– 2 часа́. В самолёте вы полу́чите за́втрак. Два биле́та сто́ят 109 рубле́й 60 копе́ек.
– А когда́ и где я получу́ биле́ты?
– Биле́ты бу́дут у вас в гости́нице за́втра приблизи́тельно в 16 часо́в.
– Спаси́бо.

**9.b** Lesen Sie vorstehenden Dialog laut!

**10.** Fragen Sie russisch im Flugbüro,
– wo man Flugscheine bestellen kann;
– ob es für einen bestimmten Tag noch Flugscheine nach Frankfurt gibt;
– wann die Flugzeuge starten;
– von welchem Flughafen sie starten;
– wie man dorthin gelangen kann;
– wie lange der Flug dauert;
– wann ihre Maschine in Frankfurt ankommt!

**11.a** Fragepronomen werden mit der Vorsilbe ни– zu Negativpronomen, Frageadverbien mit ни– zu Negativadverbien.

**11.b** Prägen Sie sich ein:

| | | | |
|---|---|---|---|
| кто | – wer | никто́ | – niemand |
| что | – was | ничто́ | – nichts |
| како́й | – welcher | никако́й | – keiner |
| когда́ | – wann | никогда́ | – niemals |
| где | – wo | нигде́ | – nirgends |

**11.c** Bei Negativpronomen und Negativadverbien wird das Prädikat zusätzlich durch не verneint.

**11.d** Übersetzen Sie:

1. В аэропорту́ я никого́ из на́ших знако́мых не встре́тил. 2. Об э́том я ничего́ не зна́ю. 3. Мы никогда́ не́ были в Ки́еве. 4. Вчера́ я нигде́ не́ был. 5. Вы ни с каки́м го́стем не познако́мились?

**11.e** Lesen Sie die Beispiele aus der Übung 11.d laut!

**12.a** Ist ein Negativpronomen von einer Präposition abhängig, steht diese zwischen ни und der entsprechenden Form des Pronomens.

**12.b** Prägen Sie sich als Muster ein:

Я ни с кем не встре́тился. Мы ни о чём не говори́ли.

**13.** Beantworten Sie folgende Fragen nur mit dem entsprechenden Negativpronomen oder Negativadverb:

1. Каки́м ви́дом спо́рта ты занима́ешься? 2. С кем ты лети́шь в Москву́? 3. Когда́ вы бы́ли в Ленингра́де? 4. Что вы пошлёте за грани́цу? 5. Где вы встреча́лись с э́тим спортсме́ном? 6. Како́й спорти́вной кома́ндой ты интересу́ешься? 7. Когда́ ты была́ в э́том пла́вательном бассе́йне?

Beispiel: – Где ты был в воскресе́нье?
– Нигде́.

**14.** Beantworten Sie folgende Fragen verneinend unter Verwendung entsprechender Negativpronomen:

1. От кого́ вы получи́ли письмо́? 2. О чём ты разгова́ривал с ним? 3. К кому́ он хо́дит в го́сти? 4. С каки́ми тури́стами вы познако́мились? 5. Чем она́ интересу́ется? 6. Каки́м ви́дом спо́рта занима́ется жена́? 7. У кого́ вы бы́ли в гостя́х?

**15.** Lesen Sie still:

В бюро́ Аэрофло́та.

– Скажи́те, пожа́луйста, когда́ отправля́ются самолёты на Со́чи?
– На Со́чи есть не́сколько самолётов: у́тром и ве́чером. Когда́ вы хоти́те лете́ть?

– Приблизи́тельно в 17 часо́в.
– Мо́жно. Самолёт отправля́ется в 17.55 и прибыва́ет в Со́чи в 20.20 по моско́вскому вре́мени.
– Зна́чит он в пути́ 2 часа́ 30 мину́т? Из Шереме́тьсва?
– Нет, из Вну́кова, из ста́рого аэропо́рта.
– Он прибыва́ет всегда́ во́ время? Мне ну́жно ещё е́хать авто́бусом от аэропо́рта до Пицу́нды. Я хочу́ ра́но быть в Со́чи.
– Почему́ авто́бусом? Там ка́ждые 30 мину́т лета́ют вертолёты. И че́рез 20 мину́т вы бу́дете в Пицу́нде.
– О, э́то о́чень интере́сно: Я ещё никогда́ не лета́л вертолётом. А биле́т до́рого сто́ит?
– На вертолёт? От Со́чи до Пицу́нды – 2 рубля́.
– Большо́е спаси́бо.

**16.** Erkundigen Sie sich nach den Abfahrtszeiten eines bestimmten Verkehrsmittels! Verwenden Sie dabei

самолёт в Со́чи, по́езд в Минск, авто́бус в аэропо́рт, вертолёт в аэропо́рт Вну́ково, ско́рый по́езд на Берли́н.

Muster: Когда́ отправля́ются самолёты в Ленингра́д?

**17.** Erkundigen Sie sich nach den Ankunftszeiten der in Übung 16 genannten Verkehrsmittel!

Muster: Когда́ прибыва́ют самолёты в Ленингра́д?

**18.** Lesen Sie still! Erschließen Sie dabei die Bedeutung der neuen Wörter aus dem Sinnzusammenhang und – soweit erforderlich – mit Hilfe des alphabetischen Wörterverzeichnisses:

– Когда́ отпра́вится мой самолёт?
– Мо́жет быть, он **опозда́ет** на час и́ли два.
– **Отку́да** ты э́то зна́ешь?
– Мне сказа́ли в спра́вочном бюро́.
– А почему́?
– Потому́ что сего́дня плоха́я **пого́да**. **Поэ́тому** самолёты иногда́ **опа́здывают**.
– А ско́лько **багажа́** мо́жно взять с собо́й в полёт?
– 20 кило́.
– А, хорошо́. А как ты **чу́вствуешь** себя́ в самолёте?

– Прекра́сно. Почему́ ты спра́шиваешь?
– Потому́ что э́то мой пе́рвый полёт.
– Ничего́. Жела́ем тебе́ **счастли́вого** пути́. В полёте ты бу́дешь чу́вствовать себя́ хорошо́.

**19.a** Übersetzen Sie:

ча́сто опа́здывать, опозда́ть на час; хоро́шая пого́да, плоха́я пого́да; тяжёлый бага́ж, ско́лько багажа́; взять с собо́й бага́ж, взять с собо́й два чемода́на; чу́вствовать себя́ пло́хо, чу́вствовать себя́ хорошо́; счастли́вый день, счастли́вая семья́, счастли́вого пути́. Отку́да он прие́хал? Отку́да ты зна́ешь? Вчера́ была́ плоха́я пого́да; поэ́тому мы не гуля́ли.

**19.b** Lesen Sie vorstehende Wortverbindungen und Sätze laut!

**20.** Ersetzen Sie die jeweils unterstrichenen Wörter nacheinander durch die in Klammern angegebenen:

1. Он ча́сто опа́здывает на рабо́ту. (заво́д, конце́рт, ста́нция) 2. Она́ опозда́ла на час. (не́сколько мину́т, два часа́, 30 мину́т) 3. Вчера́ была́ хоро́шая пого́да. (плохо́й, прекра́сный) 4. В полёте мы чу́вствовали себя́ хорошо́. (плохо́й, прекра́сный) 5. Отку́да вы получи́ли письмо́? (откры́тка, пода́рок, телегра́мма, откры́тка с ви́дом, э́ти ма́рки) 6. Я возьму́ с собо́й мно́го багажа́. (ма́ло багажа́, то́лько оди́н чемода́н, два чемода́на)

**21.a** Das Reflexivpronomen себя́ wird wie das Personalpronomen ты (тебя́) dekliniert. Es bezieht sich auf das jeweilige Subjekt und kann in Abhängigkeit von diesem „mich“, „dich“, „sich“, „uns“ usw. bedeuten.

| | | |
|---|---|---|
| Nominativ | ты | – |
| Genitiv | тебя́ | себя́ |
| Dativ | тсбе́ | себе́ |
| Akkusativ | тебя́ | себя́ |
| Instrumental | тобо́й | собо́й |
| Präpositiv | (о) тебе́ | (о) себе́ |

**21.b** Übersetzen Sie:

1. Как ты чу́вствуешь себя́? Я чу́вствую себя́ хорошо́. 2. Ско́лько багажа́ вы возьмёте с собо́й? Мы возьмём с собо́й три чемода́на. 3. Как ведёт себя́ ваш сын в шко́ле? Его́ учи́тель сказа́л нам, что он ведёт себя́ хорошо́. 4. Она́ ду́мает то́лько о себе́. 5. По́сле у́жина мы идём к себе́ домо́й.

**21.c** Lesen Sie die Beispiele aus Übung 21.b laut!

**21.d** Fügen Sie die jeweils erforderliche Form von себя́ ein:

1. Я хочу́ купи́ть ... лёгкое пальто́. 2. В полёте мы чу́вствовали ... не о́чень хорошо́. 3. Ско́лько багажа́ ты возьмёшь с ... за грани́цу? 4. Он ча́сто ду́мает то́лько о ... 5. Вы давно́ не бы́ли у ... до́ма? 6. Она́ лю́бит расска́зывать о ... и свое́й семье́. 7. Как ведёт ... ва́ша дочь в шко́ле? 8. Ты купи́ла э́ти ма́рки ... и́ли своему́ бра́ту? 9. Роди́тели взя́ли нас с ... в о́тпуск. 10. Вчера́ я чу́вствовала ... пло́хо.

**22.** Prägen Sie sich folgende Wörter, Wortverbindungen und Sätze ein:

| | |
|---|---|
| опа́здывать/ опозда́ть | zu spät kommen, sich verspäten |
| Он иногда́ опа́здывает на рабо́ту. | |
| Я не опозда́ю. | Ich werde mich nicht verspäten. |
| Опозда́ть на час, опозда́ть на по́езд | |
| отку́да | woher |
| Отку́да вы э́то зна́ете? | |
| пого́да | Wetter |
| хоро́шая пого́да, плоха́я пого́да | |
| по̀этому | deshalb, deswegen |
| Вчера́ была́ плоха́я пого́да; по̀этому мы не гуля́ли. | |

| | |
|---|---|
| бага́ж<br>тяжёлый бага́ж, мно́го бага́жа́ | Gepäck |
| чу́вствовать (себя́)<br>(sprich: чу[ст]вовать)<br>Я чу́вствую себя́ хорошо́.<br>Как вы себя́ чу́вствуете? | (sich) fühlen |
| счастли́вый<br>(sprich: сча[сл]ивый) | glücklich |
| Счастли́вого пути́!<br>счастли́вый день,<br>счастли́вая семья́ | Glückliche Reise! |

**23.a** Übersetzen Sie:

В такси́ в аэропо́рт!

– Това́рищ води́тель, такси́ свобо́дно?
– Пожа́луйста! Вам куда́?
– В аэропо́рт, в Шереме́тьево. То́лько у меня́ ма́ло вре́мени.
– Э́то говоря́т все пассажи́ры. Да́йте, пожа́луйста, ваш чемода́н. Когда́ отправля́ется самолёт?
– В семь часо́в.
– Э́то самолёт на Фра́нкфурт? У вас ещё приблизи́тельно 3 часа́. Что вы! Я ду́мал, вы лети́те че́рез час.
– А аэропо́рт недалеко́?
– Как вам сказа́ть? Мы бу́дем там че́рез 40 мину́т. Э́то знако́мый маршру́т. Я никогда́ не опа́здываю.
– Скажи́те, здесь нигде́ нет кио́ска? Я хочу́ купи́ть газе́ты.
– Купи́те в аэропорту́.
– А что мне де́лать с багажо́м?
– В спра́вочном бюро́ аэропо́рта вам всё ска́жут.
– Спаси́бо.

В аэропорту́.

– Скажи́те, пожа́луйста, как мне пройти́ к самолёту?
– Вы лети́те во Фра́нкфурт? К самолёту идёт авто́бус. Но ещё ра́но. Че́рез не́сколько мину́т по ра́дио ска́жут, где стои́т авто́бус. А сейча́с да́йте свой чемода́н. Так.

25 кило́. Вы зна́ете, что мо́жно взять с собо́й то́лько 20? С вас за 5 килогра́мм – 1 рубль 50 копе́ек. А э́то что?
– Кни́ги.
– Э́то мо́жете взять с собо́й в самолёт.
– Спаси́бо.
– Одну́ мину́ту! Вы забы́ли у меня́ свой биле́т.
– Зна́ете, я никогда́ ещё не лета́л. Э́то пе́рвый раз.
– Ну, ничего́. Вы хорошо́ бу́дете себя́ чу́вствовать. Счастли́вого пути́!
– Большо́е спаси́бо.

**23.b** Lesen Sie vorstehenden Dialog laut!

**24.a** Erkundigen Sie sich beim Taxifahrer,
– ob das Taxi frei ist;
– ob es weit zum Flughafen ist;
– wielange Sie bis zum Flughafen fahren werden;
– wieviel die Fahrt mit dem Taxi kostet!

**24.b** Sagen Sie dem Taxifahrer,
– daß Sie zum Flughafen Scheremetjewo wollen;
– daß Ihre Maschine um 9.30 startet;
– daß Sie zum ersten Male fliegen;
– daß Sie viel Gepäck mithaben!

**25.a** До́лжен (должна́, должно́, должны́) wird in der Bedeutung „müssen“ (zu etwas verpflichtet sein) mit dem Infinitiv gebraucht. Es stimmt in Genus und Numerus mit dem jeweiligen Subjekt überein.

**25.b** Prägen Sie sich als Muster ein:

Мой брат до́лжен рабо́тать лу́чше. Мать должна́ была́ лежа́ть в крова́ти. Кре́сло должно́ бу́дет стоя́ть у окна́. Мы должны́ спать.

**26.a** Übersetzen Sie:

1. Я до́лжен вести́ себя́ хорошо́. 2. Она́ должна́ рабо́тать. 3. Они́ должны́ встава́ть в шесть часо́в. 4. Вы должны́ занима́ться спо́ртом. 5. Он до́лжен тренирова́ться ка́ждый день. 6. Ты должна́ занима́ться лёгкой атле́тикой. 7. Кома́нда должна́ игра́ть лу́чше.

**26.b** Setzen Sie die Beispiele aus Übung 26.a ins Präteritum!

**27.** Beantworten Sie folgende Fragen:

1. Когда́ вы должны́ встава́ть? 2. Что вы должны́ бы́ли де́лать вчера́? 3. Что вы должны́ бу́дете де́лать за́втра? 4. Когда́ вы должны́ е́хать на рабо́ту? 5. Когда́ вы должны́ начина́ть рабо́ту? 6. Что вы должны́ де́лать на рабо́те?

**28.** Lesen Sie still:

В рестора́не аэропо́рта.

– До́брый ве́чер! Что бу́дете зака́зывать?
– Что есть из заку́сок?
– Ра́зные сала́ты, икра́, колбаса́, сыр, ры́ба, мя́со.
– Я хочу́ взять то́лько заку́ску и второ́е, поэ́тому лу́чше мя́со на второ́е, а из заку́сок – икру́ и ма́сло. У вас есть чёрная икра́?
– Да. Ещё что?
– 250 грамм вина́ и буты́лку минера́льной воды́.
– А пе́рвое не хоти́те? У нас хоро́шая соля́нка.
– Уже́ 8 часо́в ве́чера. В э́то вре́мя я не ем пе́рвых блюд.
– Мо́жет быть, моро́женое?
– С удово́льствием! Но мой самолёт отправля́ется через 40 мину́т.
– Понима́ю. Че́рез 5 мину́т всё бу́дет на столе́.
– Спаси́бо.

В самолёте.

– Това́рищи пассажи́ры! Наш самолёт ТУ-134 лети́т по маршру́ту „Москва́–Берли́н“. Вре́мя в пути́ – 2 часа́ 30 мину́т. Мы прибыва́ем в Берли́н в 9 часо́в по моско́вскому вре́мени. Самолёт ведёт Алекса́ндр Фёдоров. Че́рез час вы полу́чите за́втрак. Счастли́вого пути́!

**29.** Beantworten Sie folgende Fragen:

1. Вы ча́сто лета́ли? 2. Куда́ вы лета́ли? 3. Когда́ вы лете́ли в пе́рвый раз? 4. По како́му маршру́ту вы лете́ли тогда́? 5. Как вы чу́вствовали себя́ в полёте (во вре́мя полёта)? 6. Кака́я тогда́ бы́ла пого́да? 7. Каки́м самолётом вы лете́ли? 8. Вы уже́ лета́ли вертолётом?

**30.** Gestalten Sie ein Gespräch mit einem Angestellten de Aeroflot, in dem Sie
– nach der Flugverbindung Moskau–Berlin fragen;
– nach dem Zeitpunkt des Abflugs und nach der Ankunft in Berlin fragen;
– sich nach dem Flugpreis erkundigen;
– ermitteln, mit welcher Maschine Sie fliegen werden;
– sich erkundigen, von welchem Flughafen die Maschine startet;
– sich nach den Verkehrsverbindungen zum Flughafen erkundigen!

**31.** Beantworten Sie folgende Fragen:

1. Как вы себя́ чу́вствуете? 2. Кака́я сего́дня пого́да? 3. Кака́я пого́да была́ вчера́? 4. Когда́ вы должны́ идти́ на работу?

Ю́мор

В самолёте.

Две ста́рые же́нщины (1) сидя́т в самолёте. Самолёт лети́т уже́ 30 мину́т. Тогда́ одна́ из них спра́шивает другу́ю: „Куда́ вы лети́те?"
– В Ло́ндон, к сы́ну. А вы?
– А я в Пари́ж (2), к до́чери.
– Кака́я тепе́рь прекра́сная те́хника! – говори́т пе́рвая. Мы сиди́м в одно́м самолёте и лети́м в ра́зные сто́роны. (3)

(1) же́нщина – Frau (2) Пари́ж – Paris
(3) сторона́ – Richtung

## Девятна́дцатый уро́к 19

**1.** Lesen Sie still! Erschließen Sie dabei die Bedeutung der neuen Wörter aus dem Sinnzusammenhang und – soweit erforderlich – mit Hilfe des alphabetischen Wörterverzeichnisses:

Москва́ – столи́ца Сове́тского Сою́за. В **исто́рии** ру́сского **наро́да** она́ мно́го лет была́ столи́цей. А по́сле **Октя́брьской револю́ции** столи́цей был Петрогра́д. Тепе́рь в Москве́ нахо́дится **Центра́льний Комите́т Коммунисти́ческой Па́ртии** Сове́тского Сою́за (ЦК КПСС). Здесь рабо́тает и Сове́тское **прави́тельство**. В це́нтре Москвы́ на Кра́сной пло́щади нахо́дится **Мавзоле́й** Ле́нина. **За** ним – Кремль. Здесь постро́или но́вый **дворе́ц**. По Кра́сной пло́щади прохо́дят **демонстра́ции**, **наприме́р**, пе́рвого мая и седьмо́го ноября́.

**2.a** Übersetzen Sie:

интере́сная исто́рия, исто́рия ру́сского наро́да; наро́ды Сове́тского Сою́за; Октя́брьская револю́ция, по́сле Октя́брьской револю́ции, социалисти́ческая револю́ция; центра́льная пло́щадь, центра́льные у́лицы, Центра́льный Комите́т; коммунисти́ческое о́бщество, Коммунисти́ческая па́ртия; на́ша па́ртия, чле́ны э́той па́ртии; Сове́тское прави́тельство, на́ше прави́тельство, чле́ны прави́тельства; знамени́тый мавзоле́й, Мавзоле́й Ле́нина; Моско́вский Кремль, рабо́тать в Кремле́; постро́ить дворе́ц, дворе́ц культу́ры, в э́том дворце́; больша́я демонстра́ция, проводи́ть демонстра́цию; за до́мом, за ста́нцией.

**2.b** Lesen Sie vorstehende Wortverbindungen laut!

**3.** Ersetzen Sie die jeweils unterstrichenen Wörter nacheinander durch die in Klammern angegebenen:

1. В це́нтре Москвы́ нахо́дится Кра́сная пло́щадь. (Кремль, Мавзоле́й Ле́нина, зда́ние прави́тельства, зда́ние Центра́льного Комите́та) 2. Э́тот това́рищ – член на́шей па́ртии. (на́ше прави́тельство, Центра́льный Комите́т, наш комите́т) 3. Что вы зна́ете об исто́рии ру́сского наро́да? (наш наро́д, на́ша па́ртия, на́ша столи́ца, э́тот го́род) 4. Скажи́те, пожа́луйста, где нахо́дится Мавзоле́й Ле́нина? (Центра́льная пло́щадь, Кремль, Дворе́ц культу́ры, зда́ние Центра́льного Комите́та) 5. Как мне пройти́ к Кремлю́? (Мавзоле́й Ле́нина, дворе́ц спо́рта, Дворе́ц культу́ры, зда́ние Центра́льного Комите́та)

**4.** Verbinden Sie die Adjektive mit den in Klammern angegebenen Substantiven:

центра́льный (комите́т, пло́щадь, у́лицы, стадио́н, бюро́, ме́сто); коммунисти́ческий (па́ртия, стра́ны, о́бщество, прави́тельство).

**5.** Beantworten Sie folgende Fragen:

1. Како́й го́род – столи́ца Сове́тского Сою́за? 2. Како́й го́род был столи́цей по́сле Октя́брьской револю́ции? 3. Где рабо́тает Сове́тское прави́тельство? 4. Что нахо́дится на Кра́сной пло́щади? 5. Где нахо́дится Центра́льный Комите́т Коммунисти́ческой Па́ртии Сове́тского Сою́за? 6. Каки́е дворцы́ есть в Москве́? 7. Что вы зна́ете об исто́рии ру́сского наро́да?

**6.** Prägen Sie sich folgende Wörter, Wortverbindungen und Sätze ein:

| | |
|---|---|
| исто́рия | Geschichte |
| исто́рия на́шего го́рода | |
| наро́д | Volk |
| наш наро́д, наро́ды Сове́тского Сою́за | |
| револю́ция | Revolution |
| Октя́брьская револю́ция | Oktoberrevolution |
| по́сле Октя́брьской револю́ции | |
| центра́льный | Zentral- (in Zusammensetzungen), zentral(er) |
| центра́льная пло́щадь, центра́льные у́лицы | |
| комите́т | Komitee |
| Центра́льный Комите́т (ЦК) | |
| коммунисти́ческий | kommunistisch |
| коммунисти́ческая страна́, коммунисти́ческое о́бщество | |
| па́ртия | Partei |
| Коммунисти́ческая Па́ртия Сове́тского Сою́за (КПСС) | |

| | |
|---|---|
| прави́тельство | Regierung |
| прави́тельство на́шей страны́, чле́ны прави́тельства | |
| мавзоле́й | Mausoleum |
| знамени́тый мавзоле́й, Мавзоле́й Ле́нина | |
| за | hinter, nach |
| за до́мом, за реко́й, за ста́нцией | |
| Кремль | Kreml |
| моско́вский Кремль, рабо́тать в Кремле́ | |
| дворе́ц | Palast, Palais |
| дворе́ц культу́ры, во Дворце́ спо́рта | |
| демонстра́ция | Demonstration, Kundgebung |
| больша́я демонстра́ция, идти́ на демонстра́цию | |
| наприме́р | zum Beispiel |
| Добро́ пожа́ловать! | Herzlich willkommen! |
| Добро́ пожа́ловать в Москву́! Добро́ пожа́ловать к нам! | |

**7.** Ersetzen Sie die jeweils unterstrichenen Wörter nacheinander durch die in Klammern angegebenen:

1. Но́вая ста́нция нахо́дится за па́рком. (Дворе́ц спо́рта, библиоте́ка, музе́й, дворе́ц культу́ры, Мавзоле́й) 2. Добро́ пожа́ловать в Москву́. (Ленингра́д, на́ша столи́ца, на́ша респу́блика, Со́чи, Ки́ев) 3. Он мно́го зна́ет об исто́рии на́шего наро́да. (ру́сский наро́д, наро́ды Сове́тского Сою́за)

**8.a** Übersetzen Sie:

Добро́ пожа́ловать в Москву́!

– Па́вел, по ра́дио сказа́ли, что самолёт при́был. Где ты был?
– Зна́ю. Я покупа́л газе́ты. А вот и на́ши друзья́.

Здра́вствуйте, дороги́е мои́! Добро́ пожа́ловать в Москву́!
– Здра́вствуйте, това́рищи! Вот мы и встре́тились!
– Как полёт? Ваш самолёт опозда́л на два часа́.
– Была́ плоха́я пого́да. Но мы себя́ хорошо́ чу́вствуем.
– Да́йте ваш бага́ж. Идём к маши́не. Мы вам заказа́ли но́мер в гости́нице „Росси́я". Э́то удо́бно, в це́нтре.
– Спаси́бо.

**8.b** Lesen Sie vorstehenden Dialog laut!

**9.a** Lesen Sie still!

Ты́сяча девятьсо́т се́мьдесят второ́й год. В а́вгусте ты́сяча девятьсо́т се́мьдесят пе́рвого го́да. В ты́сяча девятьсо́т шестьдеся́т девя́том году́.

**9.b** Die Jahresangabe erfolgt durch Ordnungszahlen.

**9.c** Übersetzen Sie:

В 1971 году́. В январе́ 1974 го́да. 1917 год. Э́то бы́ло в 1965 году́. Мы бы́ли в Москве́ в феврале́ 1972 го́да. 1945 год.

**9.d** Lesen Sie die Beispiele aus Übung 9.c laut!

**10.** Beantworten Sie folgende Fragen:

1. В како́м году́ была́ Октя́брьская револю́ция? 2. В како́м году́ по́сле револю́ции Москва́ ста́ла столи́цей? (1918) 3. В како́м году́ вы бы́ли за грани́цей? 4. В како́м году́ вы прие́дете в Сове́тский Сою́з? 5. В како́м году́ вы познако́мились с ва́шей жено́й (с ва́шим му́жем)? 6. В како́м году́ вы получи́ли но́вую кварти́ру?

**11.a** Übersetzen Sie:

В такси́ по столи́це.
– Това́рищ води́тель, к гости́нице „Росси́я", пожа́луйста!
– Далеко́ до гости́ницы, Па́вел Алексе́евич?
– Приблизи́тельно час – час 15 мину́т.
– Я чита́л, что гости́ница „Росси́я" нахо́дится недалеко́ от Кремля́.

– Да. Из о́кон ва́шего но́мера вы уви́дите Кра́сную пло́щадь и Кремль. Вы никогда́ ещё не бы́ли в Москве́?
– Я уже́ здесь второ́й раз. Пе́рвого ма́я 1971 го́да я был в Москве́ то́лько 2 часа́. Мы лете́ли в Ленингра́д.
– Зна́чит, го́рода вы ещё не ви́дели? Тогда́ смотри́те: мы е́дем по центра́льным у́лицам. Здесь постро́или мно́го совреме́нных зда́ний.

**11.b** Lesen Sie vorstehenden Dialog laut!

**12.** Heißen Sie jemanden herzlich willkommen! Verwenden Sie dabei Ленингра́д, Берли́н, Мю́нхен, на́ша столи́ца, на́ша респу́блика, Ве́на (Wien).
Muster: Добро́ пожа́ловать в Москву́!

**13.** Erkundigen Sie sich, wo sich bestimmte Einrichtungen, Gebäude oder Sehenswürdigkeiten befinden! Verwenden Sie dabei Кремль, Кра́сная пло́щадь, Мавзоле́й Ле́нина, Дворе́ц культу́ры, дом э́того о́бщества, зда́ние ЦК, Дворе́ц спо́рта.

Muster: Скажи́те, пожа́луйста, где нахо́дится Большо́й Теа́тр?

**14.** Erkundigen Sie sich, wie man zu den in Übung 13 genannten Einrichtungen (usw.) gelangen kann!

Muster: Как прое́хать к Большо́му Теа́тру?

**15.** Lesen Sie still:

На Кра́сной пло́щади.

– Вот мы и на Кра́сной пло́щади! Что э́то за дворе́ц в Кремле́!
– В э́том дворце́ рабо́тает Сове́тское прави́тельство. Там нахо́дится и ма́ленькая кварти́ра, где жил Влади́мир Ильи́ч Ле́нин. Она́ стала́ тепе́рь музе́ем.
– А где нахо́дится Центра́льный Комите́т Коммунисти́ческой Па́ртии Сове́тского Сою́за?
– В друго́м зда́нии на Но́вой пло́щади.
– Москва́ всегда́ была́ столи́цей Сове́тского Сою́за?
– Нет, по́сле Октя́брьской револю́ции столи́цей был

Петрогра́д, а в ма́рте 1918 го́да столи́цей стала́ Москва́.
– Э́то ста́рая ру́сская столи́ца? Да?
– Да. Она́ была́ столи́цей ещё до 1712 го́да. А э́то сле́ва – знамени́тое зда́ние Мавзоле́я Ле́нина.
– Э́то мы, коне́чно, зна́ем. Мы ви́дели мно́го фи́льмов о Москве́. У нас есть откры́тки с ви́дами ва́шей столи́цы.
– В Кремле́ вы увидите мно́го па́мятников про́шлого на́шего наро́да. Но на́ша столи́ца сейча́с – социалисти́ческий го́род.
– А что нахо́дится там, спра́ва?
– Э́то ГУМ. По э́той пло́щади прохо́дят демонстра́ции. Здесь ка́ждое зда́ние – исто́рия ру́сского наро́да. Э́тот па́мятник 1556 го́да постро́или при Ива́не четвёртом.
– А почему́ пло́щадь – Кра́сная?
– В ста́ром ру́сском языке́ кра́сный – прекра́сный, о́чень хоро́ший. Пло́щадь у Кремля́ и была́ удо́бной, большо́й, лу́чшей из всех. Вот отку́да она́ – Кра́сная пло́щадь.
– О́чень интере́сно!

**16.a** Lesen Sie still! Erschließen Sie dabei die Bedeutung der unterstrichenen Wörter aus dem Sinnzusammenhang und – soweit erforderlich – mit Hilfe des alphabetischen Wörterverzeichnisses:

В це́нтре Москвы́ мно́го **истори́ческих** зда́ний и па́мятников: Кремль, ста́рые дворцы́, Большо́й теа́тр, зда́ние Моско́вского **Сове́та и так да́лее**. Но́вые райо́ны постро́или, наприме́р, на Ле́нинских **гора́х**. Здесь нахо́дятся и высо́кие зда́ния университе́та и́мени Ломоно́сова. В Москве́ есть и друго́й университе́т: Университе́т **Дру́жбы** Наро́дов. С Ле́нинских гор прекра́сный вид на весь го́род. Сове́тский наро́д стро́ит счастли́вое за́втра. Он хо́чет **ми́ра** и дру́жбы со все́ми наро́дами.

**16.b** Vergleichen Sie die neuen Wörter mit bereits bekannten:

Центра́льный – центр; истори́ческий – исто́рия; сове́т – сове́тский; и так да́лее – и – так – далеко́; коммунисти́ческий – социалисти́ческий – капиталисти́ческий.

**17.a** Übersetzen Sie:

истори́ческий па́мятник, истори́ческая демонстра́ция, истори́ческое зда́ние; хоро́ший сове́т, Моско́вский сове́т, высо́кая гора́, Ле́нинские го́ры, хоро́шая дру́жба, дру́жба наро́дов. За на́шу дру́жбу! Мы хоти́м дру́жбы. За мир во всём ми́ре! Наш наро́д хо́чет ми́ра.

**17.b** Lesen Sie vorstehende Wortverbindungen und Sätze laut!

**18.** Prägen Sie sich folgende Wörter, Wortverbindungen und Sätze ein:

| | |
|---|---|
| истори́ческий | historisch, geschichtlich |
| истори́ческий па́мятник, истори́ческие зда́ния | |
| сове́т | Rat, Sowjet |
| хоро́ший сове́т, Моско́вский Сове́т, дать сове́т | |
| и так да́лее (и т. д.) | und so weiter (usw.) |
| дру́жба | Freundschaft |
| на́ша дру́жба, дру́жба наро́дов | |
| мир | Frieden; Welt |
| Мы хоти́м ми́ра. Мир во всём ми́ре! | |
| гора́ | Berg |
| высо́кая гора́, е́хать в го́ры | |
| Ле́нинские го́ры | Leninberge (in Moskau) |
| находи́ться на Ле́нинских гора́х, вид с Ле́нинских гор | |
| под | unter |
| под столо́м, под шка́фом, под таре́лкой | |

над — über; an

над на́ми, над реко́й, над столо́м

**19.** Ersetzen Sie die jeweils unterstrichenen Wörter nacheinander durch die in Klammern angegebenen:

1. Де́ньги лежа́т под книго́й. (журна́л, газе́та, таре́лка) 2. В кварти́ре над на́ми живу́т на́ши знако́мые (магази́н, они́, она́) 3. Но́вую ста́нцию стро́ят за теа́тром. (Дворе́ц культу́ры, стадио́н, гости́ница)

**20.** Lesen Sie still:

По це́нтру Москвы́.

– Наш авто́бус идёт по центра́льным у́лицам Москвы́. Э́то пло́щадь Октя́брьской револю́ции. Сейча́с мы пое́дем по у́лице Го́рького.
– Что нахо́дится в э́том зда́нии, сле́ва?
– Э́то Центра́льный Телегра́ф. А вот сле́ва кра́сное зда́ние. Э́то Моско́вский Сове́т (Моссове́т) и здесь Сове́тская пло́щадь. А спра́ва ещё оди́н истори́ческий па́мятник.
– Как мно́го в Москве́ но́вых зда́ний!
– Мы уже́ прое́хали совреме́нное зда́ние гости́ницы „Национа́ль", а там вы уви́дите но́вую гости́ницу „Минск".
– А кака́я э́то пло́щадь?
– Пло́щадь Пу́шкина. Спра́ва па́мятник Пу́шкину, а за ним – кинотеа́тр „Росси́я" на 2 ты́сячи мест.
– А что там на углу́?
– Э́то жило́й дом. Мы е́дем к пло́щади Маяко́вского. Спра́ва на углу́ зал и́мени Чайко́вского, а здесь рестора́н „Со́фия". Посмотри́те: вот сле́ва кинотеа́тр „Москва́".

**21.a** Für eine Reihe deutscher Verben sind bereits russische Verbpaare bekannt. Übersetzen Sie:

писа́ть / написа́ть
ви́деть / уви́деть
знако́миться / познако́миться

пить / вы́пить
есть / съесть
забыва́ть / забы́ть
опа́здывать / опозда́ть
зака́зывать / заказа́ть
посыла́ть / посла́ть
дава́ть / дать
покупа́ть / купи́ть
говори́ть / сказа́ть

**21.b** Mit Hilfe so gearteter Verbpaare unterscheidet man zwei Betrachtungsweisen der Handlung, zwei Aspekte: den unvollendeten Aspekt und den vollendeten Aspekt.

**21.c** Beim Gebrauch des vollendeten Aspektes wird die Begrenzung einer Handlung (ihr Ergebnis, ihr Abschluß, ihre Einmaligkeit) hervorgehoben. Zum Beispiel:

Он купи́л маши́ну. Она́ написа́ла письмо́. Что они́ сказа́ли? Мы с ни́ми уже́ познако́мились. За́втра я пошлю́ ему́ телегра́мму.

**21.d** Bei der Verwendung des unvollendeten Aspekts wird nicht die Begrenzung der Tätigkeit hervorgehoben, sondern die Handlung selbst, ihr Verlauf, ihre Fortdauer, ihre Wiederholung; zum Beispiel:

Я всегда́ покупа́л проду́кты в но́вом магази́не. Она́ мне писа́ла пи́сьма и откры́тки из Ленингра́да. Мы знако́мились с ра́зными това́рищами. Они́ до́лго говори́ли. Я вам бу́ду посыла́ть телегра́ммы.

**21.e** Die Beispiele unter 21.a enthalten jeweils links die unvollendeten (unvo.) und rechts die vollendeten (vo.) Verben.

**22.a** Übersetzen Sie:

1.a Вы покупа́ли проду́кты в э́том магази́не?
b Когда́ он купи́л себе́ маши́ну?
2.a Мы ви́дели мно́го истори́ческих па́мятников.
b Я уви́дел его́ в аэропорту́.

3.a Ты с ним ужé познакóмился?
b Во врéмя демонстрáции мы дóлго знакóмились с рáзными товáрищами.
4.a Моя́ знакóмая ужé мнóго раз забывáла дéньги дóма.
b Вчерá онá не моглá приéхать к нам, потомý что забы́ла дéньги дóма.
5.a Он нéсколько раз опáздывал на рабóту.
b Самолёт опоздáл на час.

**22.b** Bestimmen Sie den Aspekt in vorstehenden Beispielen! Begründen Sie, warum der unvollendete bzw. der vollendete Aspekt gebraucht wird.

**23.a** Von den unvollendeten Verben können alle drei Tempusformen gebildet werden (Präsens, Präteritum, Futur). Von den vollendeten Verben werden nur zwei Tempusformen gebildet (Präteritum und Futur). Zum Beispiel:

| | Infinitiv | Präsens | Präteritum | Futur |
|---|---|---|---|---|
| unvollendet | писáть | я пишý | я писáл | я бýду писáть |
| vollendet | написáть | — | я написáл | я напишý |

Die konjugierten Formen der vollendeten Verben haben also Futurbedeutung.

**23.b** Übersetzen Sie:

1. Зáвтра я напишý письмó. 2. Мы уви́димся сегóдня вéчером. 3. Ты с ним познакóмишься в Ленингрáде. 4. За ýжином мы вы́пьем буты́лку шампáнского. 5. Кто закáжет билéты? 6. Когдá вы кýпите маши́ну? 7. Чéрез три недéли они́ полýчат нóвую кварти́ру. 8. Ты дашь емý свой áдрес? 9. Я вам скажý об э́том зáвтра. 10. Комý ты пошлёшь э́ти откры́тки?

**24.** Fügen Sie das Verb des jeweils erforderlichen Aspekts im Präteritum ein:

| | |
|---|---|
| 1.a На ско́лько часо́в … самолёт?<br>b Она́ ча́сто … на конце́рт. | опа́здывать/опозда́ть |
| 2.a Где вы … вку́сные фру́кты?<br>b Он … неда́вно но́вую ме́бель. | покупа́ть / купи́ть |
| 3.a Из Москвы́ они́ ча́сто … откры́тки.<br>b Он … телегра́мму вчера́. | посыла́ть/посла́ть |
| 4.a В Москве́ он … мно́го истори́ческих зда́ний.<br>b Он прие́хал в Москву́ и … но́вые зда́ния. | ви́деть/уви́деть |
| 5.a Вы уже́ … все фру́кты?<br>b Она́ … фру́кты ка́ждый день. | есть / съесть |

**25.a** Prägen Sie sich die Aspektpartner zu folgenden bereits bekannten (unvollendeten) Verben ein:

| **unvollendet** (unvo.) | **vollendet** (vo.) |
|---|---|
| е́хать | пое́хать |
| за́втракать | поза́втракать |
| обе́дать | пообе́дать |
| у́жинать | поу́жинать |
| де́лать | сде́лать |
| смотре́ть | посмотре́ть |
| стро́ить | постро́ить |
| нра́виться | понра́виться |
| плати́ть | заплати́ть |
| ду́мать | поду́мать |
| чита́ть | прочита́ть |

**25.b** Übersetzen Sie:

1. Где мо́жно поза́втракать? 2. Когда́ мо́жно поу́жинать в ваго́не-рестора́не? 3. Он получи́л письмо́ и прочита́л его́. 4. Как вам понра́вились истори́ческие па́мятники? 5. Заплати́те в ка́ссу. 6. Ско́лько вы запла́тите за маши́ну? 7. Что он сде́лал? 8. Поду́майте об э́том. 9. В ваго́не-рестора́не сейча́с нельзя́ пообе́дать. 10. Я прочита́ю э́ту кни́гу до вто́рника. 11. Э́то мы сде́лаем. 12. Где постро́ят но́вый дворе́ц? 13. Его́ уже́ постро́или. 14. Посмотри́те вот а́дрес.

**26.** Beantworten Sie folgende Fragen:
1. Где мóжно поýжинать? 2. Что пострóили в Москвé? 3. Что пострóили в вáшем гóроде? 4. Какúе спортúвные соревновáния вы вúдели? 5. Как вам понрáвился э́тот концéрт?

**27.** Lesen Sie still:
На Лéнинских горáх.
– Какóй прекрáсный вид! Вся Москвá под нáми.
– С Лéнинских гор в хорóшую погóду мóжно всё увúдеть.
– Что э́то за здáние у рекú?
– Э́то Центрáльный стадиóн úмени Лéнина.
– А спрáва Кремль?
– Да. А вот там университéт и парк культýры.
– Смотрúте, спортсмéны занимáются лёгкой атлéтикой.
– Здесь всегдá тренирýются на рáзных спортúвных площáдках.
– В вáшем гóроде мы чýвствуем, как мнóго вы стрóите.
– Мы дýмаем о коммунистúческом зáвтра нáшего гóрода. Поэ́тому, все здáния и ýлицы дéлают сейчáс удóбными для жúтелей Москвы́. Онú должны́ жить счастлúво. Наш нарóд хóчет мúра и дрýжбы с другúми нарóдами.
– Мы знáем и вúдим э́то.
Вы знáете, что ...
... пóсле Октя́брьской революции территóрия Москвы́ сталá бóльше (1) в пять раз? Территóрия совремéнной Москвы́ в три рáза бóльше, чем (1) территóрия Лóндона и приблизúтельно в вóсемь раз бóльше, чем (1) Парúж. (2)
– в Москвé 1800 ýлиц? Из них сáмая длúнная – Лéнинский проспéкт (14 километров).
... приблизúтельно 90% всех москóвских школ нахóдится в нóвых здáниях?
... в Москвé 74 инститýта и два университéта, в котóрых ýчатся (4) бóльше (5) 820 ты́сяч студéнтов? Тóлько в Москóвском университéте úмени Ломонóсова ýчатся (4) 30 тысяч студéнтов и студéнток.

... пе́рвый по́езд Моско́вского метро́ отпра́вился в путь 15 ма́я 1935 го́да, а сейча́с длина́ тра́ссы (6) метро́ – приблизи́тельно 146 киломе́тров? В 1980 году́ поезда́ метро́ бу́дут ходи́ть по тра́ссе в 160 киломе́тров.
... в столи́це де́вять вокза́лов и 3 больши́х аэропо́рта?

(1) бо́льше (чем) – größer (als)
(2) Пари́ж – Paris
(3) са́мая дли́нная – die längste
(4) учи́ться – studieren
(5) бо́льше – mehr (als)
(6) длина́ тра́ссы – Streckenlänge

## Двадца́тый уро́к 20

**1.a** Lesen Sie still! Erschließen Sie dabei die Bedeutung der neuen Wörter aus dem Sinnzusammenhang und – soweit erforderlich – mit Hilfe des alphabetischen Wörterverzeichnisses:

Сего́дня я хочу́ **предста́вить** вам чле́нов на́шей **делега́ции.** В ней 8 **же́нщин** и 12 **мужчи́н,** зна́чит, два́дцать **челове́к.** Все они́ молоды́е **лю́ди**, чле́ны **комсомо́ла**. Во вре́мя на́шей **пое́здки,** во вре́мя **экску́рсий** и разгово́ров мы хоти́м познако́миться с людьми́ в ва́шей стране́, с их рабо́той, с рабо́той **профсою́за.** Мы хоти́м **осмотре́ть** города́, заво́ды и т. д. Мы хоти́м **узна́ть,** как живу́т у вас лю́ди, как они́ **у́чатся**, что у на́ших наро́дов **о́бщего,** сейча́с и в **бу́дущем.**

**1.b** Vergleichen Sie die neuen Wörter mit bereits bekannten:

же́нщина – жена́; мужчи́на – муж; пое́здка – е́хать – пое́хать; профсою́з – сою́з, осма́тривать – осмотре́ть – смотре́ть – посмотре́ть; узнава́ть – узна́ть – знать; учи́ться – научи́ться – учи́тель – учи́тельница; бу́дущий – я бу́ду – ты бу́дешь; о́бщий – о́бщество.

**2.a** Übersetzen Sie:

представить чле́нов клу́ба, предста́вить но́вого рабо́чего; предста́виться това́рищам, предста́вить себе́ про́шлое; на́ша делега́ция, чле́ны делега́ции; молода́я же́нщина, не́сколько же́нщин; ста́рый мужчи́на; молодо́й челове́к, прия́тные лю́ди, ско́лько челове́к; член комсомо́ла; пое́здка в Москву́, интере́сная пое́здка, во вре́мя пое́здки; экску́рсия в музе́й, интере́сная экску́рсия; наш профсою́з; рабо́та профсою́за; осма́тривать го́род, осмотре́ть музе́й; узнава́ть но́вое, узна́ть челове́ка; учи́ться в шко́ле, научи́ться пла́вать; о́бщий язы́к, о́бщая кварти́ра, о́бщие успе́хи; бу́дущий год, бу́дущая неде́ля, бу́дущее ле́то; ду́мать о бу́дущем, предста́вить себе́ бу́дущее.

**2.b** Lesen Sie vorstehende Wortverbindungen laut!

**3.** Verbinden Sie die Adjektive mit den in Klammern angegebenen Substantiven:

о́бщий (язы́к, кварти́ра, успе́хи, бу́дущее, пое́здка); молодо́й (мужчи́на, же́нщина, лю́ди, член профсою́за, челове́к); бу́дущий (ме́сяц, неде́ля, го́ды, дни, ле́то, зима́).

**4.** Ersetzen Sie die jeweils unterstrichenen Wörter nacheinander durch die in Klammern angegebenen:

1. Делега́ция осмотре́ла го́род. (музе́й, Кремль, Мавзоле́й Ле́нина, дворе́ц культу́ры) 2. Я хочу́ предста́вить вам чле́нов на́шей делега́ции. (наш комите́т, комите́т па́ртии, комите́т профсою́за, спорти́вный клуб, на́ша кома́нда) 3. Предста́вьте нам, пожа́луйста, э́тих же́нщин. (э́ти мужчи́ны, молоды́е лю́ди, молодо́й челове́к, чле́ны делега́ции) 4. Где вы бы́ли во вре́мя о́тпуска? (пое́здка, экску́рсия, полёт) 5. Вы уже́ ста́ли чле́ном па́ртии? (комсомо́л, профсою́з, на́ше о́бщество, наш клуб) 6. Что вы хоти́те узна́ть о на́шей рабо́те? (комсомо́л, профсою́з, на́ша экску́рсия, на́ша пое́здка)

**5.** Übersetzen Sie! Beachten Sie dabei die unterschiedliche Tempusbedeutung der konjugierten Formen von осма́тривать (unvo.), осмотре́ть (vo.), представля́ть (unvo.), предста́вить (vo.), узнава́ть (я узнаю́, ты узнаёшь; usw. unvo.), узна́ть (я узна́ю, ты узна́ешь; vo.):

1. Она́ меня́ не узнаёт. Я узна́ю в бюро́, когда́ лети́т наш самолёт. Я всегда́ узнаю́ по телефо́ну, где продаю́т биле́ты. 2. Тепе́рь мы осма́триваем центра́льные райо́ны го́рода. Музе́й осмо́трим за́втра. 3. Э́того това́рища я вам предста́влю сего́дня ве́чером. Я ча́сто представля́ю себе́ бу́дущее на́ших дете́й.

**6.** Sagen Sie, wo einer Ihrer Familienangehörigen studiert (lernt). Verwenden Sie dabei шко́ла, университе́т, институ́т, заво́д, Сове́тский Сою́з.

Muster: Мой сын у́чится в институ́те.

**7.** Sagen Sie, was jemand lernt bzw. gelernt hat! Verwenden Sie dabei лета́ть, води́ть маши́ну, чита́ть, говори́ть по-ру́сски, пла́вать, игра́ть в волейбо́л, писа́ть.

Muster: Наш ма́ленький сын у́чится (научи́лся) ходи́ть.

**8.** Prägen Sie sich folgende Wörter, Wortverbindungen und Sätze ein:

| | |
|---|---|
| представля́ть(ся)/ предста́вить(ся) | (sich) vorstellen |
| Хочу́ предста́вить вам това́рищей из-за грани́цы. | |
| Он вам уже́ предста́вился? | |
| Я ча́сто представля́ю себе́ бу́дущее. | |
| делега́ция | Delegation |
| чле́ны делега́ции | |
| же́нщина | Frau |
| молода́я же́нщина, не́сколько же́нщин | |
| мужчи́на | Mann |
| высо́кий мужчи́на, молоды́е мужчи́ны | |

| | |
|---|---|
| человéк | Mensch |
| приятный человéк, знать э́того человéка | |
| лю́ди | Menschen, Leute |
| скóлько человéк, нéсколько человéк, двáдцать человéк; мнóго (мáло) людéй | |
| комсомóл | Komsomol |
| поéздка | Reise |
| интерéсная поéздка, поéздка за грани́цу, во врéмя нáших поéздок | |
| экскýрсия | Exkursion, Ausflug, Rundfahrt |
| пóсле экскýрсии | |
| профсою́з | Gewerkschaft |
| осмáтривать/ осмотрéть | besichtigen |
| осмáтривать гóрод, осмотрéть музéй | |
| узнавáть/ узнáть | erfahren, erkennen |
| Я всегдá узнаю́ об э́том по телефóну. Ты егó узнáешь? | |
| учи́ться/ научи́ться | lernen, studieren |
| Он ýчится в университéте. Вы ужé научи́лись води́ть маши́ну? | |
| óбщий | gemeinsam |
| óбщий язы́к, óбщая рабóта, óбщие успéхи. У нас мнóго óбщего. | |
| бýдущий | (zu-) künftig, folgend, kommend |
| бýдущий год, бýдущая зимá, бýдущее лéто | |

бу́дущее — Zukunft
счастли́вое бу́дущее,
ду́мать о бу́дущем

**9.a** Lesen Sie still:

Сове́тская делега́ция за грани́цей.

– Дороги́е друзья́! Я хочу́ предста́вить вам чле́нов на́шей делега́ции. Здесь това́рищи из ра́зных городо́в и райо́нов на́шей страны́: из Москвы́, Ленингра́да, Ки́ева, Росто́ва, Ташке́нта.
– В ва́шей делега́ции есть студе́нты?
– Два студе́нта из Ки́ева и оди́н из Москвы́.
– А ещё кто? Колхо́зники, рабо́чие то́же есть?
– Коне́чно. И врачи́, инжене́ры, учителя́.
– Ско́лько челове́к в делега́ции?
– Двена́дцать. Как, ви́дите, э́то молоды́е лю́ди, кото́рые осо́бенно интересу́ются рабо́той ва́шего профсою́за, хотя́т осмотре́ть ваш го́род.
– Они́ говоря́т по-неме́цки?
– Не все. Но не́сколько това́рищей понима́ют по-неме́цки.
– Ско́лько дней вы бу́дете у нас в гостя́х?
– В суббо́ту мы должны́ быть в Берли́не. Зна́чит, 6 дней.
– Вы лети́те и́ли е́дете?
– Е́дем авто́бусом.
– Ну, хорошо́, встре́тимся по́сле за́втрака и отпра́вимся в университе́т. На́ши студе́нты хотя́т узна́ть, как живу́т и у́чатся молоды́е лю́ди в Сове́тском Сою́зе.

**9.b** Lesen Sie vorstehenden Dialog laut!

**10.** Stellen Sie jemanden vor! Verwenden Sie dabei

чле́ны на́шей делега́ции, но́вый ма́стер, лу́чшие же́нщины и мужчи́ны на́шего заво́да, молоды́е лю́ди

Muster: Я хочу́ предста́вить вам чле́нов на́шего комите́та.

**11.** Erkundigen Sie sich, wer zu einer Delegation gehört!

Verwenden Sie dabei инженéр, врáч, колхóзник, учи́тель, арти́ст, рабóчий,члéны комсомóла.

Muster: В вáшей делегáции есть и студéнты?

**12.** Erkundigen Sie sich, wofür sich die Mitglieder der Delegation interessieren! Verwenden Sie dabei рабóта нáшего завóда, рабóта профсою́за, нóвая мýзыка, истóрия комсомóла.

Muster: Члéны вáшей делегáции интересýются спорти́вными соревновáниями?

**13.** Sagen Sie, was Sie besichtigen wollen! Verwenden Sie dabei Истори́ческий музéй, Библиотéка и́мени Лéнина, Университéт Дрýжбы нарóдов, Мавзолéй Лéнина, Кремль, Дворéц спóрта, Плóщадь Октя́брьской революции, Лéнинские гóры!

Muster: Мы хоти́м осмотрéть центр гóрода.

**14.** Übersetzen Sie:

Тури́ст из Тóмска.

– Вы член делегáции совéтского комсомóла? Откýда вы?
– Из Тóмска. Но я тури́ст и приéхал в Дю́ссельдорф на зкскýрсию.
– А скóлько стóит у вас такáя поéздка за грани́цу?
– Поéздка на 2 недéли в ФРГ стóит 180 рублéй. Из них профсою́з плáтит 100, а я тóлько 80.
– А кто вы? Вы студéнт?
– Как вам сказáть? ... Я учýсь и рабóтаю. Днём я рабóчий, а вéчером студéнт университéта.
– Как? В Тóмске есть университéт?
– Конéчно. Томск – гóрод студéнтов. В нём мнóго институ́тов.
– А когдá вы кончáете учи́ться?
– На бýдущий год.
– И кем вы бýдете?
– Мóжно сказáть, что я ужé стал: в э́том годý я рабóтаю инженéром.

– У вас и семья́ есть?
– Да, жена́ и ма́ленькая дочь. С жено́й у меня́ мно́го о́бщего: она́ то́же инжене́р и рабо́тает на моём заво́де.
– А спо́ртом вы занима́етесь?
– Коне́чно. Жена́ и я – чле́ны спорти́вного о́бщества. Мы о́чень лю́бим лёгкую атле́тику.

**15.** Die Aspektpaare lassen sich an einigen charakteristischen Merkmalen erkennen. So werden zum Beispiel viele unvollendete Verben durch eine Vorsilbe (durch Präfigierung) zu vollendeten.
Vergleichen Sie:

| **unvollendet** | **vollendet** |
|---|---|
| стро́ить | **по**стро́ить |
| писа́ть | **на**писа́ть |
| чита́ть | **про**чита́ть |
| де́лать | **с**де́лать |

(Weitere Beispiele enthält in Lektion 19 die Übung 25.)
Umgekehrt können unvollendete Verben von vollendeten durch eine Nachsilbe (durch Suffigierung) gebildet werden. Als Suffixe (Nachsilben) treten -ыва- (-ива-), -а- (-я-) und -ва- auf. Dabei kommt es manchmal zu einem Konsonantenwechsel im Stammauslaut. Verbpaare dieser Bildungsweise sind:

Suffix -ыва- (-ива)

| **unvo.** | **vo.** |
|---|---|
| расска́з**ыва**ть | рассказа́ть |
| спра́ш**ива**ть | спроси́ть |
| пока́з**ыва**ть | показа́ть |
| осма́тр**ива**ть | осмотре́ть |
| зака́з**ыва**ть | заказа́ть |
| опа́зд**ыва**ть | опозда́ть |

Suffix -ва-

| **unvo.** | **vo.** |
|---|---|
| да**ва́**ть | дать |
| прода**ва́**ть | прода́ть |
| узна**ва́**ть | узна́ть |
| прибы**ва́**ть | прибы́ть |

| | | |
|---|---|---|
| забыва́ть | | забы́ть |
| Suffix | -а- (-я-) | |
| **unvo.** | | **vo.** |
| встреча́ть | | встре́тить |
| отвеча́ть | | отве́тить |
| предлага́ть | | предложи́ть |
| представля́ть | | предста́вить |
| отправля́ться | | отпра́виться |
| получа́ть | | получи́ть |

Einige Aspektpaare haben verschiedene Wortwurzeln oder unterscheiden sich durch andere Merkmale; zum Beispiel:

| | |
|---|---|
| **unvo.** | **vo.** |
| говори́ть | сказа́ть |
| брать | взять |
| посыла́ть | посла́ть |
| покупа́ть | купи́ть |
| начина́ть | нача́ть |
| понима́ть | поня́ть |

**16.** Übersetzen Sie! Beachten Sie dabei die unterschiedliche Tempusbedeutung der konjugierten Formen unvollendeter und vollendeter Verben.

1. Вы говори́те по-ру́сски? Он вам ска́жет об э́том за́втра. 2. Я возьму́ бе́лую блу́зку и све́тлое пла́тье. На пе́рвое я всегда́ беру́ борщ. 3. Я вам дам свой а́дрес за́втра. В самолёте даю́т пассажи́рам вку́сный за́втрак. 4. Почему́ ты сейча́с спра́шиваешь меня́ об э́том? Ты спро́сишь отца́ о пое́здке? 5. Официа́нт предлага́ет на второ́е пельме́ни. Я ду́маю, что он нам предло́жит интере́сную экску́рсию. 6. Рестора́н всегда́ начина́ет рабо́тать в 11 часо́в. Но сего́дня он начнёт рабо́тать то́лько в 13 часо́в.

**17.a** In Verbindung mit (оди́н) раз und вдруг (= plötzlich) steht gewöhnlich der vollendete Aspekt. Wird durch ча́сто, всегда́, иногда́, до́лго, ка́ждый день, не́сколько раз usw. die Wiederholung oder Dauer einer Handlung hervorgehoben, gebraucht man im allgemeinen den unvollendeten Aspekt.

**17.b** Übersetzen Sie:

1. Ка́ждое ле́то мы встреча́лись на Чёрном мо́ре. – С ним мы то́лько раз встре́тились. 2. Она́ ча́сто забыва́ла свои́ биле́ты до́ма. 3. Иногда́ мы осма́тривали истори́ческие зда́ния и па́мятники. 4. Вчера́ я получи́л письмо́ от на́ших знако́мых. – Мы ча́сто получа́ли пи́сьма и откры́тки из Москвы́. 5. Вдру́г он спроси́л меня́ о бра́те. Во вре́мя экску́рсии она́ всегда́ спра́шивала меня́ обо всём. 6. Он уже́ всё рассказа́л об о́тпуске? – Когда́ мы бы́ли у него́ в гостя́х, он до́лго расска́зывал об о́тпуске.

**18.** Lesen Sie still! Erschließen Sie dabei die Bedeutung der neuen Wörter aus dem Sinnzusammenhang und – soweit erforderlich – mit Hilfe des alphabetischen Wörterverzeichnisses:

Мы хорошо́ **по́мним** на́шу пое́здку в Москву́. Э́то бы́ло прекра́сное вре́мя, потому́ что на́ши сове́тские друзья́ **помога́ли** нам знако́миться со столи́цей СССР. Мы **проси́ли** их показа́ть нам и **совсе́м** но́вые города́ недалеко́ от Москвы́. Когда́ мы уже́ **собира́лись** пое́хать туда́, мы получи́ли **ва́жную** телегра́мму с моего́ заво́да. И мы, к сожале́нию, должны́ бы́ли лете́ть домо́й. Но э́тих дней в Москве́ мы никогда́ не забу́дем.

**19.a** Übersetzen Sie:

по́мнить пое́здку, по́мнить знако́мых; помога́ть дру́гу, помога́ть роди́телям, помо́чь сестре́; Сою́з Сове́тских Социалисти́ческих Респу́блик (СССР); проси́ть подру́гу, попроси́ть у отца́ де́ньги; совсе́м но́вый райо́н, совсе́м хорошо́; ва́жный день, ва́жная рабо́та, ва́жное письмо́. Я собира́юсь е́хать за грани́цу. Куда́ вы собира́етесь? Мы собрали́сь лете́ть в Ки́ев.

**19.b** Lesen Sie vorstehende Wortverbindungen und Sätze laut!

**20.** Ersetzen Sie die jeweils unterstrichenen Wörter nacheinander durch die in Klammern angegebenen:

1. Вы до́ма помога́ете ма́тери? (оте́ц, жена́, роди́тели, муж, бра́тья) 2. Мы собира́емся в го́сти. (пое́здка, полёт, [на] экску́рсия, о́тпуск) 3. Я хорошо́ по́мню е́ту демонстра́цию. (пое́здка в СССР, экску́рсия по го́роду) 4. Вы ещё по́мните э́тих това́рищей? (на́ши знако́мые, э́та делега́ция, молоды́е лю́ди, э́та же́нщина, э́тот мужчи́на) 5. Мы проси́ли его́ писа́ть нам ча́сто. (роди́тели, брат, она́, они́) 6. Я прошу́ вас прие́хать. (написа́ть, отве́тить, помо́чь)

**21.** Verbinden Sie die Adjektive mit den in Klammern angegebenen Substantiven:

ва́жный (пое́здка, делега́ция, письмо́, соревнова́ния, телегра́мма, а́дрес); совсе́м но́вый (экску́рсия, инжене́р, лю́ди, спекта́кль, челове́к).

**22.** Prägen Sie sich folgende Wörter, Wortverbindungen und Sätze ein:

| | |
|---|---|
| по́мнить | sich erinnern, gedenken |
| Я по́мню э́ту пое́здку. | |
| Вы по́мните друзе́й? | |
| помога́ть/ помо́чь | helfen |
| Она помога́ет роди́телям. | |
| Ты нам за́втра помо́жешь? | |
| Они́ нам помогли́. | |
| Сою́з Сове́тских Социалисти́ческих Респу́блик (СССР) | Union der Sozialistischen Sowjetrepubliken (UdSSR) |
| проси́ть/по- проси́ть | bitten |
| Я прошу́ Вас об э́том. | |
| Они́ проси́ли у нас биле́ты на конце́рт. | |
| совсе́м | ganz, völlig |
| совсе́м но́вый райо́н, совсе́м хорошо́ | |

| | |
|---|---|
| собира́ть(ся)/ собра́ть(ся)<br>Он собира́ет ма́рки. Мы собира́емся в институ́те. Они́ собрали́сь пе́ред гости́ницей. | (sich ver-)sammeln |
| собира́ться/со- собра́ться<br>Он собира́ется в поéздку. Мы собира́емся лете́ть в Москву́. | sich vorbereiten, sich reisefertig machen; sich anschikken (etwas zu tun) |
| ва́жный<br>ва́жный а́дрес, ва́жная поéздка, ва́жное письмо́ | wichtig |
| вдруг | plötzlich |

**23.** Beantworten Sie die folgenden Fragen nacheinander unter Verwendung der in Klammern angegebenen Wörter:

1. Что он собира́ет? (ма́рки, откры́тки с ви́дами, фотогра́фии, журна́лы) 2. Где они́ собира́ются? (в це́нтре, на Кра́сной пло́щади, пе́ред Дворцо́м спо́рта, на стадио́не, до́ма, в шко́ле) 3. Куда́ вы собира́етесь? (в поéздку, на Кавка́з, в го́сти, на демонстра́цию, на экску́рсию, в аэропо́рт) 4. Что они́ собрали́сь сде́лать? (осмотре́ть музе́й, помо́чь нам, написа́ть письмо́)

**24.a** Lesen Sie still:

В гостя́х у друзе́й.

– Здра́вствуйте, друзья́!
– Па́вел! До́брый ве́чер! А мы уже́ ду́мали, что ты не приéдешь.
– Я совсе́м собра́лся идти́, но вдруг получи́л ва́жную телегра́мму с заво́да.
– На́до éхать домо́й? Ты по́мнишь, что мы хоте́ли за́втра осма́тривать го́род.
– К сожале́нию, за́втра я лечу́. Заказа́л биле́т на 19 часо́в.
– Что де́лать! А сейча́с бу́дем у́жинать. Бери́, что тебе́ нра́вится, пожа́луйста. Вот икра́, вку́сная ры́ба, кол-

баса́ и други́е заку́ски. Лари́са сего́дня весь день гото́вила.
– Спаси́бо. О́чень вку́сно!
– А почему́ ты нам ма́ло пи́шешь?
– К сожале́нию, у меня́ не о́чень мно́го свобо́дного вре́мени. Но я ча́сто о вас ду́маю. Вы́пьем за на́шу дру́жбу!
– И за твою́ семью́!
– Спаси́бо, Лари́са!

**24.b** Lesen Sie vorstehenden Dialog laut!

**25.** Sagen Sie russisch,
– woran Sie sich erinnern;
– an wen Sie sich oft erinnern;
– welche Reise Ihnen besonders gefallen hat;
– welche Exkursionen besonders interessant waren;
– in welchen Organisationen Sie Mitglied sind;
– welcher Delegation Sie angehört haben.

**26.** Übersetzen Sie:

Экску́рсия по го́роду.
– Входи́те, входи́те, пожа́луйста. У нас ещё то́лько пять мину́т. На́ша экску́рсия начина́ется в 9.
– А како́й у нас сего́дня маршру́т?
– Все собрали́сь? Вы проси́ли показа́ть вам Москву́. Наш маршру́т прохо́дит че́рез центр го́рода. Вы осмо́трите интере́сные истори́ческие па́мятники и но́вые райо́ны столи́цы.
– Я ещё не ви́дел здесь трамва́ев. Их нет в Москве́?
– Ско́ро уви́дите. Трамва́и, коне́чно, есть, но по центра́льным у́лицам они́ не хо́дят.
– А э́то Большо́й теа́тр? Я узна́л его́ по фи́льму о Москве́. По́мните э́тот фильм?
– Да. Тепе́рь посмотри́те: там сле́ва Центра́льный Де́тский теа́тр.
– Как мно́го теа́тров в Москве́!
– Здесь, на пло́щади Свердло́ва 3 теа́тра, А в Москве́ 31 теа́тр.
– Э́то па́мятник Ка́рлу Ма́рксу?

– Да. А э́то большо́е зда́ние – гости́ница „Москва́“. А там спра́ва находи́лся Моско́вский университе́т. Но в 1953 году́ студе́нты получи́ли прекра́сное зда́ние на Ле́нинских гора́х. В нём 32 этажа́.
– В Москве́ оди́н университе́т?
– Нет. У нас есть ещё Университе́т Дру́жбы Наро́дов и́мени Патри́са Луму́мбы. В нём у́чатся на́ши друзья́ из ра́зных стран ми́ра.
– А что э́то за зда́ние спра́ва?
– Э́то Библиоте́ка и́мени Ле́нина. Сейча́с мы е́дем че́рез Москва́-реку́, а пото́м по Ле́нинскому проспе́кту пря́мо к университе́ту. Там вы осмо́трите но́вые райо́ны жилы́х домо́в, а с Ле́нинских гор уви́дите весь го́род.

**27.** Sagen Sie, was Ihre Gäste bei einer Stadtrundfahrt sehen werden! Verwenden Sie dabei истори́ческие па́мятники и зда́ния, но́вые райо́ны, центра́льные у́лицы и пло́щади, теа́тры и музе́и, универма́ги и гости́ницы, дворцы́ культуры и спо́рта, стадио́ны и спорти́вные площа́дки.

Muster: Вы уди́дите центр го́рода.

**28.** Sagen Sie, wie die Rundfahrt verlaufen wird! Verwenden Sie dabei центр го́рода, но́вые райо́ны, Кра́сная пло́щадь, центра́льные проспе́кты и у́лицы.

Muster: Наш маршру́т прохо́дит че́рез центра́льные райо́ны.

**29.** Lesen Sie still:

В гостя́х на заво́де.
– Я хочу́ вам предста́вить инжене́ра Лари́су Па́вловну Ивано́ву. Она́ член комите́та комсомо́ла на́шего заво́да.
– О́чень прия́тно! Вы давно́ в комсомо́ле?
– 8 лет, но тепе́рь я уже́ член КПСС.
– У вас мно́го же́нщин – чле́нов па́ртии?
– Вы зна́ете, что в КПСС приблизи́телно 16 миллио́нов чле́нов, а из них приблизи́тельно 5 миллио́на же́нщин?
– А в ва́шем комите́те комсомо́ла есть ещё же́нщины?

– Коне́чно. 6 челове́к, а в про́шлом году́ бы́ло то́лько 4. В комите́те 15 челове́к.
– Чем занима́ется комите́т комсомо́ла?
– Мы прово́дим большу́ю рабо́ту с молоды́ми людьми́. У нас в Москве́ у́чится ка́ждый тре́тий жи́тель. И мы ча́сто помога́ем молоды́м рабо́чим, кото́рые ещё и у́чатся. Иногда́ прово́дим интере́сные вечера́, спорти́вные соревнова́ния, хо́дим в теа́тры, на конце́рты. Ду́маем, как лу́чше рабо́тать.
– Вы уже́ бы́ли за грани́цей?
– В э́том году́ мы с му́жем собира́емся е́хать тури́стами в ГДР.
– Прекра́сно! Я дам вам свой а́дрес, и мы встре́тимся.
– С удово́льствием! До ско́рого свида́ния!

Вы зна́ете, что ...
... са́мая больша́я (1) гости́ница в Евро́пе (2) – „Росси́я“. В ней 6 ты́сяч мест.
... в 1907 году́ в Москве́ бы́ло то́лько одно́ такси́? Сейча́с в Москве́ приблизи́тельно 22 ты́сяч такси́. Прое́зд (3) в такси́ сто́ит о́чень дёшево: 15 копе́ек за киломе́тр.
... в Москве́ приблизи́тельно 5 ты́сяч библиоте́к? В Центра́льной Библиоте́ке и́мени Ле́нина – 3 миллио́на чита́телей. (4)
... 100 па́мятников стоя́т на у́лицах и площадя́х столи́цы СССР?
... сего́дня в Москве́ и её окре́стностях (5) приблизи́тельно 90 музе́ев?
... жи́тели Москвы́ мо́гут смотре́ть фи́лъмы в 105 кинотеа́трах. Из них бо́льше (6) 40 постро́или за после́дние (7) 10 лет?
... ле́том москвичи́ ка́ждый день покупа́ют приблизи́тельно 4 миллио́на по́рций моро́женого?

(1) са́мая больша́я – das größte
(2) Евро́па – Europa
(3) прое́зд – Fahrt
(4) чита́тель – Leser
(5) окре́стности – Umgebung
(6) бо́льше – mehr als
(7) после́дний – letzter

# Verzeichnis zur Sprachlehre

# **Словарь**[1] = Wörterverzeichnis

**А**

| | |
|---|---|
| а – 21 | und, aber |
| а́вгуст – 187 | August |
| авиапо́чта – 190 | Luftpost |
| А́встрия – 155 | Österreich |
| авто́бус – 35 | Autobus, Bus |
| администра́тор – 155 | Empfangschef, Verwalter |
| а́дрес – 119 | Adresse |
| аппети́т – 172 | Appetit |
| апре́ль – 187 | April |
| арти́ст – 142 | Künstler, Artist |
| арти́стка – 142 | Künstlerin, Artistin |
| атле́тика – 193 | Athletik |
| аэропо́рт – 206 | Flughafen |
| Аэрофло́т – 206 | Aeroflot (sowj. Gesellschaft für Zivilluftfahrt) |

**Б**

| | |
|---|---|
| бага́ж – 213 | Gepäck |
| бале́т – 142 | Ballett |
| бассе́йн – 194 | Becken, Bassin |
| бе́гать – 197 | |
| бежа́ть – 35 | laufen, rennen |
| без – 32 | ohne |
| бе́лый – 135 | weiß |
| библиоте́ка – 107 | Bibliothek |
| биле́т – 95 | Eintrittskarte, Fahrkarte |
| блу́зка – 131 | Bluse |
| блю́до – 25 | Schüssel, Gericht; Gang (i. einem Menü) |
| большо́й – 65 | groß |
| борщ – 169 | Borstsch |
| брат – 63 | Bruder |
| брать – 236 | nehmen |
| бу́дущий – 232 | (zu-)künftig, folgend, kommend |
| бу́дущее – 233 | Zukunft |
| бу́лка – 21 | (kleines) Weißbrot, Brötchen |
| буты́лка – 26 | Flasche |
| буфе́т – 156 | Büfett, Frühstücksraum |
| быть – 28 (100) | sein |
| бюро́ – 206 | Büro |

**В**

| | |
|---|---|
| в – 25 | in, um, an |
| ваго́н – 95 | Wagen, Waggon |
| ваго́н-рестора́н – 95 | Speisewagen |
| ва́жный – 239 | wichtig |
| ва́нная – 119 | Badezimmer |
| ваш – 88 | Ihr, Euer |
| вдруг – 236 | plötzlich |
| вертолёт – 204 | Hubschrauber |
| весна́ – 194 | Frühling |
| весно́й – 194 | im Frühling |
| вести́ – 199 | führen, steuern |
| вестибю́ль – 155 | Vorhalle, Vestibül |

[1] Die Ziffern hinter dem Stichwort bezeichnen die Seite, auf der das betreffende Wort erstmals zum Einprägen angeboten wird.

| | |
|---|---|
| весь — 87 | ganz |
| ве́чер — 83 | Abend |
| ве́чером — 35 | am Abend, abends |
| взять — 57 | nehmen |
| вид — 179 | Aussicht, Ansicht; Art |
| ви́деть — 35 | sehen |
| вино́ — 169 | Wein |
| вку́сный — 168 | schmackhaft, wohlschmeckend |
| во́ время — 206 | rechtzeitig |
| во вре́мя — 206 | während |
| вода́ — 169 | Wasser |
| води́тель — 45 | Fahrer |
| води́ть — 197 | führen, steuern |
| вокза́л — 94 | Bahnhof |
| волейбо́л — 194 | Volleyball |
| восемна́дцать — 78 | achtzehn |
| во́семь — 78 | acht |
| во́семьдесят — 172 | achtzig |
| восемьсо́т — 172 | achthundert |
| воскресе́нье — 145 | Sonntag |
| восьмо́й — 120 | achter |
| вот — 21 | da (ist), hier |
| врач — 73 | Arzt, Ärztin |
| вре́мя — 160 | Zeit |
| все — 87 | alle |
| всегда́ — 87 | immer |
| всё — 87 | alles |
| встава́ть — 83 | aufstehen |
| встреча́ть(ся) — 236 встре́тить(ся) | (sich) treffen, begegnen, in Empfang nehmen |
| вто́рник — 145 | Dienstag |
| второ́й — 120 | zweiter |
| входи́ть — 93 | hineingehen, hereinkommen, einsteigen |
| вчера́ — 35 | gestern |
| вы — 40 | ihr, Sie |
| вы́бор — 131 | Wahl, Auswahl |
| вы́пить — 169 | trinken |
| высо́кий — 107 | hoch, hochgewachsen |
| выходи́ть — 100 | hinausgehen, herauskommen, aussteigen |

## Г

| | |
|---|---|
| газе́та — 99 | Zeitung |
| где — 26 | wo |
| ГДР(Герма́нская Демократи́ческая Респу́блика) — 155 | DDR (Deutsche Demokratische Republik) |
| говори́ть — 55 | sprechen, sagen |
| год — 80 | Jahr |
| гора́ — 223 | Berg |
| го́род — 42 | Stadt |
| гости́ница — 100 | Hotel |
| гость — 84 | Gast |
| в гостя́х — 84 в го́сти — 84 | zu Besuch, zu Gast |
| гото́вить — 28 | vorbereiten, zubereiten |
| гото́виться — 161 | sich vorbereiten |
| грамм — 174 | Gramm |
| грани́ца — 180 | Grenze |
| за грани́цей — 180 | im Ausland |
| за грани́цу — 180 | ins Ausland |
| из-за грани́цы — 180 | aus dem Ausland |
| гуля́ть — 107 | spazierengehen, bummeln |

## Д

| | |
|---|---|
| да – 22 | ja |
| дава́ть – 52 | geben |
| давно́ – 206 | längst, seit langem |
| далеко́ – 160 | weit, fern |
| дать – 100 (179) | geben |
| два – 51 | zwei |
| два́дцать – 78 | zwanzig |
| две – 51 | zwei |
| двена́дцать – 78 | zwölf |
| две́сти – 172 | zweihundert |
| дворе́ц – 219 | Palast, Palais, Schloß |
| девяно́сто – 172 | neunzig |
| девятна́дцать – 78 | neunzehn |
| де́вять – 78 | neun |
| девятьсо́т – 172 | neunhundert |
| дежу́рный (-ая) – 155 | Diensthabende(r), diensttuend |
| дека́брь – 187 | Dezember |
| де́лать – 35 | tun, machen |
| делега́ция – 231 | Delegation |
| демонстра́ция – 219 | Demonstration |
| день – 83 | Tag |
| де́ньги – 135 | Geld |
| де́сять – 78 | zehn |
| де́ти – 61 | Kinder |
| де́тская – 119 | Kinderzimmer |
| де́тский – 119 | Kinder- (in Zusammensetzungen) |
| дешёвый – 135 | billig |
| дива́н – 32 | Sofa, Diwan |
| дли́нный – 135 | lang |
| для – 74 | für |
| днём – 83 | am Tage, tagsüber |
| до – 99 | bis, vor |
| до́брый – 160 | gut |
| добро́ пожа́ловать – 219 | herzlich willkommen |
| до́лго – 174 | lange |
| до́лжен, -жна́, -жно́, -жны́ – 214 | müssen |
| дом – 35 | Haus |
| до́ма – 35 | zu Hause |
| домо́й – 35 | nach Hause |
| до свида́ния – 57 | auf Wiedersehen |
| дорого́й – 135 | teuer, lieb |
| дочь – 61 | Tochter |
| друг – 149 | Freund |
| друго́й – 156 | anderer |
| дру́жба – 223 | Freundschaft |
| ду́мать – 160 | denken, glauben, annehmen |

## Е

| | |
|---|---|
| его́ – 63 | sein |
| её – 63 | ihr |
| е́здить – 193 | fahren |
| есть – 67 | (es) gibt, ist (vorhanden) |
| есть – 171 (174) | essen |
| е́хать – 35 | fahren |
| ещё – 65 | noch |

## Ж

| | |
|---|---|
| жела́ть – 197 | wünschen |
| жена́ – 184 | (Ehe-)Frau |
| же́нщина – 231 | Frau |
| жило́й – 114 | Wohn- (in Zusammensetzungen) |

| | |
|---|---|
| жи́тель – 107 | Einwohner, Bewohner |
| жить – 99 | leben, wohnen |
| журна́л – 74 | Zeitschrift, Journal |

**З**

| | |
|---|---|
| за – 52 | für |
| за – 219 | hinter |
| забыва́ть/забыть – 184 | vergessen |
| заво́д – 42 | Werk, Fabrik |
| за́втра – 119 | morgen |
| за́втрак – 27 | Frühstück |
| за́втракать – 33 | frühstücken |
| зака́зывать/заказа́ть – 143 | bestellen |
| заку́ска – 168 | Vorspeise, Vorgericht |
| зал – 143 | Saal |
| занима́ться – 193 | sich beschäftigen, treiben |
| заплати́ть – 227 | zahlen, bezahlen |
| звать – 96 | rufen, nennen |
| зда́ние – 107 | Gebäude |
| здесь – 42 | hier |
| здра́вствуй(те) – 57 | Guten Tag |
| зима́ – 195 | Winter |
| зимо́й – 195 | im Winter |
| знако́мить(-ся) – 160 | (sich) bekanntmachen, Bekanntschaft schließen |
| знако́мый – 123 | bekannt, Bekannter |
| знамени́тый – 114 | berühmt, weit bekannt |
| знать – 73 | wissen, kennen |
| зна́чит – 149 | (es) bedeutet, (das) heißt; also |
| зри́тельный – 143 | Zuschauer- (in Zusammensetzungen) |

**И**

| | |
|---|---|
| и – 21 | und |
| игра́ть – 123 | spielen |
| идти́ – 45 | gehen, kommen; fahren |
| из – 87 | aus |
| икра́ – 21 | Kaviar |
| и́ли – 63 | oder |
| и́мя – 87 | (Vor-)Name |
| инжене́р – 71 | Ingenieur |
| иногда́ – 168 | manchmal, bisweilen |
| институ́т – 71 | Institut |
| интересова́ть(ся) – 155 | (sich) interessieren |
| интере́сный – 107 | interessant |
| истори́ческий – 223 | historisch, geschichtlich |
| исто́рия – 218 | Geschichte |
| и так да́лее – 223 | usw. |
| их – 63 | ihr |
| ию́ль – 187 | Juli |
| ию́нь – 187 | Juni |

**К**

| | |
|---|---|
| к – 35 | zu, zum, zur |
| как – 86 | wie |
| кака́о – 22 | Kakao |
| како́й – 64 | welcher, was für ein |
| ка́ждый – 87 | jeder |
| капиталисти́ческий – 180 | kapitalistisch |
| ка́сса – 52 | Kasse |
| кварти́ра – 119 | Wohnung |
| кило́(гра́мм) – 52 | Kilo(gramm) |
| кино́(теа́тр) – 45 | Kino |
| кио́ск – 99 | Kiosk, Verkaufsstand |

| | |
|---|---|
| клуб – 197 | Klub |
| ключ – 115 | Schlüssel |
| кни́га – 74 | Buch |
| ковёр – 124 | Teppich |
| когда́ – 35 | wann, wenn, als |
| колбаса́ – 21 | Wurst |
| колхо́з – 71 | Kolchos, Kollektivwirtschaft |
| колхо́зник – 71 | Kolchosbauer, Genossenschaftsbauer |
| кома́нда – 193 | Mannschaft |
| комите́т – 218 | Komitee |
| коммунисти́ческий – 218 | kommunistisch |
| ко́мната – 25 | Zimmer |
| комсомо́л – 232 | Komsomol |
| конве́рт – 179 | (Brief-)Umschlag |
| коне́чно – 156 | natürlich |
| конце́рт – 142 | Konzert |
| конча́ть – 74 | beenden, aufhören |
| копе́йка – 52 | Kopeke |
| коридо́р – 119 | Korridor, Vorsaal |
| коро́ткий – 135 | kurz |
| костю́м – 117 | Anzug, Kostüm |
| кото́рый час – 84 | wie spät ist es? |
| ко́фе – 169 | Kaffee |
| кра́сный – 134 | rot |
| Кремль – 219 | Kreml |
| кре́сло – 32 | Sessel |
| крова́ть – 119 | Bett |
| к сожале́нию – 149 | leider, bedauerlicherweise |
| кто – 27 | wer |
| куда́ – 44 | wohin |
| культу́ра – 107 | Kultur |
| купе́ – 95 | Abteil |
| купи́ть – 131 | kaufen |
| ку́хня – 33 | Küche |

**Л**

| | |
|---|---|
| лёгкий – 193 | leicht |
| лежа́ть – 28 | liegen |
| ле́нинский – 223 | Lenin- (in Zusammensetzungen) |
| Ле́нинские го́ры – 223 | Leninberge |
| лета́ть – 197 | |
| лете́ть – 199 | fliegen |
| ле́то – 194 | Sommer |
| ле́том – 194 | im Sommer |
| лифт – 155 | Lift, Aufzug, Fahrstuhl |
| лу́чше – 132 | besser |
| лу́чший – 132 | bester, besserer |
| люби́ть – 88 | lieben, gern haben, gern (etwas tun) |
| лю́ди – 232 | Menschen, Leute |

**М**

| | |
|---|---|
| мавзоле́й – 219 | Mausoleum |
| магази́н – 25 | Geschäft |
| май – 187 | Mai |
| ма́ленький – 65 | klein |
| ма́ло – 74 | wenig |
| ма́рка – 179 | (Brief-)Marke, Mark |
| март – 187 | März |
| маршру́т – 207 | Route, Reisestrecke |
| ма́сло – 21 | Butter, Öl |
| ма́стер – 71 | Meister |
| мать – 61 | Mutter |

| | |
|---|---|
| маши́на – 45 | Maschine; PKW |
| ме́бель – 119 | Möbel |
| медсестра́ – 71 | Krankenschwester |
| меню́ – 169 | Speisekarte |
| ме́стный – 207 | örtlich, Orts- (in Zusammensetzungen) |
| ме́сто – 95 | Ort, Platz |
| ме́сяц – 187 | Monat |
| метро́ – 44 | Metro, U-Bahn |
| миллиа́рд – 172 | Milliarde |
| миллио́н – 172 | Million |
| минера́льный – 169 | Mineral- (in Zusammensetzungen) |
| мину́та – 83 | Minute |
| мир – 223 | Frieden; Welt |
| мо́жно – 180 | man darf; man kann |
| мо́жет быть – 174 | vielleicht, kann sein |
| мой – 88 | mein |
| молодо́й – 65 | jung |
| молоко́ – 21 | Milch |
| мо́ре – 99 | Meer |
| моро́женое – 174 | (Speise-)Eis |
| Москва́ – 145 | Moskau |
| моско́вский – 207 | Moskauer (Adjektiv) |
| мочь – 132 | können, dürfen |
| мно́го – 73 | viel |
| муж – 184 | (Ehe-)Mann |
| мужчи́на – 231 | Mann |
| музе́й – 107 | Museum |
| му́зыка – 83 | Musik |
| мы – 40 | wir |
| мя́со – 21 | Fleisch |

## Н

| | |
|---|---|
| на – 26 | auf, an, für |
| над – 224 | über |
| на́до – 185 | nötig, man muß |
| написа́ть – 184 | schreiben |
| наприме́р – 219 | zum Beispiel |
| наро́д – 218 | Volk |
| научи́ться – 232 | lernen |
| находи́ться – 156 | sich befinden |
| начина́ть – 74 | beginnen, anfangen |
| нача́ть – 236 | |
| наш – 88 | unser |
| не – 22 | nicht |
| неда́вно – 206 | unlängst, kürzlich, vor kurzem |
| недалеко́ – 160 | unweit, nahe |
| неде́ля – 100 | Woche |
| нельзя́ – 180 | man darf nicht, man soll nicht |
| неме́цкий – 148 | deutsch |
| не́сколько – 75 | einige, mehrere, etwas |
| нести́ – 199 | tragen |
| нет – 22 | nein |
| нет – 135 | (es) ist nicht, (es) gibt nicht |
| нигде́ – 208 | nirgends |
| никако́й – 208 | keiner |
| никогда́ – 208 | niemals |
| никто́ – 208 | niemand |
| ничего́ – 138 | nichts, (das) macht nichts |
| ничто́ – 208 | nichts |
| но – 65 | aber, sondern |
| но́вый – 64 | neu |
| но́мер – 99 | Nummer; Hotelzimmer |
| носи́ть – 135 (199) | tragen |

| | |
|---|---|
| ноя́брь – 187 | November |
| нра́виться – 135 | gefallen |
| ну́жен, -жна́, -жно, -жны – 185 (202) | nötig, brauchen, müssen |

## О

| | |
|---|---|
| о (об, о́бо) – 54 | über, von |
| обе́д – 28 | Mittagessen |
| обе́дать – 35 | zu Mittag essen |
| о́бщество – 193 | Gesellschaft, Gemeinschaft |
| о́бщий – 232 | gemeinsam |
| оди́н – 51 (148) | eins, ein; allein |
| оди́ннадцать – 78 | elf |
| одна́ – 51 | |
| одно́ – 51 | eine, eins; allein |
| окно́ – 119 | Fenster |
| октя́брь – 187 | Oktober |
| октя́брьский – 218 | Oktober- (in Zusammensetzungen) |
| он – 28 | er |
| она́ – 28 | sie (Singular) |
| они́ – 28 | sie (Plural) |
| оно́ – 28 | es |
| опа́здывать – 212 | sich verspäten, zu spät kommen |
| о́пера – 142 | Oper |
| опозда́ть – 212 | sich verspäten, zu spät kommen |
| опя́ть – 160 | wieder |
| о́сень – 194 | Herbst |
| о́сенью – 194 | im Herbst |
| осма́тривать – 232 | besichtigen, untersuchen |
| осмотре́ть – 232 | |
| осо́бенно – 148 | besonders |
| остано́вка – 42 | Haltestelle |
| от – 106 | von |
| отвеча́ть – 54 | antworten |
| отве́тить – 236 | |
| отде́л – 131 | Abteilung |
| отдыха́ть – 83 | ausruhen, sich erholen |
| оте́ц – 61 | Vater |
| откры́тка – 179 | (Post-)Karte |
| откры́тка с ви́дом – 179 | Ansichtskarte |
| отку́да – 212 | woher, von wo |
| отпра́вить – 206 | |
| отправля́ть – 206 | absenden, abschicken |
| отпра́виться – 206 | |
| отправля́ться – 206 | abfahren, starten |
| о́тпуск – 95 | Urlaub |
| отходи́ть – 95 | abgehen, abfahren |
| официа́нт (-ка) – 168 | Kellner(in) |
| о́чень – 123 | sehr |

## П

| | |
|---|---|
| пальто́ – 131 | Mantel |
| па́мятник – 107 | Denkmal, Gedenkstätte |
| парикма́херская – 156 | Friseursalon |
| парк – 107 | Park |
| парк культу́ры – 107 | Kulturpark |
| па́ртия – 218 | Partei |
| пассажи́р – 42 | Reisender, Passagier, Fahrgast |
| пельме́ни – 169 | Pelmeni |
| пе́рвый – 120 | erster |
| пе́ред – 123 | vor |
| пи́во – 169 | Bier |
| писа́ть – 184 | schreiben |
| письмо́ – 183 | Brief |

| | |
|---|---|
| пить – 169 | trinken |
| пла́вательный – 194 | Schwimm- (in Zusammensetzungen) |
| пла́вать – 193 | schwimmen |
| плати́ть – 52 | zahlen, bezahlen |
| платфо́рма – 95 | Bahnsteig |
| пла́тье – 131 | Kleid, Kleidung |
| плохо́й – 135 | schlecht |
| площа́дка – 193 | Platz |
| площадь – 43 | Platz; Fläche |
| плыть – 199 | schwimmen |
| по – 107 | über, durch, längs |
| пого́да – 212 | Wetter |
| под – 223 | unter |
| пода́рок – 180 | Geschenk |
| подру́га – 149 | Freundin |
| поду́мать – 227 | denken, glauben |
| по́езд – 95 | Zug |
| поéздка – 237 | Reise |
| поéхать – 227 | fahren |
| пожа́луйста – 57 | bitte |
| пожела́ть – 197 | wünschen |
| поза́втракать – 227 | frühstücken |
| познако́мить(ся) – 160 | (sich) bekanntmachen, kennenlernen |
| пока́зывать/показа́ть – 54 (108) | zeigen |
| покупа́ть – 25 | kaufen |
| полёт – 206 | Flug |
| поликли́ника – 71 | Poliklinik |
| по́лка – 25 | Regal |
| получа́ть – 236 | |
| получи́ть – 123 | erhalten, bekommen |
| по́мнить – 238 | sich erinnern, gedenken |
| помога́ть – 238 | |
| помо́чь – 238 | helfen |
| понеде́льник – 145 | Montag |
| по-неме́цки – 148 | deutsch |
| понима́ть – 148 | verstehen |
| понра́виться – 227 | gefallen |
| поня́ть – 236 | verstehen |
| пообе́дать – 227 | Mittag essen |
| попроси́ть – 238 | bitten |
| по-ру́сски – 148 | russisch |
| по́рция – 169 | Portion |
| по́сле – 73 | nach |
| посмотре́ть – 227 | sehen, (an)schauen |
| посла́ть – 179 | |
| посыла́ть – 179 | schicken, senden |
| постро́ить – 227 | bauen |
| пото́м – 35 | dann, darauf, danach |
| потому́ что – 184 | weil |
| поу́жинать – 227 | Abendbrot essen |
| почему́ – 184 | warum, weshalb |
| по́чта – 156 | Post |
| поэ́тому – 212 | deshalb, deswegen |
| прави́тельство – 219 | Regierung |
| предлага́ть – 169 | |
| предложи́ть – 169 | vorschlagen |
| предста́вить(ся) – 231 | |
| представля́ть(ся) – 231 | (sich) vorstellen |
| прекра́сный – 113 | herrlich, (sehr) schön |
| при – 155 | bei, an |
| приблизи́тельно – 206 | ungefähr, annähernd |
| прибыва́ть/прибы́ть – 207 | ankommen, eintreffen |
| приéхать – 160 | (angefahren) kommen, ankommen |
| принести́ – 100 | bringen, herbeibringen |
| прия́тный – 174 | angenehm, gut |

| | |
|---|---|
| приходи́ть – 83 | kommen, ankommen |
| проводи́ть – 93 | durchführen, verbringen |
| проводни́к – 95 | (Zug-)Schaffner, Wagenbegleiter |
| продава́ть – 52 | verkaufen |
| продаве́ц – 52 | Verkäufer |
| продавщи́ца – 52 | Verkäuferin |
| прода́ть – 235 | verkaufen |
| проду́кты – 22 | Lebensmittel |
| прое́хать – 108 | fahren, hinfahren, durchfahren |
| пройти́ – 108 | gehen, durchgehen, gelangen |
| проси́ть – 238 | bitten |
| проспе́кт – 106 | Prospekt, (breite) Straße |
| прости́ть – 108 | entschuldigen, verzeihen |
| профсою́з – 232 | Gewerkschaft |
| про́шлый – 184 | vergangen, voriger |
| про́шлое – 184 | Vergangenheit |
| прочита́ть – 207 | lesen |
| пря́мо – 114 | direkt, gerade(aus) |
| путь – 206 | Weg, Straße |
| пятна́дцать – 78 | fünfzehn |
| пя́тница – 145 | Freitag |
| пять – 78 | fünf |
| пятьдеся́т – 172 | fünfzig |
| пятьсо́т – 172 | fünfhundert |
| пя́тый – 120 | fünfter |

**Р**

| | |
|---|---|
| рабо́та – 72 | Arbeit |
| рабо́тать – 42 | arbeiten |
| рабо́чий – 71 | Arbeiter |
| ра́дио – 33 | Radio |
| раз – 148 | Mal, einmal |
| разгова́ривать – 124 | sich unterhalten, ein Gespräch führen |
| разгово́р – 185 | Gespräch, Unterhaltung |
| разме́р – 135 | Maß, Größe(nmaß) |
| ра́зный – 131 | verschieden |
| райо́н – 114 | Rayon, Stadtbezirk |
| ра́но – 160 | früh |
| расска́зывать/ рассказа́ть – 54 | erzählen |
| револю́ция – 218 | Revolution |
| река́ – 107 | Fluß |
| рестора́н – 35 | Restaurant |
| роди́тели – 61 | Eltern |
| руба́шка – 131 | Hemd |
| рубль – 52 | Rubel |
| ру́сский – 147 | russisch |
| ры́ба – 21 | Fisch |
| ряд – 143 | Reihe |
| ря́дом (с) – 131 | neben, daneben |

**С**

| | |
|---|---|
| с (со) – 33 | mit |
| с (со) – 99 | von, von ... herab |
| сала́т – 169 | Salat |
| самолёт – 206 | Flugzeug |
| са́хар – 21 | Zucker |
| све́тлый – 119 | hell, licht |
| свобо́дный – 100 | frei, unbesetzt |
| свой – 163 | mein, dein, sein, ihr, unser, euer, ihr |
| сде́лать – 227 | tun, machen |
| сеа́нс – 143 | Vorstellung |
| себя́ – 211 | sich (mich, dich ...) |

| | |
|---|---|
| сего́дня – 83 | heute |
| седьмо́й – 120 | siebenter |
| сейча́с – 180 | jetzt, gleich |
| семья́ – 61 | Familie |
| семна́дцать – 78 | siebzehn |
| семь – 78 | sieben |
| семьдеся́т – 172 | siebzig |
| семьсо́т – 172 | siebenhundert |
| сентя́брь – 187 | September |
| сестра́ – 63 | Schwester |
| сиде́ть – 33 | sitzen |
| сказа́ть – 115 | sagen, sprechen |
| ско́лько – 54 | wieviel |
| ско́ро – 197 | bald |
| ско́рый – 197 | schnell, baldig |
| сле́ва(от) – 106 | links (von) |
| сле́дующий – 100 | folgender, nächster |
| слова́рь – 244 | Wörterverzeichnis, Wörterbuch |
| слу́шать – 83 | hören, zuhören |
| слы́шать – 143 | hören |
| смотре́ть – 83 | schauen, sehen, ansehen |
| собира́ть(ся) – 239 | (sich) versammeln |
| собира́ться/ собра́ться – 239 | sich vorbereiten, sich reisefertig machen; sich anschicken (etwas zu tun) |
| сове́т – 223 | Rat, Sowjet |
| сове́тский – 143 | sowjetisch |
| совреме́нный – 123 | modern, zeitgemäß |
| совсе́м – 238 | ganz, völlig |
| соля́нка – 169 | Soljanka |
| со́рок – 78 | vierzig |
| соревнова́ние – 194 | Wettbewerb, Wettkampf |
| социалисти́ческий – 180 | sozialistisch |
| сою́з – 143 | Bund, Union |
| Сою́з Сове́тских Социалисти́ческих Респу́блик (СССР) | Union der Sozialistischen Sowjetrepubliken (UdSSR) |
| спа́льня – 119 | Schlafzimmer |
| спаси́бо – 57 | danke |
| спать – 123 | schlafen |
| спекта́кль – 142 | Schauspiel, Aufführung |
| спорт – 193 | Sport |
| спорти́вный – 192 | sportlich, Sport- (in Zusammensetzungen) |
| спортсме́н – 193 | Sportler |
| спра́ва (от) – 106 | rechts (von) |
| спра́вочный – 206 | Auskunfts- (in Zusammensetzungen) |
| спра́шивать – 54 | fragen |
| спроси́ть – 235 | |
| среда́ – 145 | Mittwoch |
| стадио́н – 193 | Stadion |
| стака́н – 25 | Glas |
| ста́нция – 45 | Station |
| ста́рый – 65 | alt |
| стать – 74 | werden |
| сто – 172 | hundert |
| сто́ить – 54 | kosten, wert sein |
| стол – 25 | Tisch |
| столи́ца – 155 | Hauptstadt |
| столо́вая – 119 | Eßzimmer, Wohnzimmer, Kantine, Speisesaal |
| стоя́ть – 28 | stehen |
| страна́ – 180 | Land |
| стро́ить – 114 | bauen |
| студе́нт – 61 | Student |
| студе́нтка – 61 | Studentin |
| стул – 22 | Stuhl |

| | |
|---|---|
| суббо́та – 145 | Sonnabend |
| с удово́льствием – 156 | gern, mit Vergnügen |
| счастли́вый – 213 | glücklich |
| счёт – 174 | Rechnung; Ergebnis (im Wettkampf) |
| съесть – 174 | essen |
| сын – 61 | Sohn |
| сыр – 21 | Käse |

**Т**

| | |
|---|---|
| так – 196 | so |
| тако́й – 135 | ein solcher, so ein |
| такси́ – 45 | Taxi |
| там – 45 | dort |
| таре́лка – 25 | Teller |
| твой – 88 | dein |
| теа́тр – 44 | Theater |
| телеви́зор – 32 | Fernseher |
| телегра́мма – 179 | Telegramm |
| телефо́н – 123 | Telefon |
| това́р – 134 | Ware |
| това́рищ – 73 | Genosse, Kollege, Genossin, Kollegin |
| тогда́ – 172 | damals, dann |
| то́же – 35 | auch, ebenfalls |
| то́лько – 54 | nur, erst |
| трамва́й – 42 | Straßenbahn |
| тренирова́ть(ся) – 193 | trainieren, (sich) üben |
| тре́тий – 120 | dritter |
| три – 51 | drei |
| три́дцать – 78 | dreißig |
| трина́дцать – 78 | dreizehn |
| три́ста – 172 | dreihundert |
| тролле́йбус – 42 | Obus, Oberleitungsbus |
| туда́ – 193 | dorthin |
| тури́ст – 107 | Tourist |
| ты – 40 | du |
| ты́сяча – 172 | tausend |
| тяжёлый – 197 | schwer, schwierig |

**У**

| | |
|---|---|
| у – 88 | bei, an, neben |
| уви́деть(ся) – 160 | (sich) sehen |
| у́гол – 113 | Ecke |
| удо́бный – 123 | bequem |
| уже́ – 24 | schon |
| у́жин – 28 | Abendessen, Abendbrot |
| у́жинать – 35 | zu Abend essen, Abendbrot essen |
| узнава́ть/узна́ть – 232 | erkennen, erfahren |
| у́лица – 45 | Straße |
| универма́г – 131 | Warenhaus, Kaufhaus |
| университе́т – 61 | Universität |
| уро́к – 19 | Stunde, Lektion |
| успе́х – 197 | Erfolg |
| у́тро – 86 | Morgen |
| у́тром – 35 | am Morgen, morgens |
| учи́тель (-ница) – 61 | Lehrer(in) |
| учи́ться – 232 | lernen, studieren |

**Ф**

| | |
|---|---|
| фами́лия – 87 | Familienname |
| февра́ль – 187 | Februar |
| фильм – 45 | Film |
| ФРГ (Федерати́вная Респу́блика Герма́ния) | BRD (Bundesrepublik Deutschland) |